주식의 시대

투자의 자세

주식의 시대

조바심 내지 않고 시장의 기회를 잡는 법

투자의 자세

김동환 김한진 윤지호 지음

P page2

바야흐로
새로운 주식의 시대가 열렸다

3년 전부터 매년 연말이면 한 해의 시장을 돌아보고 그다음 해를 조망하는 토론과 글을 모아 책으로 내왔습니다. 함께하는 두 분의 내공이 워낙 뛰어나시고 성실하셔서 저는 늘 기획자로서 업혀 간다는 미안함이 있는데, 올해는 해를 넘겨 책이 나왔습니다. 여러 사정이 있었지만 2020년 말의 주식시장이 워낙 큰 변동성을 보여 여기에 기록된 글들이 다 부질없어지면 어떡하나 하는 불안함이 글도 말도 조금은 더 천천히 하게 만들었을지도 모르겠습니다. 아닌 게 아니라 새해 벽두부터 주식시장은 불을 뿜어 일거에 3000포인트를 훌쩍 넘기는 것은 물론이고, 개인투자자들이 거침없는 매수세를 더하며 바야흐로 새로운 주식의 시대를 열고 있습니다.

경험이 많다는 게 때론 이렇게 짐이 되는 상황을 만들기도 합니다. IMF와 금융위기, 글로벌 팬데믹에 이르기까지 크고 작은 다양한 위기를 나름 현명하게 넘기며 살아남은 우리 세 생존자들에게 지금의 상황은 일견 흐뭇하지만 한편으론 당황스럽기도 합니다. 누군가는 경험이 만든 틀로는 예측하기 힘든 더 근본적인 변화를 주장하고, 또 누군가는 이번에도 다르지 않을 것이라는 진리를 강조합니다. 분명한 건 2020년과 2021년의 초강세 국면은 경험이 많은 투자자일수록 더 힘든 시장일 수도 있다는 것입니다.

새로운 시대의 개막인지 아닌지는 각자의 관점이 조금씩 다를 수 있으나 솔직한 토론과 의견을 여과 없이 담아내려고 했습니다. 이미 우리 세 사람의 전망이 맞았다고 추앙받을 만한 신선함도 없으며 또 틀렸다고 영원히 버려질 만큼의 무모함도 없기에 그저 잔잔히 그러나 양보할 수 없는 선을 지키며 말하고 글을 썼습니다.

모쪼록 2021년의 투자에 성공하기를 기원합니다. 매년 적어보는 희망이지만, 어떤 악재에도 당당히 맞설 채비가 된 새로운 투자자들이 부디 2021년의 투자에서 전승하기를 바랍니다. 그래서 우리 시장의 디스카운트를 해소하는 계기가 되기를 바랍니다. 우리 세 사람의 전망이 맞고 틀림에 관계 없이 진심으로 여러분들의 성공적인 투자를 응원합니다.

그 마음을 담아 예년에 없던 내용으로 이 책 1부를 채워봤습니다. 이를테면 투자의 고참들이 더 용감하고 지혜로운 신참들에게 '그래도 이것만은 기억해두라'는 차원에서 동봉한 애정 어린 편지라고 생각해주면 좋겠습니다.

더불어 코로나19가 빨리 종식되어 좀 더 안전하고 자유롭게 여러분들을 만나게 되기를 소원해봅니다. 늘 감사한 마음으로 또 한 해를 맞습니다.

김동환

1부

INVESTMEN

어떤 관점으로
투자해야 할까?

ATTITUDE

1장

"주식투자는
평생 하는
것이다"

김동환

이제 막 투자를 시작한
이들에게

많은 언론이 2021년의 주식시장을 두고 투자 열풍이니 광풍이니 하는 헤드라인을 뽑아내기 시작했습니다. 냉정해야 성공하는 주식투자에 열풍이란 단어를 쓰고, 그것도 모자라 미칠 광狂 자를 넣어 현재 개인투자자들의 활발한 증시 참여를 걱정하고 있습니다. 주가지수 3000포인트 시대가 아무도 예상치 못할 만큼 빨리 우리 곁으로 왔습니다. 주식을 많이 산 사람도 두렵고, 현금을 많이 가지고 있는 사람들은 당황스럽습니다.

만나는 사람마다 '어떻게 해야 하나, 지금이라도 사야 하나, 산다면 뭘 사야 하냐'고 묻곤 합니다. 생면부지의 구독자들도 어떻게 알았는지 전화를 걸어오고, 한동안 연락이 끊겼던 친구와 선후

배들도 쑥스러운 음성으로 안부를 묻곤 이내 주식투자에 대한 의견을 구합니다. 제가 유명한 펀드매니저도 아니고 시장을 분석하는 애널리스트도 아닌데 「삼프로TV」에서 워낙 유명한 분들을 많이 만나고 또 소개하다 보니 그런 분들에게서 들은풍월이라도 도움이 되지 않겠냐는 생각을 하는 모양입니다. 여기에 몇몇 유튜브 채널에 나가 예전의 투자 이력을 몇 구절 얘기한 게 부풀려져 저를 현명한 투자자로 오해하는 분들도 많아진 것 같습니다.

　그래서 「삼프로TV」 스태프들이 제가 생각하는 투자, 제가 경험한 투자의 성공과 실패 그리고 제가 세상을 보는 방법에 대해 콘텐츠로 만들어보자는 얘기를 하기도 했지요. 하지만 저는 그리 내세울 게 없기도 하거니와 주로 사회를 보며 질문해야 하는 입장에서 저 스스로의 생각을 강하게 얘기하는 것이 프로그램의 기획과 진행에 도움이 되지 않을 것이라고 생각했습니다. 그런데 태생적으로 거절을 잘 못 하는 성격 때문에 다른 유튜브 채널에 몇 차례 불려 다니다 예정에 없던 제 개인적인 재테크와 주식투자에 대한 이런저런 얘기도 하게 되었습니다. 저도 모르게 신나게 얘기해놓고 후회하기를 몇 번인 줄 모르겠습니다. 이번에도 마찬가지입니다. '어떻게 투자해야 하는가'에 대한 나의 생각과 조언을 담아주면 좋겠다는 편집부의 제안을 받고 난감한 마음으로 이렇게 서재에 앉아 있습니다.

　네, 해보겠습니다. 제 투자의 성공과 실패담을 통해 이제 막 투자를 시작한 분들이 조금이라도 실수를 줄일 수 있고 또 성공에

도움이 될 수 있다면, 나의 쑥스러움이야 감당할 만하지 않겠냐는 근거 없는 자신감으로 글을 써보겠습니다.

다만 저는 한때 주식과 채권을 운용해봤고 30~40대의 대부분을 금융시장에서 여러 상품을 다뤄봤을 뿐 지금은 펀드매니저도 아니고 분석가는 더더욱 아닙니다. 그저 거의 30년 가까운 기간 동안 늘 투자를 해온, 많은 실수를 해왔지만 그래도 큰 위기를 나름대로 잘 헤쳐서 온 투자의 선배가 맥주를 한잔 사주며 못 이긴 채 들려주는 자기 자랑이라고 생각해주면 마음의 짐이 좀 덜하겠습니다.

세상의 변화와
건강한 긴장 관계를 유지하는 일

언제부턴가 누가 제게 '주식투자란 무엇이냐'고 물으면 조금은 멋있게 보이려고 그랬는지 '주식투자는 세상의 변화와 건강한 긴장 관계를 유지하는 일'이라고 말하곤 했습니다. 실제로 그렇습니다. 주식투자를 시작한 후 저는 훨씬 더 세상의 변화에 민감해졌습니다.

주식투자 금액이 커지면 커질수록 세상에서 벌어지는 일들에 대한 관심도 따라서 커집니다. 예전에는 경제적인 일들에만 관심이 갔고 대체로 국내의 상황 위주로 관심이 갔다면 투자금이 커진 후에는 관심의 영역이 우리 사회, 정치, 군사, 외교적인 사안은 물론이고 미국과 중국, 하물며 아프리카나 남미의 상황으로까지 자연스럽게 넓어지게 됐습니다. 제 계좌의 포트폴리오가 늘면 늘수록 저의 관심사의 넓이와 깊이도 확장됐습니다.

가끔 '만약 30년 전에 주식투자를 시작하지 않고 지금껏 살아왔다면 나는 어떤 관심사를 갖고 어떤 지식과 경험으로 내 인생을 채웠을까?' 하는 생각을 해봅니다. 상상하기 어렵습니다. 제가 지금 갖고 있는 지식이나 경험의 대부분이 꼭 투자를 더 잘하기 위해서만 습득한 것은 아니지만 어떤 형태로든 투자와 밀접하게 연결되어 있었습니다. 투자를 시작한 후 거의 하루도 빠짐없이 종이 신문 네 가지를 꼬박꼬박 봤고, 투자를 시작하고 CNBC와 블룸버그를 통해 국제 금융시장을 모니터링하기 시작했고, 투자를 시작하며 지금 제 서가에 꽂힌 100권이 훨씬 넘는 경제, 금융 관련 책들을 읽기 시작했으며, 투자를 시작한 이후로 업무상 자리든 사적인 자리든 나의 생각을 주체적으로 말하기를 즐겼던 것 같습니다.

어쩌면 그 힘으로 직장에서 비교적 일찍 승진할 수 있었고 또 그만큼 빨리 은퇴를 했으며 계획에 없던 경제평론가로서 방송도 하게 됐습니다. 결국 3년 전에는 팟캐스트 「신과 함께」와 유튜브 「삼프로TV」를 만들어 지금까지 이렇게 해올 수 있었던 것 같습니다. 투자를 통해서 세상의 변화에 관심을 가질 수 있었고, 바른 시각과 판단 그리고 용기 있는 행동이 투자를 성공으로 이끈다는 믿음을 가졌기에 늘 탐구하는 자세로 30년 가까운 시간을 나름대로 운영

투자는 세상의 변화와 건강한 긴장 관계를 유지하는 일이다. 투자 금액이 커질수록 세상에서 벌어지는 일에 대한 관심의 영역과 깊이도 확장된다.

할 수 있었습니다. 투자가 제 인생의 큰 전환점이 됐고, 지금도 제가 게으르지 않게 사람을 대하고 일 처리를 하는 원동력이 되고 있습니다.

투자는 부를 만드는 구체적인 실천임과 동시에 우리의 인생을 긴장감 있게 운영하는 매우 효과적인 작동기제, 즉 소프트웨어 같은 것입니다. 물론 이 소프트웨어를 잘못 다루면 우리의 몸도 마음도 그리고 부도 빼앗길 만큼 위험한 면도 있습니다. 하지만 저의 경우는 '그 위험을 감수하지 않았다면 내 인생은 어떤 기능과 역할을 했을까' 하는 생각을 할 정도로 투자는 제 인생을 훨씬 역동적으로 이끌어준 고마운 존재입니다. 제가 젊은 친구들에게 제대로 된 투자를 적극적으로 권하는 이유입니다. 학교 졸업을 하고 직장을 구하는 이유는 먹고사는 생계의 문제를 위해 소득을 올리기 위한 것이기도 하지만 직장을 통해 더 깊은 단계의 사회화를 경험하고 더 성숙한 인격체로 성장하기 위한 것이기도 합니다. 학교 다닐 때 그렇게 배운 기억이 나는데요, 제게 투자는 직장을 다니는 것 이상으로 한 차원 높은 사회화의 장을 만들어준 고마운 친구입니다.

지금 얘기한 투자는 비단 주식투자만이 아닌 큰 의미의 투자이긴 하지만, 사실 은행에 예금을 넣어두거나 살 집을 한 채 마련하는 것, 규모 있는 주식투자를 시작하는 것이 다 동일한 긴장감을 불러오지는 않습니다. 그래서 이 글에서 투자라 함은 주식투자로 한정해서 얘기해보겠습니다.

투자는 '들어가는' 게 아니라 '배분하는' 것이다

많은 분이 주식투자를 시작했냐고 물을 때 '주식에 들어갔냐?'라는 표현을 씁니다. 적금에는 '들어갔냐'고 하지 않고, 또 더 큰 돈을 넣어야 하는 집을 사면서도 '아파트에 들어갔냐'고 하지 않는데 유독 주식은 '들어가다'라고 표현합니다. 그저 관용적 어법일 수도 있겠습니다만 제 생각에는 주식투자를 '들어갔다 잘 나오는' 일회적인 사고파는 행위라고 생각해서가 아닐까 합니다. 즉, 사서 시작하고 팔아서 종결되는 매매로 생각하기 때문에 들어간다는 표현을 쓰는 거죠. 들어갈 때 이미 나올 것을 염두에 둔다는 얘기입니다.

물론 주식투자는 개별적인 주식들을 사고파는 행위로 구성되어 있는 것이 맞습니다. 그래서 혹자는 주식투자를 두고 '남이 비싸게 파는 걸 내가 싸게 사고, 남이 싸게 사는 걸 나는 비싸게 파는 행위를 반복하는 것'이라고 하기도 합니다. 그런데 주식투자는 사실 그런 매매 기술이 아닙니다. 오히려 주식투자는 우리의 전체 자산 중 주식의 비중을 얼마나 가져갈 것이고 어떤 주식들로 포트폴리오를 구성할 것인지, 그리고 이 포트폴리오를 어떻게 만들고 변경시킬지, 즉 시기를 어떻게 정할지를 선택하는 일련의 과정입니다. 그래서 투자론의 첫 시간에 투자는 자산 배분, 포트폴리오, 사고팔기(타이밍), 이렇게 세 단계로 나뉘며 전체 투자 성과에 가장 중요한 의사결정은 역시 자산을 어떻게 배분할 것인가라고 배웁니다.

실제로 그렇습니다. 개인적으로 대학원 시절 전공이 바로 이 자산 배분이었기에 저는 오랫동안 투자라고 하면 '배분을 어떻게 할 것인가'를 고민하는 것으로 생각해왔고, 대체로 이 결정에서 큰 실수가 없었기에 무난한 투자를 계속해올 수 있었습니다. 다시 말해 시기에 따라 주식, 예금을 포함한 채권, 부동산을 어떤 비율로 배분할 것인가가 가장 중요하다는 것입니다.

경기가 장기간에 걸쳐 하락하면서 금리가 빠질 것 같은데 고금리로 잔뜩 빚을 내서 주식을 사면 어떻게 될까요? 반대로 중앙은행과 정부가 침체된 경기를 살리려고 돈을 찍어내고 막대한 재정을 풀어 시중에 유동성을 공급하는데 채권을 많이 들고 있고 주식이나 부동산은 없거나 소액만 투자하고 있다면 수익률이 어떻게 될까요? 지금은 과연 어떤 자산 배분이 맞는 시기인지 생각해보시기 바랍니다. 만약 자산 배분의 개념을 가지고 주식에 투자하고 있다면 단기 매매에 조금은 덜 신경 쓰게 되지 않을까요?

많은 분이 저의 자산 배분을 궁금해하고 요즘도 다른 방송에 출연하면 간혹 물어볼 때가 있습니다. 저는 사회 초년병 시절, 채권 부서에서 일하면서 금융상품을 배웠고 여러 차례 위기를 넘기며 유동성 자산의 중요성을 체득해왔습니다. 유학 시절 자산 배분에 대한 공부를 한 이후로는 언제나 주식, 채권, 부동산 및 기타 자산에 대한 배분을 재테크의 가장 중요한 요건으로 생각해왔습니다. 시장이 단기간에 제 의지와 관계없이 자산 배분 비율을 과도하게 조정해줄 때 저도 역시 제 의지를 반영한 배분 비율 조절에 나섭니다.

예를 들어 2020년 3월 주가 폭락기에 저의 주식에 대한 배분 비율은 평상시 배분 비율에 비해 훨씬 낮아져 있었고, 부동산이나 채권의 상대적인 배분 비율은 높아져 있었습니다. 주가는 크게 빠졌는데 부동산은 오히려 올랐고 채권금리는 더 빠져서 가격이 올라 있었기 때문입니다. 당연히 유동성 자금을 주식에 넣어 배분 비율을 평상시처럼 맞추는 일을 했는데, 단기간에 너무 배분 비율이 빠졌다는 판단에 오히려 평상시보다 조금 더 늘렸습니다. 왜 공포가 없었겠습니까? 그러나 저의 자산은 정연하게 배분되어 있었기에 주식의 단기 급락에도 불구하고 전체 자산의 변동은 주식시장의 변동보다 훨씬 작았던 것이죠. 여러분도 자산을 배분하고 있을 겁니다. 특히 집을 갖고 있는 분들의 경우는 주식에 '몰빵했다'고 말해도 대체로 부동산에 훨씬 더 많은 비율로 투자하고 있는 겁니다. 그런데 우리는 각각의 자산을 따로따로 투자하고 있다고 생각합니다. 전체 자산의 수익률을 따져야 할 때 주식이 조금 내렸다고 크게 긴장하고, 주식이 내리고 있는데 집값은 올랐다고 행복해합니다.

자산을 배분하고 있다는 건 곧 투자하고 있다는 얘기입니다. 그리고 투자는 이렇게 자산 배분 비율을 조절하며 평생 동안 하는 것입니다. 중요한 것은 자산의 배분 비율을 어떻게 조절해나갈 것인지 결정해야 하기에 세상의 변화를 읽고 그 변화에 적극적으로 대응해나가야 하는 것이지요.

투자의 첫걸음, 시드머니 만들기

최근 「삼프로TV」 구독자가 가파르게 늘고 있습니다. 예전에는 주식투자를 오래 전부터 하고 있던 분들이 소문을 듣고 찾아왔다면, 요즘은 태어나 주식을 처음 시작하려는 이른바 '주린이' 구독자들이 많이 늘고 있습니다. 주가지수가 3000포인트를 넘어가다 보니 급한 마음에 뭐라도 의지가 되는 콘텐츠를 찾게 되는 모양입니다.

그런 분들에게 꼭 하고 싶은 말이 있습니다. 지수를 보며 조바심 내지 않아도 된다는 것입니다. 주식시장의 기회는 늘 다시 옵니다. 물론 대세 상승기에 올라타면 그만큼 수익을 낼 가능성이 큽니다. 그런데 제가 최근 「삼프로TV」에서 시작한 '삼프로 상담소'라는 프로그램을 통해 주식투자에 성공하고 실패한 많은 분의 사연을 받아보니 주가가 1400대에서 3000이 됐는데도 실패한 이들이 정말 많았습니다. 그런데 사실 제가 그동안 주식에서 큰 수익이 났던 것은 거의 대부분 경기적 위기 상황과 오버랩됩니다.

주식투자에 나서기 전 돈을 모아 투자금, 즉 시드머니Seed money를 만들어야 합니다. 시드머니를 투자로 만들면 되지 않냐고 하는 분들도 많습니다. 이론적으로 맞는 얘기입니다. 작은 돈이나 큰돈이나 꼬리표가 없기에 주식을 일단 하고 보면 되는 거 아니냐는 발상입니다. 그런데 실제 투자를 한번 해보세요. 100만 원, 200만 원으로 투자를 시작하면 묘하게 큰 수익이 나거나 큰 손실이 나거나 두 가지 중 하나가 될 확률이 높습니다. 왜냐하면 워낙 작은 돈으로 시작하기 때문에 '종목의 포트폴리오'를 하지 않고, 또 분할 매수와 같은 '시간의 포트폴리오'도 하지 않고, 오로지 '몰빵 투자'를 하기 때문입니다. 운이 좋으면 크게 수익이 날 수도 있지만, 대개는 큰 손실을 보고 '다시는 주식투자를 안 하겠다'고 하거나 처음부터 자신감을 잃게 되는 경우가 많습니다.

반대로 초심자의 행운에 걸려 소액이지만 큰 수익이 날 수도 있습니다. 그런 경우는 사실 더 큰 문제입니다. 100만 원을 투자해

목표로 하는 자산 규모의 10분의 1 정도를 먼저 시드머니로 만들어보자.

200만 원이 됐다고 해볼까요? 이 경우 대부분은 행복감을 느끼기보다는 후회를 합니다. '내가 그때 100만 원이 아닌 1000만 원, 아니 빚을 내서라도 1억을 질렀다면 좋았을 텐데'라고 생각합니다. 그래서 결국 전과 같은 행운을 기대하면서 쌈짓돈을 털고 영혼까지 끌어모아 빚을 내서 투자금을 늘리게 됩니다. 어떻게 될까요? 또 성공할까요? 대부분은 큰 손실을 경험하며 그때서야 실패의 원인을 분석하고 포트폴리오를 했어야 한다는 생각을 하게 됩니다. 물론 예외는 있을 수 있습니다. 우리의 인생에 설명할 수 없는 행운과 불행은 항상 존재하니까 말입니다.

어쨌든 저는 늘 '규모 있는 시드머니'를 먼저 만들라고 조언합니다. 어느 정도가 규모 있는 시드머니인지는 각자 만들고 싶은 부의 기준에 다라 다르겠습니다만, 저의 경우는 대체로 10년 정도 기간 안에 벌고 싶은 자산의 규모를 정하고 그 자산 규모의 10분의 1까지는 시드머니로 모으라고 조언합니다. 내가 지금 서른 살인데 마흔엔 10억 원의 금융자산을 갖겠다는 계획을 세웠으면 최소한 1억 원의 금융 시드머니를 만들라는 겁니다.

당연히 이 1억 원의 시드머니는 저축을 통해서 모아야 합니다. 자신의 근로소득이나 사업소득을 아껴 모아서 만들어야 '견고한' 시드머니가 됩니다. 당연히 안 먹고 안 입고 안 마시고 해외여행 같은 워라밸 안 하고 욜로 안 하고, 그렇게 모아야 규모 있는 시드머니를 빨리 만들 수 있을 겁니다. 시드머니를 설명할 때 흔히 눈사람 예를 많이 듭니다. 어릴 적 동네에서 눈사람을 만들 때 처음부터 연탄재 같은 걸 눈밭에 굴리면 금세 커다란 눈덩이가 뭉쳐지고 친구들보다 훨씬 빨리 눈사람을 만들 수 있었던 기억이 납니다. 눈이 녹을까 마음이 급해서 조그마한 돌멩이로 눈을 뭉쳤던 친구들은 하루종일 땀을 뻘뻘 흘려도 그저 조그만 눈덩이가 될 뿐 눈사람을 만들지는 못했지요. 이른바 이런 눈덩이 효과가 주식투자에도 있습니다.

규모 있는 시드머니는 알겠는데 '견고한' 시드머니는 또 무슨 의미냐고 물어볼 수도 있을 겁니다. 부모님이 부자라서 규모 있는 시드머니를 금방 마련할 수 있는 사람도 있겠지요. 그러나 저는 시드머니는 자신의 근로소득이나 사업소득을 아껴서 꼭 스스로 모으라고 말하고 싶습니다. 시드머니를 모으면서 수익률의 의미를 깨닫고, 돈을 불린다는 게 얼마나 어렵고 힘든 일인지를 느껴보고 동시에 얼마나 보람된 일인지도 체험해보란 의미에서입니다.

　세상에 같은 성격의 돈은 한 푼도 없습니다. 돈에는 예외 없이 사연이 있고 그 사연에 따라 엄청난 잠재력을 가진, 그야말로 견고한 돈도 되고 반대로 인생을 망칠 만큼 파괴적인 위험이 잠재된 돈도 될 수 있습니다. 아마 여러분도 인생의 적지 않은 경험을 통해 알게 될 겁니다. 적어도 평생 하게 될, 어쩌면 내 인생을 부하게도 빈곤하게도 할 주식투자에 나설 때 그 시드머니는 여러분들의 열과 성을 다해 모은, 강한 에너지가 농축된 견고한 돈이었으면 좋겠습니다.

　당연히 시간이 걸릴 겁니다. 시드머니를 모으는 그 시간 동안 투자의 기초 체력을 늘려가야 합니다. 좋은 책과 방송 그리고 인간관계를 통해 투자의 성공 조건을 갖추어나가십시오. 쌓여가는 시드머니만큼 여러분들의 투자 근력도 함께 키워가기를 바랍니다.

주식투자는
제로섬 게임이 아니다

　주식투자가 사고파는 행위를 통해 이뤄지다 보니 흔히 하는 오해 중 하나가 주식투자를 경쟁적인 게임으로 생각하는 것입니다. 「삼프로TV」 라이브 방송에서도 시황 정리를 할 때 '개인투자자는 얼마를 샀고 외국인과 기관은 얼마를 팔았다'는 수급 상황을 얘기합니다. 그러다 보면 개인과 기관 혹은 외국인이 서로 패를 들고 게임을 해서 승자를 뽑는 경연대회 같은 느낌을 갖게 되기도 하죠. 물론 한 거래, 한 거래를 쪼개놓고 보면 그런 생각이 타당하기도 합니다. 그러나 주식투자는 모두가 행복해질 수도, 모두가 불행해질 수도 있는 게임입니다.

대세 상승기엔 아마 주식을 가진 대부분의 투자자가 수익을 낼 가능성이 큽니다. 물론 앞서 얘기한 대로 2020년과 같은 상승세 장에서도 손실 구간에 머문 사람들이 있습니다만 예년에 비하면 수익 구간에 있는 사람들이 압도적으로 많습니다. 그래서 주식을 대할 때 너무 과도하게 경쟁의 관점으로 치우치지 말고 그저 '나는 나의 투자를 한다'는 평정심을 가질 필요가 있습니다. 다른 사람들의 투자에 관심을 가질 필요는 있겠지만 다른 사람의 성공담을 너무 부러워하며 자신의 포트폴리오를 자주 변경하지는 말기를 권합니다. 그만큼 신중하게 포트폴리오를 짜야 한다는 이야기도 되겠지요.

세상에는 별처럼 많은 주식이 있고 그 별의 숫자만큼 많은 투자 철학과 방법론이 있습니다. 책과 방송을 통해 여러 투자 철학과 방법론을 배우고 익히면서도 결국은 자신만의 투자 스타일을 만들어가야 합니다. 여기서 한 가지, 주식투자는 본질적으로 혼자 하는 외로운 여정임을 꼭 명심하기 바랍니다.

앞서 얘기했듯이 방송에서 개인, 기관, 외국인이라는 투자 주체별로 매수, 매도를 정리해 이야기하다 보면 흔히 개인은 개인끼리 편을 먹고 기관과 외국인들은 또 그들끼리 편을 짜서 주식을 사고파는 건가라는 착각도 하게 됩니다. 물론 비슷한 매매 패턴을 보일 가능성은 있습니다만 기관투자가들도 외국인들도 개인투자자들만큼은 아니지만 무수히 많습니다. 사실 그들은 그들끼리 경쟁하고 있기도 합니다. 펀드매니저들끼리 수익률을 더 내기 위해 경쟁하는데 우리는 자칫 그들끼리 담합을 하는 거라고 착각합니다. 많은 기관투자가들과 외국인들이 엇갈린 매매를 한 걸 다 정리해보니 매도가 매수보다 더 많았더라 하는 게 순매도입니다. 순매수는 반대의 경우겠지요. 결코 기관투자가나 외국인들이 한 몸처럼 사고파는 게 아닙니다.

그럼 우리 개인투자자 여러분들은 어떤가요? 요즘은 부부간에도 따로 계좌를 터 매매하는 경우가 많은데, 남편은 파는 주식을 아내는 살 수도 있지 않나요? 저 역시 펀드매니저를 할 때 옆의 펀드매니저가 파는 걸 제가 샀던 경험이 있습니다. 동학개미운동이라는 용어가 이젠 보통명사가 되어버릴 정도가 됐습니다만 주식투자는 단체 행동이 아니라는 걸 명심하기 바랍니다. 어떤 사람도, 또 어떤 단체나 국가기관도 예전 동학농민운동 때의 의병장들처럼 여러분들의 계좌 수익률을 책임져주지 않습니다. 투자는 여러분 스스로 하는 것이고 최종 책임 또한 여러분 스스로 지는 겁니다.

다만 건전한 투자를 하는 지인들과 함께 공부하고 토론하며 교류하는 것은 권장합니다. 외톨이처럼 자기만의 세계에 빠져 세상의 변화에 둔감해질 필요는 없으니까요. 적어도 주식시장에서 남의 불행이 나의 행복이라는 제로섬 게임을 할 필요는 없습니다. 그러나 그 게임의 주인은 철저히 여러분 스스로가 되어야 합니다.

곁불 쬐는 투자는
피하라

주식투자를 시작하고 한동안은 누구나 열정을 다합니다. 성공하면 성공하는 대로 의욕이 살아나고, 실패하면 실패하는 대로 역전의 전의를 불태우게 됩니다. 그러다 보면 내가 한 투자가 아니라 다른 사람의 투자, 즉 지금 시장에서 수익이 난 다른 종목들에 자연스레 관심을 갖게 됩니다.

시장은 하락했는데도 떡하니 상한가를 친 종목도 보이기 시작하고, HTS를 보다 보니 외국인이 지속적으로 매도하고 있는 상황에서도 기관이 계속 사서 올리는 종목도 눈에 보일 겁니다. 그런 종목들마다 증권사나 기자들이 합당한 이유를 친절하게 알려주기도 합니다. 그럼 '왜 나는 이런 주식을 안 들고 있었나' 하는 후회를 하게 되고, 애지중지하던 여러분들의 포트폴리오는 어느새 '못난이 삼형제'가 되고 맙니다. 결국 자신이 가진 종목을 팔고 상한가를 칠 만큼 매력적인 남의 주식에 투자를 하게 됩니다.

그런데 결과가 어떻습니까? 고심 끝에 그 예쁜 주식을 품에 안는 순간, 그 주식이 돌변하는 경우를 많이 봤을 겁니다. 왜 그럴까요? 왜 나만 사면 그렇게 오르던 주식이 갑자기 빠지기 시작할까요? 두 가지 이유 때문에 그렇습니다. 내가 고뇌 어린 결단을 할 정도로 좋아 보이는 주식은 다른 사람에게도 좋아 보이지 않을까요? 당연히 주가는 많이 올라 있을 겁니다. 아무리 좋은 전망과 재료가 있어도 그 큰 회사가 며칠 만에 두 배나 더 좋은 회사가 될 수 있을까요? 만약 단기간에 두 배나 오른 주식을 사기로 결정했다면 그 회사가 두 배 이상 좋아질 거라는 확신을 했다는 뜻이어야 합니다.

세상에는 무수히 많은 주식이 있고, 그 많은 주식은 나름의 사연을 갖고 움직이고 있습니다. 제한된 투자금으로 그 많은 주식을 다 살 수는 없습니다. 결국 자신이 최고로 마음에 드는 몇몇 주식을 담아야 합니다. 아무리 재능 있는 자녀라도 의사가 되고 정치인도 되고 동시에 사업가가 될 수는 없듯이, 여러분들도 여러분의 투자 스타일을 만들어 그에 부합되는 투자를 할 수밖에 없습니다.

추운 겨울날 들길을 걷다가 무슨 이유인지 사람들이 모닥불을 피워놓고 먹음직스러운 고기를 굽고 있는 걸 보게 됐다고 해봅시다. 그런데 아무리 춥고 시장해도 모르는 사람들이 피워놓은 모닥불에 그들의 초대도 없이 다가가 잘 구워진 고깃덩이를 덥석 집을 수는 없습니다. 그랬다간 큰 사달이 날 수 있겠지요. 주식투자도 마찬가지입니다. 아무리 남의 파티가 좋아 보인다고 초대받지 않은 불청객이 될 수는 없습니다. 절대 환영받지 못하죠. 그 파티를 즐기고 싶다면 더 비싼 입장료를 내고 들어가야 한다는 걸 명심하기 바랍니다.

좋은 친구들과 함께
투자하라

어린 시절 지금은 작고하신 저의 부모님께서는 '공부 열심히 하라'는 말씀도 간혹 하셨지만 늘 '좋은 친구를 사귀어라'는 가르침을 주셨습니다. 지금껏 친구들 때문에 곤란에 처한 적이 없었던 걸 돌아보면 부모님의 가르침에 크게 벗어나진 않았던 것 같습니다. 지금도 좋은 친구들과 교류하고 있어서 중년이 조금은 덜 외로운 것 같습니다. 주식투자는 성인들에게 학창 시절의 학업과 교우 관계만큼이나 중요한 일입니다. 물론 각자의 직업과 사업이 더 중요합니다만 요즘처럼 저성장 시대에다 금리가 낮은 시기에는 투자가 우리 생애에 훨씬 더 중요한 과업이 되기도 합니다.

당연히 좋은 친구들과 교류하며 좋은 영향을 주고받아야 합니다. 좋은 콘텐츠를 곁에 둬야 합니다. 오해는 하지 말기 바랍니다. 「삼프로TV」를 홍보하려는 게 아닙니다. 오해의 소지가 있음에도 불구하고 좋은 콘텐츠를 강조하는 이유는 최근 재테크와 주식시장의 열기와 더불어 유튜브를 비롯한 많은 플랫폼에 수많은 콘텐츠가 범람하고 있기 때문입니다. 저도 콘텐츠를 만듭니다만, 고백하자면 모든 제작자는 더 많은 사람이 보기를 바랍니다. 그래야 유명해지고 또 유명해져야 광고가 들어오고 광고가 들어와야 콘텐츠 제작을 계속할 수 있고 사업이 잘될 수 있기 때문입니다. 긴 안목으로 보면 좋은 콘텐츠가 결국 많은 사랑을 받게 되고 살아남게 될 가능성이 많습니다. 그러나 단기적으로는 좀 더 자극적이고 논쟁적인 주제나 논리가, 그리고 '팩트와 인사이트'보다는 '풍설과 뇌피셜'이 더 인기를 끌 수도 있습니다. 적지 않은 유튜버들이 썸네일과 타이틀을 자극적으로 뽑아 낚시를 시도하는 경우를 왕왕 봅니다.

디지털 콘텐츠의 홍수 시대입니다. 연예 오락이나 여가에 관한 콘텐츠는 그저 재미나 개인의 선호로 선택해도 큰 피해를 보지 않을 수 있겠지만 재테크, 특히 주식투자에 대한 콘텐츠는 신중하게 골라야 합니다. 소중한 시간을 할애해서 콘텐츠를 봤는데 그 콘텐츠 때문에 우리의 인생이 황폐해질 수도 있으니까요. 우리가 접할 수 있는 콘텐츠의 양이 급증했다는 건 우리가 좋은 콘텐츠를 선택해야 하는 숙제의 양도 늘었다는 것입니다. 치명적인 실수를 줄이는 방법은 검증받은 콘텐츠 제공자들이 참여한 채널 가운데서 선택하는 겁니다.

증권회사를 비롯한 제도권 금융회사 직원들, 즉 애널리스트나 펀드매니저들은 현직에서 법과 제도의 규제를 받습니다. 대부분은 규정 준수를 관리감독하는 부서의 사전 점검을 필수적으로 받고 콘텐츠 제작에 참여합니다. 당연히 덜 자극적이라 재미는 떨어질 수 있습니다만 그만큼 신뢰할 만한 콘텐츠일 가능성이 큽니다. 물론 개인 차원에서 하는 콘텐츠 중에서도 뛰어난 내용이 있을 수 있습니다만 투자 콘텐츠의 특성상 그 피해가 치명적일 수 있는 만큼 개인 차원의 콘텐츠에 과하게 의존하는 것은 권하지 않습니다.

콘텐츠 또한 포트폴리오를 해야 합니다. 특히 과도하게 특정

시장의 일부를 지속적으로 강조한다든지 특정 종목에 대한 매수와 매도를 부추기는 콘텐츠는 조심해야 합니다. 앞서 얘기한 것처럼 주식투자의 판단과 결정의 실행은 오롯이 자신의 책임입니다. 한두 명의 분석가나 운용자 혹은 셀럽에게 의존하다 보면 여러분들의 건전한 투자 결정 프로세스가 약화되고 왜곡될 가능성이 많습니다.

객관적인 자료로 콘텐츠를 만드는 채널, 광범위한 수요 층에게 검증받은 채널을 먼저 가까이하기 바랍니다. 그런 다음에 자신의 성향이나 관심 영역에 따라 차분하게 확장해나가는 걸 권합니다. 범위를 조금 넓혀서 신문, 방송 같은 기존 레거시 미디어들도 본인의 성향에 맞는 특정 언론에만 몰입하기보다는 전혀 반대 성향의 언론도 불편을 감수하고라도 어느 정도까지는 시간을 할애해보기를 권합니다. 편협한 하나의 시각이 때에 따라 잘못된 확신이 되고 그로 인한 잘못된 결정은 치명적일 수 있기 때문입니다. 부자가 되기 위해 정보를 취득하는 행위로 매체를 선택하는 것과 자신의 가치관을 유지하고 발현하는 건 조금 분리해서 생각하기를 권합니다.

논쟁하지 말고
투자하라

「삼프로TV」 콘텐츠를 정성스럽게 만들어 업로드를 하면 감사하게도 많은 분이 격려를 해줍니다. 저는 또 그 힘으로 더 좋은 콘텐츠를 만들려고 애씁니다. 그런데 가끔 댓글이나 실시간 채팅 창에 그날의 콘텐츠가 포함한 내용의 본질과는 크게 관계없는 내용으로 격한 논쟁이 붙는 상황도 가끔 봅니다.

대부분의 경우는 누군가가 정치적 사안에 대한 본인의 견해를 특정 경제 이슈에 섞어서 밝히면, 그에 반대하는 분들이 댓글을 달면서 채팅 창이 뜨거워지는 것입니다. 꼭 채팅 창이나 댓글뿐 아니라 개인적인 모임에서도 특정 이슈에 대한 입장 차이로 논쟁이 벌어지는 경우가 종종 있지요. 그런데 그 자리를 파하고 나서 생각해보면 왜 그런 논쟁에 휩싸였는지 서로가 이해할 수 없는 경우가 많습니다.

누구든 우리 사회에 대한 자신의 가치관을 갖고 있고, 또 그걸 논리적으로 밝히고 건전한 토론을 할 필요도 있습니다만 논쟁을 일으키는 데 시간을 보내는 분이 투자에 성공적인 경우를 적어도 제 주변에서는 많이 보지 못했습니다. 오히려 현명한 투자자들은 그 논쟁이 갖는 함의가 어떻게 우리 자산시장에 투영되는지를 고려하고, 그 안에서 지혜로운 판단과 결정 그리고 과감한 실행을 하는 데 시간을 씁니다.

지난해 미국 대선을 전후로 저로서는 이해할 수 없는 논쟁을 앞장서서 하는 분들을 많이 봤습니다. '미국 대선이 부정 선거고 바이든을 끝까지 대통령으로 인정할 수 없으며 결국은 트럼프가 두 번째 임기를 시작할 것'이란 주장을 끈질기게 하는 분들이 제법 있었고, 거기에 반박하는 분들이 꽤 오랫동안 설전을 벌이는 걸 봤습니다. 부정 선거가 있었는지 없었는지를 판단할 능력은 제게 없습니다. 그러나 미국의 법과 정치제도가 엄연히 바이든을 대통령 당선인이라고 하는데도 우리 투자자들이 그를 부정하고 트럼프를 옹호하는 걸 보며 저는 매우 안타까웠습니다. 물론 정치적 선호로 트럼프를 더 좋아할 수도 있습니다만 그런 잘못된 논쟁은 투자 판단과 실행에는 치명적일 수 있습니다. 잘못된 프레임 안에서 미국 주식, 나아가 우리 주식에 대한 투자 판단을 할 수도 있기 때문입니다.

예측을 할 수는 없지만 현상을 바로 보는 노력은 치열하게 해야 투자에 성공할 수 있습니다. 앞서 투자는 세상의 변화와 건강한 긴장 관계를 유지하는 것이라고 했습니다. 우리는 세상의 변화에 순응하고, 경우에 따라선 선도해야 할 때도 있습니다. 그러나 그 긴장 관계는 건강해야 합니다. 논쟁을 위한 논쟁이 아닌 현명한 결정을 위한 진솔한 토론이 되어야 합니다. 소모적인 논쟁은 잘못된 프레임에 우리를 가둡니다.

적어도 현명한 투자자가 되려면 더 많이 읽고, 더 많이 보고, 더 많이 들으려 노력하고, 나의 생각만큼이나 타인의 생각도 존중하려는 태도를 가지기를 권합니다. 논쟁에서 이기려는 노력을 여러분들의 투자에 적용하려는 노력으로 바꿔보기를 권합니다. 감정적인 싸움닭이 투자의 대가가 된 걸 저는 본 적이 없습니다.

투자의 루틴을
유지하라

저는 증권회사에 근무하며 주식과 채권을 운용해본 행운을 누렸습니다. 주식보다는 채권을 운용한 기간이 더 길었습니다만 두 가지 경험을 함께한 것은 저의 투자 이력에 많은 도움이 되었습니다. 일반화하기는 어렵습니다만 제가 경험한 바에 의하면 채권 펀드매니저들은 매우 엉덩이가 무겁고, 더러는 참 재미없는 친구들이 많았습니다.

채권이라는 게 종목이 없는 것은 아니지만 대체로 한 방향으로 움직입니다. 주식이 큰 변동성을 보이는 반면 채권은 한번 방향을 잡으면 대체로 긴 추세를 갖기 때문에 잦은 매매를 하면 큰 수익을 놓치게 되는 경우가 많기에 유능한 채권 펀드매니저는 민첩함보다는 신중함과 묵직한 지구력이 더 요구됩니다. 반대로 주식 펀드매니저들은 채권 펀드매니저에 비해서 훨씬 재기발랄하고 민첩하고 디테일합니다. 변동성이 큰 종목을 다루는 직업의 특성 때문에 그렇습니다. 그런데 역설적으로 주식시장에서 큰돈을 번 투자자들이나 펀드매니저들은 채권 펀드매니저처럼 신중하고 묵직한 투자의 태도를 가진 분들이 많습니다.

만약 자신의 성향이 만첩하고 남의 말에 잘 휘둘리고 감정 컨트롤이 잘 안 된다는 판단이 들면 스스로를 하나의 시스템에 가두는 노력을 해야 합니다. 예를 들어 자신이 장중 변동성에 대응할 심정적인 준비도 안 되어 있고, 직업의 특성상 장중에 시장을 볼 수 없는 환경이라면 주식을 사고파는 걸 사전에 결정하는 걸 권합니다. 유능한 펀드매니저들 중에는 다음 날 사고팔 주식을 그 전날 정하고 당일의 변동성은 아예 무시한 채 매매하는 분들도 더러 있습니다. 멘탈을 지키는 좋은 방법입니다.

저 역시 매매 타이밍을 잡는 능력은 평균 이하인 걸 알기 때문에 더러는 수수료를 내는 한이 있더라도 재능 있는 영업 직원에게 사고파는 타이밍을 일임하기도 하고, 하루 중 그냥 시간을 정해놓고 사고팔기도 합니다. 자산 배분, 포트폴리오, 매매에 이르기까지 여러분이 다 최고가 될 수도 있으나 만약 아니라는 판단이 들면 여러분 스스로 가장 효율적인 시스템을 짜고 그 루틴을 지켜나가기를 권합니다.

참고로 저의 루틴은 이렇습니다. 출근하자마자(물론 방송 준비 때문에 그렇습니다만) 외신을 위주로 뉴스를 정리해서 봅니다. 그리고 가급적 개장 후 10분 정도는 시장을 보려고 노력합니다. 그리고 저녁 퇴근길에는 제가 방송을 하든 안 하든 좋아하는 시황분석가의 마감 시황을 꼭 보고 듣습니다. 그리고 장중에 거래를 했다면 잔고의 변화와 수익률의 변동 상황을 저의 다이어리에 손수 기재하고 퇴근 후 잠들기 전에 컴퓨터를 통해 매매한 종목의 최근 정보를 최대한 업데이트해서 정리합니다. 통상은 한꺼번에 많은 금액을 사지 않고 일종의 보초병을 세우는 차원에서 소액을 먼저 투자하기 때문에 매매 당일부터는 더 철저히 해당 종목을 분석하려고 노력합니다. 매매 동향이나 공시 혹은 관련 뉴스나 경쟁사 뉴스까지 꼼꼼하게 보는 편입니다. 당연히 증권사 리포트나 동영상도 챙겨서 봅니다.

아무리 바쁘고 힘들어도 이러한 루틴을 지키려고 노력해왔기 때문에 지난 30년 동안 투자했거나 투자를 고려한 종목들이 제 안에 쌓이게 되고, 그 결과로 불필요한 정보에 휩쓸리는 매매를 덜 하게 되는 것 같습니다. 아마 여러분들도 나름의 투자의 루틴이 있을 겁니다. 이제 막 투자를 시작하는 분들은 투자에 성공한 선배들의 루틴을 본인에게 맞게 차용해서 따라 해보는 것도 좋은 방법입니다. 다만 너무 무리한 스케줄을 짜게 되면 쉬이 지치고 중도 포기도 할 수 있는 만큼 자신의 생활 패턴에 크게 침해되지 않는 정도의 루틴을 만들고 꼭 지키기를 권합니다.

때론 투자를 멈출 용기도 필요하다

투자는 평생 하는 거라고 했으면서 멈추라니 좀 뜬금없는 말처럼 들릴 수 있습니다. 맞습니다. 투자는 평생 하는 겁니다. 다만 우선순위를 정해서 평생 하는 겁니다. 투자는 주식투자와 같은 작은 의미의 투자도 있고, 우리의 인생 자체가 투자라는 넓은 의미의 투자도 있습니다.

동시에 투자는 감당할 만큼 해야 합니다. 꼭 재정적인 측면에서 감당할 만큼의 금액만 투자하라는 얘기가 아니라 자신이 처한 환경이나 인생의 중요한 이벤트들을 앞둔 시점에서는 투자도 감당할 수 있을 만큼 줄여야 합니다. 그래야 평생 할 수 있겠지요.

저는 30년 가까이 투자해오면서 두 번에 걸쳐 주식투자를 멈춘 경험을 가지고 있습니다. 첫 번째는 97년 7월에 영국으로 유학을 떠나며 가지고 있던 모든 주식을 정리한 경험입니다. 삼십을 넘겨서, 그것도 결혼도 했고 영어도 완벽하지 않은 상태에서 영국으로 MBA를 떠나기로 한 만큼 몇 주에 걸쳐 저 스스로를 돌아봤습니다. '과연 나는 주식투자와 학업을 병행할 수 있을까?' 물론 우량주를 사놓고 잊어버릴까 하는 생각도 해봤습니다만 당시의 금리 구조나 또 저의 마음 수련 상태로는 적절치 않다는 생각을 했습니다. 자칫 하면 학위를 못 딸 수도 있겠다는 걱정도 들었습니다.

당시에 제게 가장 큰 투자는 펀드매니저로서 나의 능력을 고양시켜서 직업인으로서 저의 가치를 높이는 일이었기에 저는 과감하게 주식투자를 중단했습니다. 아직도 기억이 납니다. 주식을 판 돈을 찾아 몇 군데 은행에 들러 대출을 모두 상환할 때의 그 쾌감을 아마 영원히 잊을 수 없을 것 같습니다. 그러곤 우연찮게 IMF를 맞았습니다. 물론 폭락한 원화 가치 때문에 유학 생활은 훨씬 더 힘들었지만 저는 안전하게 은행에 맡겨두었던 돈으로 IMF 위기 국면에서 30% 수익률로 우량채권을 살 수 있었고 운 좋게 작지만 미분양 난 소형 아파트를 분양받을 수 있었습니다. 그 두 투자가 2000년

초 귀국하고 그 이후의 제 투자에서 규모 있는 시드머니의 역할을 했습니다. 지금까지 제가 한 투자 중 가장 잘한 투자는 1997년 여름 투자를 멈춘 것이었습니다. 아마 그 결정이 없었다면 오늘 제가 경제적 고려 없이 「삼프로TV」와 같은 콘텐츠를 만들며 여러분을 만나는 일도 없었을 겁니다.

두 번째 투자를 멈춘 것은 2006년 초 미국에서 사업을 시작할 때입니다. 그때는 1997년처럼 모두 판 건 아니었지만, 낯선 이국땅에서 누구의 도움도 없이 혼자 창업을 하게 되었으니 매일같이 한국에서 날아드는 시세의 변화에 반응할 여유가 없다고 판단하고 대부분의 주식을 팔았습니다. 결과는 참혹했습니다. 당시에 제 포트폴리오에 가장 큰 종목이 현대중공업이었기 때문이었습니다.

4만 원대에 산 현대중공업을 아마 제 기억에는 6만 원대 중반에 팔았습니다. 저는 좋은 수익을 올렸다고 자평하고 그 돈을 사업 자금으로 썼죠. 그러나 새로 벌인 사업은 신통치 않은데 현대중공업 주가는 계속 올라서 판 가격보다 거의 열 배가 오르는 걸 미국에서 지켜봐야 했습니다. 정말 힘들었습니다. 사업도 의욕을 잃을 뻔했습니다. 아마 부양해야 할 가족이 없었다면 전혀 다른 시도를 했을 수 있을 정도로 스트레스를 받았습니다.

결국 악전고투 끝에 사업이 제 궤도에 오르고 경제적으로도 회복되었지만 지금도 당시를 생각하면 참 아찔한 시간이었습니다. 1997년 IMF 때와는 전혀 다른 결과를 봤습니다만 지금 돌이켜 생각해보면 결국 그때도 투자를 멈춘 것이 잘한 결정이었던 것 같습

투자의 기본은 우선순위를 정하는 것이다. 인생이라는 투자에서 실패하지 않으려면, 주식투자 또한 감당할 수 있는 만큼 균형을 잡고 해야 한다.

니다. 그래서 비즈니스에 더욱 정진할 수 있었고, 가족들과도 훨씬 좋은 관계를 만들 수 있었으며 딸아이가 지금처럼 잘 성장할 수 있는 좋은 계기도 만들 수 있었으니까요. 그래서 저로서는 최선의 선택이었다고 생각하고 있습니다.

결국 저는 2008년 7월 비즈니스를 비교적 좋은 가격에 팔고 한국으로 돌아왔습니다. 복귀와 더불어 금융위기를 맞아서 또 다른 투자 기회를 잡게 되었고, 실제로 좋은 투자 성과를 이뤘습니다. 만약 2006년 사업에 정진하지 않고 시세에 정신을 팔았다면 저의 사업은 신통치 않았을 것이고, 2008년 금융위기 직전에 좋은 조건으로 사업을 정리할 기회도 없었을 것이며, 그 이후 절호의 찬스도 살릴 수 없었을 것이라는 생각을 해봅니다.

여러분들도 마찬가지입니다. 만약 지금 막 사업을 시작했거나 이제 막 중요한 시험을 준비하고 있다면 시장에 관계 없이 투자를 멈추거나 최소한으로 줄이기를 권합니다. 물론 여러분의 정신력은 저와 같지 않아서 어떤 경우라도 투자를 병행할 수 있다면 예외를 두어도 됩니다. 그런데 저는 많은 투자자가 자신의 생애의 중요한 모맨텀에 주식투자를 병행하며 영향을 받는 걸 지켜봤습니다. 그러니 더 크고 중요한 투자가 있다면 주식투자도 멈추거나 더 중요한 투자에 방해가 되지 않을 정도로만 하기를 권합니다.

행복한 부자의 조건과 자격

서점에 가면 가장 흔히 보이는 것이 이를테면 '부자 되는 방법'을 가르쳐주는 책들입니다. 누구나 부자가 되고 싶어 하니 그 많은 책이 팔리는 것이겠지요. 저도 가끔 누군가 제 책을 들고 와서 사인을 해달라고 하면 예외 없이 '꼭 부자 되세요'라는 글귀를 적어서 드립니다. 부자 되란 말처럼 힘이 되는 말이 또 있을까 싶기 때문입니다. 그렇습니다. 저도 여러분들도 다 부자 되기를 소원합니다. 마치 고등학교 때 좋은 대학에 가야 하는 게 모든 수험생의 목표이듯이 학교를 졸업하고 세상에 나온 우리들은 부자라는 목표를 위해 투자라는 필수 과목을 '열공'하고 있는지도 모릅니다.

그런데 여러분은 정말 부자가 되고 싶은가요? 저는 언젠가부터 부자는 선택 과목이라는 생각을 하고 있습니다. 40대에 나름의 경제적 안정을 이루고 조기 은퇴를 한 후 10년이란 세월이 흘렀습니다. 그동안 저의 경제적 상황이 다소 변하기는 했지만 크게 위험에 처해본 적도 없고 그렇다고 평상시에 비해 제가 크게 부자가 됐다는 생각도 해본 적이 없습니다. 아마 보수적으로 자산을 운영하며 「삼프로TV」 활동 같은 일을 더 즐겼기 때문일지도 모르겠습니다. 부자의 기준이 어디에 있는지 모르겠으나 가끔은 이 정도면 가난을 걱정하지 않아도 될 정도는 되려니 하고 마음을 편히 가져보기도 합니다.

　　모든 사람이 부자가 되기를 바라지만 누구나 부자가 되지 못하는 이유가 뭘까요? 어쩌면 부자라는 걸 그저 됐으면 하는 소원과 바람의 대상으로 생각하는 건 아닌가 싶습니다. 부자라는 추상적인 개념을 자신의 형편과 기대에 맞는 구체적인 목표로 만들기를 바랍니다. 그 목표를 달성하기 위한 수단과 경로로 투자를 계획하고 실천하기를 바랍니다.

　　부자 되기가 그저 소원과 희구가 되면 우리는 늘 부족하고 불안할 것입니다. 부자는 여러분들의 선택입니다. 부자 되기를 선택했다면 부자가 되는 길에 방해되는 일들은 포기할 수 있어야 합니다. 그 희생이 여러분들을 불행하게 한다면 자신이 생각하는 부자의 조건을 변경하고 그 경로도 바꿔야 합니다.

　　우리는 어쩌면 부자라는 추상적이고 맹목적인 목표에 다가가

지도 못하면서 그 목표의 무게에 눌려서 불행한 삶을 살고 있는지도 모릅니다. 나만의 부자의 조건을 세우고 구체적인 실천 계획을 만들어보십시오. 부자는 결코 멀리 있지 않습니다. 달성 가능한 구체적인 목표입니다.

투자하십시오. 여러분들은 행복한 부자가 될 자격이 있습니다. 부디 2021년은 여러분들이 부자가 되는 전기가 마련되는 복 된 한 해가 되기를 기원합니다. 저도 「삼프로TV」를 통해 늘 여러분들과 함께하겠습니다.

2장

"우리에게 정말 필요한 건 숫자가 아니라 깨달음이다"

김한진

새로운 패러다임의
한국 증시

'요즘 시대에 아직도 PER(주가/주당순이익 배율)를 봅니까?'라는 질문을 받은 적이 있습니다. 물론 성장성이 높은 기업을 평가하는 데 PER는 적절하지 않은 지표일 수 있습니다. PER는 절대 평가 지표도 아닙니다. 하지만 저는 전문가들이 PER의 무용론을 주장할 때가 바로 이 고지식한 지표에 더 주목할 때라고 생각합니다.

단순화해서 보면 주가는 주식의 품질(기업 이익)과 인기(각종 멀티플)로 구성됩니다. 증시 전체나 개별 종목이나 원리는 같습니다. 주식의 품질을 기업 이익으로 간주하면 주가(P)는 '주당순이익(EPS) × 인기(PER, 주가수익비율)'입니다(PER=P/EPS). 기업 이익은 보통 시장에 1년 이상의 전망치가 공유되고, 이 예상 이익이 주가에 어느 정도 앞서 반영되므로 현실에서는 실제치와 전망치의 차이(어닝 서프라이즈)가 더 중요합니다. 1910년부터 미국 증시(S&P500)를 대상으로 한 조사(crestmontresearch.com)를 보면 주가수익률(Total return)은 이익 증가(EPS growth)와 배당(Dividend yield), 그리고 PER의 변동, 이 3가지 항목으로 잘 설명돼왔습니다.

이 구성 항목 가운데 역사적 주가 과열이나 바닥을 만드는 데 가장 기여가 컸던 것이 바로 인기(PER)의 변화였습니다. 즉, 같은 이익 변동이라 해도 각 국면마다 주가의 반응 정도가 달라 결국 PER(주가 프리미엄)의 변동이 주가의 부침을 크게 만들어왔다는 것이죠. 1910년 이후 미국 증시에서는 PER의 대팽창과 대축소가 각각 4번 있었습니다. 지금은 그 네 번째 팽창 국면으로, 금융위기 이후 증시 멀티플 상승이 10년 넘게 진행되고 있습니다. 장기간 PER와 기업 이익 관계에서 특이했던 점은 기업 이익이 꺾여도 PER가 계속 높아지는 경우가 많았고, 반대로 기업 이익은 그대로지만 주가가 일찌감치 꺾여 PER가 하락하는 경우가 많았다는 점입니다.

이는 증시의 큰 변곡점에 앞서 주가나 PER의 과랭이나 과열이 있었기 때문입니다. 지나고 보니 각 국면마다 시장 분위기 등 당시에는 알 수 없는 이유로 주가는 기업 이익 개선보다 더 빨리, 더 많이 오르기도 하고, 기업 이익 둔화보다 더 빨리 떨어지기도 하면서 증시 변곡점은 항상 뾰족했습니다.

사실 시장의 쏠림이나 프리미엄을 결정하는 요인은 탐욕과 공포 등 심리적인 것부터 기업 어닝과 이익의 질(지속성, 안정성), 경제

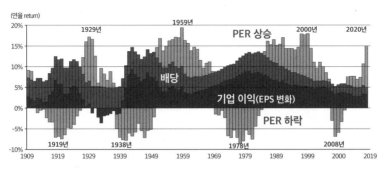

S&P500 수익률과 구성 항목 추이

(연율 return)

1929년 · 1959년 · PER 상승 · 2000년 · 2020년

배당

기업 이익(EPS 변화)

PER 하락

1919년 · 1938년 · 1978년 · 2008년

자료: crestmontresearch.com

주: 주가수익률은 10년 Rolling Return. 표시된 연도는 PER의 고점 또는 저점 연도

성장과 질, 금리나 유동성에 이르기까지 매우 복합적입니다. 주식 프리미엄을 일관된 틀로 설명할 수 없는 것은 우리의 한계인 동시에 주식이 지닌 고유 매력이기도 합니다. 그러니 주식을 종합예술이라고 하지 않을까요? 만약 모든 사람의 이익 전망이 다 똑같고, 주식 프리미엄도 기계적으로 부여된다면 시장에서 매일같이 그렇게 수많은 매수 매도가 일어날 리 없겠지요.

PER는 기업뿐만 아니라 국가 간에도 차이가 큽니다. 2000년 이후 선진국 증시의 장기 평균 PER(12개월 예상 이익 적용)는 15배로 같은 기간 신흥국 PER 11배보다 훨씬 높습니다. 명목 경제성장률은 신흥국이 높지만, 선진국은 주식의 대체재이자 할인율인 금리가 낮고 글로벌 경쟁력이 높은 기업들이 많이 상장돼 있는 데다 양질의 자체 거대 내수시장에서 안정된 수익을 거두는 기업들이 많기 때문입니다. 선진국 증시의 시가총액 상위 기업들은 신흥국보다 평균적으로 자기자본이익률 등 수익성이 양호하고 배당 성향(당기순이익 중 현금배당금 비율)이 높은 데다 기업 회계가 투명하고 정보의 공정성도 높은 편입니다.

또한 주가 프리미엄 구성에는 유동성(통화정책)의 역할도 큰데, 선진국 중앙은행은 신흥국보다 강력한 발권력을 갖고 있습니다. 실제로 지난 10년간 선진국 주가는 신흥국 주가보다 금리 하락에 더 강하고 탄력적으로 반응했습니다. 선진국이 신흥국보다 자본시장이 효율적이고 배당수익률도 높고 정보통신, 4차산업, 바이오 등 성장주의 비중도 높아 저금리가 주가를 부양하는 힘이 컸기 때문으로 풀이됩니다.

그렇다면 한국 증시는 프리미엄 관점에서 어느 쪽에 더 가까울까요? 한국 증시는 지금 신흥국에서 선진국 증시로 서서히 소속부를 바꾸는 과정인 것 같습니다. 2020년 한국 증시는 새로운 국면에 도전하고 있습니다. 한국 증시의 시가총액/GDP 비율은 최근 120%로 세계 평균 정도 수준이고, 잘나가는 미국과 비교하면 아직 절반 수준에 불과합니다.

2021년 초 한국 코스피 PER는 약 15배로 선진국의 21배에 비해서는 낮습니다. 선진국과 같은 PER에 이른다면 약 40%의 주가 상승 잠재력이 있습니다. 물론 이러한 셈법은 좋은 방법이 아닙니다. 비교 대상이 고평가돼 있다면 상대 비교는 허무한 평가 방법일 뿐이죠. PER는 절대 밸류에이션 지표가 아니라 상대평가 지표입니다. 지금 세계 증시 PER는 역사적으로 높은 수준에 와 있습니다.

선진국과 신흥국 증시 PER 추이

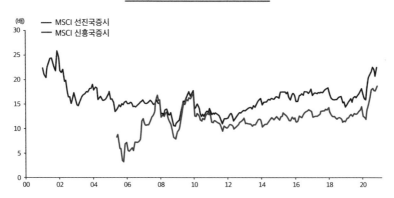

한국 주가와 시가총액/GDP 배율

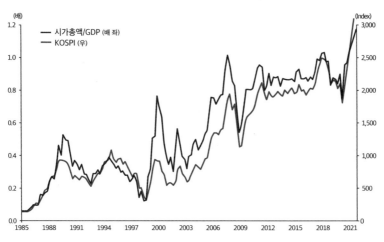

주: 시가총액은 코스피·코스닥 시장 합계

PER나 PBR 같은 미시 멀티플과 시가총액/GDP 비율(일명 **버핏**
지수°) 같은 거시 멀티플은 동전의 앞뒷면과도 같습니다. 자본시장
이 발달하고 대표 상장 기업들의 글로벌 위상이 높아질수록, 또한

버핏 지수 GDP 대비 시가총액 비율을 일컫는다. 워런 버핏이 2001년 《포천》과의 인터뷰에서 이것을 '적정한 주가 수준을 측정할 수 있는 최고의 단일 척도'라고 평가하면서 버핏 지수라고 부르게 됐다. 투자자들은 버핏 지수가 70~80% 수준이면 저평가된 증시로, 100% 이상이면 거품이 낀 증시로 해석한다.

그런 산업으로 자원이 더 많이 배분될수록 이 비율은 높아집니다.

증시 전체 프리미엄이 오르려면 그 나라 증시 구성 종목의 성장성이 높아져야 함은 당연합니다. 최근 한국 증시의 멀티플 상승 요인으로 저는 성장 산업(반도체, 바이오, 플랫폼, 배터리 등)의 글로벌 역량이 높아지고 있음에 주목하고 싶습니다. 우리나라 산업 구조가 세계 기술변화에 잘 부응하면서 긍정적인 방향으로 재편되고 있다는 뜻입니다. 설비집약적인 전통산업들도 해당 섹터 내에서 나름 글로벌 경쟁력을 유지하고 있습니다. 금리도 약간의 반등은 있을 수 있겠으나 저성장 기조의 정착으로 저금리 추세 자체가 크게 바뀌지는 않을 것 같습니다.

증시 수급 면에서도 앞으로 한국 주식에 대한 외국인의 장기 수요는 밝습니다. 한국 증시는 신흥국 중 경쟁력이 있는 증시이고 선진국 내에서는 산업 사이클상 젊은 증시에 속합니다. 2020년 시작된 내국인의 주식 매수 현상도 장기로 보면 이제 시작이 아닐까 싶습니다. 우리나라 가계 자산 중 금융자산은 22%에 불과하고, 그 가운데 주식 비중은 10%로 선진국에 비해 현저히 낮습니다. 전세보증금을 제외한 1600조 원의 금융저축 가운데 일부가 주식시장으로 꾸준히 이동한다면 증시 프리미엄 상승에 보다 긍정적입니다.

한국 증시를 돌아볼 때 가장 특이한 점은 금리가 크게 안정될 때마다 주가가 한 단계씩 크게 도약해왔다는 사실입니다. 약 10년

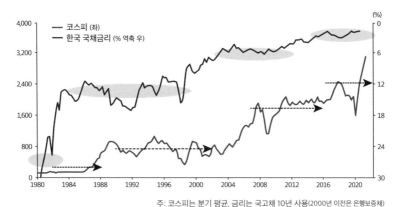

코스피와 금리: 금리 하락기마다 주가 단계적 상승

주: 코스피는 분기 평균, 금리는 국고채 10년 사용(2000년 이전은 은행보증채)

주기로 크게 떨어진 시장금리는 결국 산업 구조의 변화나 주도 산업의 변화, 기업의 성장방식 변화(부가가치 위주의 성장), 증시의 질적인 변화 등을 함축합니다. 그때마다 외국인들은 한국 증시를 재평가해줬고, 내국인들은 저금리를 피해 금융자산을 증시로 옮겼죠. 지금 한국 증시는 또 한 번 그런 패러다임 변화의 도상에 있는 게 분명합니다.

하지만 냉정히 보면 한국 증시 프리미엄이 계속 오르려면 아직 풀어야 할 숙제도 많습니다. 현재 한국 증시 시가총액/GDP 비율과 PER는 장기 추세상 결코 가벼운 저항선이 아닙니다. 낮은 기업 이익률과 배당 성향, 협소한 내수 규모, 높은 수출 의존도, 기업 이익률의 높은 변동성 등이 그런 과제입니다. 또한 저금리, 기업 성장성과 기술력, 의사결정의 투명성 등 이미 어느 정도 충족한 조건들도 더욱 단단히 다져야 합니다.

결정적인 건 다른 프리미엄 조건을 모두 갖췄다 해도 기업 이익이 꾸준히 개선되지 않으면 반쪽짜리 조건에 불과합니다. 2021년에는 코로나19를 딛고 30% 이상의 코스피 영업이익 증가와 40% 이상의 순이익 증가가 예상됩니다. 하지만 이는 2017년 ~2018년 수준으로의 회귀이고 이후 이런 높은 증가율이 계속 유지될지는 다소 의문입니다. 2021년 실적 개선에는 전년도 코로나19로 인한 기저효과가 깔려 있기 때문입니다.

증시 프리미엄이 한 단계 완전히 레벨업 되려면 단 한 해의 이익 증가가 중요한 게 아니라 이익의 낮은 변동성과 지속성이 중요합니다. 한국은 아직 경기 순환 업종이 많고 반도체마저도 변동성이 높은 산업입니다. 또한 코스피 기업의 ROE는 S&P500 기업 평균 21%나 대만의 14.5%에 훨씬 못 미치고 있습니다. 2021년 ROE가 개선된다 해도 8~9%로 예상됩니다. 또한 환율도 한 나라 증시의 프리미엄과 연관성이 높은데, 수출 부가가치나 그 나라의 산업 경쟁력을 파악하는 데 환율만큼 유용한 지표도 없습니다. 환율이 더 강해져도 우리 수출 기업의 성장에 아무 어려움이 없고 경상수지 흑자 기조가 유지되고 내수가 디플레이션 압력을 이겨낼 수 있을지 아직은 의문입니다.

지금 우리는 가계부채 비율이 높고 자영업자 비중이 높은 데다 고용유발계수 저하 등 고용시장이 구조적으로 취약하고 내수시장이 작습니다. 환율 강세가 자체 성장을 이끄는 힘이 미국이나 유로존 혹은 중국보다 약한 이유입니다. 결국 코리아 프리미엄은 이

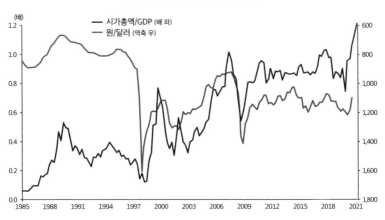

시가총액/GDP 배율과 원달러

주 : 시가총액은 코스피·코스닥시장 합계, 원/달러는 분기 평균

린 조건들이 충족되어야 보다 높게 도약할 수 있을 것입니다. 하루아침에 이룰 수 있는 간단한 일은 아닙니다. 물론 결국 코스피 5000, 아니 그 이상의 시대도 불가능하지만은 않습니다. 다만 이를 너무 빨리 이루려고 달려가다 보면 사고가 나기 마련입니다. 견고하고 멋진 건축물은 단 1년 만에 지어지지 않으니까요.

왜 시장을
예측하는가?

경기 흐름을 파악하고 증시의 큰 변곡점을 알아내는 것은 과연 가능한 일일까요? 결론은 그다지 추천하고 싶지 않은 방법입니다. 물론 타고난 통찰력으로 미래를 잘 맞추는 사람이 간혹 있기는 하죠. 머리 숙여 존경을 표하지 않을 수 없고 솔직히 부럽습니다. 하지만 저를 포함해 보통의 사람들은 어쩌다 한두 번 시장을 맞출 수는 있어도 지속적으로 예측이 적중하기는 어렵습니다.

분석은 점을 치는 행위와는 달라서 변수들의 상관성과 경향을 기준으로 어느 정도 객관성과 과학에 의존하는 행위입니다. 경제전문가나 주식전략가들의 예측 대상인 주가나 금리, 환율, 유가 등을 결정하는 요인은 셀 수 없이 많습니다. 그리고 실제 영향을 주는 변수와 강도는 시시때때로 변합니다. 하지만 이러한 숲을 보는 톱다운 Top down 분석은 지나간 과거 자료에 의존합니다. 가격은 미래를 반영하는데 우리의 예측 작업은 과거 데이터를 토대로 하니 근본적으로 한계가 있습니다. 더욱이 이변과 역전, 거품과 공포에 감정과 심리까지 개입된 자산 가격을 사회과학 도구로 접근하는 건 애당초 무리인지도 모릅니다. 분석가 자신의 그날 기분에 좌우되기도 합니다.

지난 몇 년간의 한국 증시를 한번 되짚어봅시다. 2015년 대중국 관련주에 투자하고 뒤이어 제약 바이오 업종을 거쳐 우량 블루칩에 머물다가 2018년 초 코스피 2600 부근에서 모두 팔고, 코로나19로 주가가 폭락한 2020년 봄에 주식을 다시 쓸어 담아 수익을 낸 사람이 주변에 얼마나 있을까요? 다소 거창한 얘기지만 역사를 한번 되짚어봅시다. 1960년대 말 미국 **니프티 피프티**Nifty Fifty°에 투자하고 70년대 유가와 에너지 주식에 올인한 뒤, 1980년대엔 도쿄에서 수익을 내고, 이어 90년대 미국 성장주에 투자한 후 밀레니엄 버블이 무너지기 직전 2000년 초에 극적으로 탈출해 채권만 쥐고 있다가 2003년경부터 2007년 금융위기 전까지 강세장을 향유하고 쉰 다음, 2009년부터 지금까지 주식을 꾹꾹 눌러 담아온 사람이 과연 세상에 얼마나 될까요?

상상만 해도 즐거운 일이지만 안타깝게도 제 주변엔 그런 분이 없습니다. 지난 5년은 물론 지난 50년간 굵직한 국면을 면면히 맞춘 사람이 없다는 건 앞으로 5년과 50년도 그럴 확률이 낮음을 뜻합니다. 물론 우리는 주가의 큰 변곡점과 주도주를 우연히 한두 번 맞출 수는 있습니다. 이 정도만 해도 초대박이죠. 하지만 우리 사고력과 분석력으로 이 종합예술 같은 증시를 정확히 맞추기란 정말 어렵습니다. 모두가 인정하는 바지만 주가는 단지 한두 개의 변수로 기계처럼 움직이는 게 아니기 때문입니다.

그럼에도 불구하고 많은 사람이 지금도 시장 예측에 몰두합니다(물론 단기투자에 재능이 있는 분들은 그렇게 해도 괜찮습니다). 지금만 해도 증시를 둘러싼 변수가 어디 한두 가지인가요? 경기 사이클과 기업 이익, 유동성과 이를 결정하는 통화정책, 미중 무역분쟁과 환율, 그리고 백신 보급까지 얼핏 떠오르는 변수만 해도 수십 가지입니다.

톱다운 분석의 무용론을 주장하면서 저의 예측이 번번이 틀리는 것을 슬쩍 정당화하려는 게 아니라 증시 예측의 한계를 분명히 알자는 것입니다. 분석을 통해 시장의 짧은 변곡점까지 일일이 맞

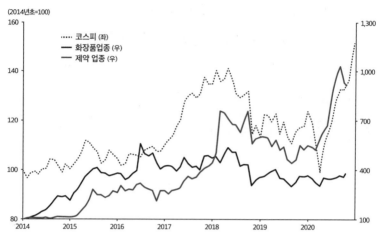

코스피와 주도주 순환

(2014년초=100)

····· 코스피 (좌)
— 화장품업종 (우)
— 제약 업종 (우)

단위: 2014년 초를 기준으로 한 주가 추이(Index)
주: 반도체, 자동차는 코스피와 거의 유사

추고 설명하려는 건 지속 가능한 방법이 아닐뿐더러 감感으로 접근하는 사람보다 못할 가능성이 높습니다. 톱다운 분석의 초점은 추세 분석이고 사이클상 현재의 위치 판단이며 지금 시장의 속성을 파악함으로써 어렴풋이나마 기회와 위험을 간파하는 데 있습니다.

톱다운 분석은 그 분석 대상이 무엇이든지 대개 품질과 유동성, 이벤트라는 3가지 영역을 다룹니다. 가령 주식을 예로 들자면 주식의 품질과 관련된 것(경기나 기업 이익 전망), 주식의 구매 환경과 관련된 것(유동성 및 금리 전망), 그리고 끝으로 주가에 영향을 주는 각종 이벤트 분석입니다. 그리고 이런 숲을 보는 일은 나무(기업)를 보는 일(보텀업)과 서로 보완됨으로써 더 좋은 결과를 얻을 수 있습니다. 기업이 모여 산업이 되고 경제가 되니까요.

우리는 톱다운 분석을 통해 역사의 흐름, 패권의 변화, 기술의 변화, 경기 및 자산 가격 사이클 등을 이해합니다. 누가(국가나 산업, 투자나 소비 주체) 세계 경기를 어떻게, 얼마나 강하게 끌고 갈 것인지만 잘 알아도 시장의 주도주를 어느 정도 짚을 수 있습니다. 지난 수년간 글로벌 기술주의 약진은 4차 산업혁명의 본질만 잘 이해했어도 어느 정도 알 수 있었습니다. 인터넷과 통신의 발달, 플랫폼 기업의 성장, 인공지능의 발전과 빅데이터 축적, 반도체 발전, 전기차와 자율차, 배터리 산업의 발전, 바이오 기술의 발전 등은 굴비 엮이듯 서로 맞물려 진행된 현상들입니다. 그리고 이러한 기술혁신은 과거 산업혁명의 역사를 통해 이해할 수 있습니다. 투자와 소비의 중심축이 기술혁신을 통해 전통 경제에서 빠르게 다른 쪽으로 바뀌고 있음을 간파했다면 아마도 아마존과 구글 주식만으로도 그간 대박이 났을 것입니다. 톱다운 분석은 퍼즐 맞추기 게임이고 일종의 미래학의 영역입니다. 논리적으로 서로 정합되는(Consistency) 것들을 조합해 안갯속 미래를 짚어나갑니다.

결국 주가지수 예측보다도 더 중요한 건 어쩌면 세상과 산업의 헤게모니가 지금 어디서 어디로 이동하고 있는지를 깨닫는 것이라고 생각합니다. 그게 대형주라면 주가지수가 오르고, 그 패권을 선진국이 갖고 있다면 선진국 주가지수가 오르는 게 당연합니다. 재화의 공급 부족이 향후 더 심해진다면 인플레에 배팅해야 합니다. 이런 예측 게임에 정말 필요한 건 숫자가 아니라 세상을 보는 통찰력입니다. 해당 분야의 좋은 전문가들의 견해를 계속 섭취하고

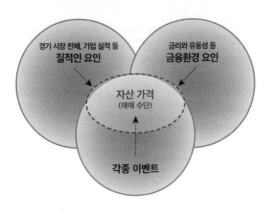

톱다운 분석의 범위와 접근 방법

경기 시장 전체, 기업 실적 등
질적인 요인

금리와 유동성 등
금융환경 요인

자산 가격
(매매 수단)

각종 이벤트

독서와 토론, 끊임없는 상상력을 통해 결국 시장을 이끄는 핵심 논리와 주도주를 찾아내는 노력이 필요합니다.

뒤늦게 깨달은
4가지 투자 원칙

이런 점에서 제가 스스로 뒤늦게 깨달은 몇 가지 투자 원칙을 공유하면 다음과 같습니다. 첫째는 시장 분석을 통해 주식의 매수와 매도 시점을 완벽하게 판단하고 주식 편입 비중을 조절하는 건 현실적으로 어렵다는 것을 인정해야 합니다.

따라서 둘째는, 장세 예측에 너무 매달리지 말고 시장 판단이 크게 틀리는 것을 피하는 데 만족하는 자세가 필요합니다. '내일 혹은 다음 주, 다음 달에 주가가 어떻게 될까?'라는 고민보다는 '지금은 정말 적극적으로 살 때인가, 아니면 적극적으로 팔 때인가?' 이 두 가지에 우선 집중하는 게 좋습니다. 그 사이에 있는 여러 다양한 국면, 즉 '솔직히 잘 모르는 애매한 구간'에서는 보다 유망하다고 판단되는 자신 있는 종목에만 투자해야 합니다. 주가가 대폭락할 때 가치가 너무 비싸진 주식을 잔뜩 들고 있거나 반대로 정말 싸게 살 수 있는 기회가 왔음에도 불구하고 마냥 엎드려 있는 우를 피한다면 그것만으로도 대성공입니다.

셋째는, 그러기 위해선 결국 자신을 이겨야 합니다. 어느 대가의 말대로 모두가 탐욕을 부릴 때 한발 물러서고, 모두가 공포에 빠질 때 탐욕을 부려야 합니다. 또한 너무 빨리 큰돈을 벌려고 하는 조바심에서 자신을 다스려야 합니다. 탐욕은 우리의 시야를 좁게 만들고, 외골수로 만들고, 자신의 현재 투자 포지션을 미신으로 믿게 만듭니다.

그래서 넷째는, 진짜 주식투자로 돈을 벌려면 '돈 잘 벌 기업'에 투자해야 합니다. 설혹 시장 판단을 그르쳤다 해도 '돈 잘 벌 기업'은 일종의 보험이 되어줍니다. 잠시 힘들어도 버티면 되니까요. 이제까지 시장에서 꾸준히 돈을 잘 번 투자자는 '돈 잘 벌 기업을 가능한 싸게 많이 샀던 사람'입니다. 단 한두 해 주식할 게 아니라면 종목에 대한 공부와 깊은 생각만이 결국 현란한 장세 변동과 관계없이 시장을 이기고 수익을 거두는 지름길이라는 데 의심의 여지가 없습니다.

현명한 투자를 위한
6가지 제안

'돈 잘 벌 기업'을 찾는 데 시간을 써라

시장 판단에 쏟을 시간과 노력을 '내 돈을 많이 투자해도 될, 돈을 잘 벌 기업'을 찾는 데 쏟는 게 현명하다고 봅니다. 시장에 대한 그 수많은 전망은 그동안 수없이 틀려왔습니다. 주가지수 전망, 시장 변곡점을 맞추려는 노력이 전혀 의미 없다는 게 아니라 그 한계를 인식하자는 것입니다.

전문가들의 시황 전망은 대개 현 상황을 설명하는 것이어서 그 자체만으로는 투자에 직접적인 도움이 되지 않습니다. 뉴스매체도 당시 이벤트와 현상에 몰입하고 있으므로 우리의 판단을 객관적인 쪽으로 이끌기보다는 오히려 지금 분위기에 더 매몰시킵니다. 전문가들이 각종 지표와 통찰력을 앞세워 증시를 전망하지만 (나의 경우임을 고백하지만) 대부분 자신의 직관과 논리를 뒷받침하는 증거 찾기에 바쁩니다. 또한 분석 당시의 시장 상황이 전망을 지배하기 쉽습니다.

길게 그리고 긍정적으로 보라

주식시장에 대해서는 장기로, 가능한 긍정적인 마인드를 갖는 게 좋다고 봅니다. 지난 수십 년간 주가가 오르는 기간은 길고, 떨어지는 기간은 짧았습니다. 그래서 농담이지만 '매수를 롱long, 매도를 숏_{short}'이라고 부르는 모양입니다.

나라마다 다르겠지만 증시는 원래 최소 연평균 2~3%씩 오르도록 설계돼 있습니다. 명목 경제성장률과 배당이 주가 상승의 근원이기 때문입니다. 경제가 잠시 마이너스 성장을 할 수는 있으나 세계 경제는 장기간 꾸준히 성장해왔습니다. 주식의 기대수익률(Earnings yield)은 비록 일정하진 않지만 저금리 시대에 더 부각될 수밖에 없습니다. 또한 각국 증시에는 그 나라 경제에서 가장 경쟁력 있고 성장성 높고 투명한 기업들이 상장되어 있고, 그 어떤 자산시장보다도 공정가격으로 거래되며 정보의 유통이 공정한 편입니다.

지나 보면 한두 해 주가 조정은 이후 주가가 더 많이 오르기 위한 재충전의 과정이었습니다. 전 세계 국민총생산은 앞으로도 늘어나 있을 것이고, 그에 따라 세계 증시의 시가총액은 지금보다 불어나 있을 것입니다.

투자는 확신과 인내로 하는 것이다

소문이나 속삭임으로 산 주식은 대개 큰 수익이 나지 않습니다. 너무 적게 샀거나 너무 일찍 파는 경우가 많기 때문입니다. 뚜렷한 확신을 갖고 투자한 종목이라고 해서 모두 다 성공하는 건 아니지만 확신도 없이 선택한 종목에서 큰 수익이 나는 경우는 드뭅니다.

장기간 대박이 난 종목도 지나고 보면 나름 고비가 있었습니다. 종목에 대한 이해와 신념이 없었다면 결국 자신이 처음 생각한 목표 가격에 도달하기도 훨씬 전에 다 팔아 치우고 속이 꽤나 쓰렸을 것입니다. '떨어지면 다시 사면 되지 뭐'라고 말하지만 말처럼 쉽진 않습니다. 무조건 장기투자가 옳은 건 아니지만 처음 그 종목을 선택한 이유에 결정적인 변화가 없다면 신념을 갖고 인내할 필요가 있다는 것입니다.

물론 처음 선택했던 이유가 지금 달라졌다면 손해를 봐도 과감히 팔아야 합니다. 그래서 다른 사람으로부터 정보를 받더라도 자신의 것으로 숙성시키고 소화하는 과정이 반드시 필요합니다. 이유가 무엇이든 이 정도 시가총액에 머물 수 없다는 확신이 있어야 기다릴 수 있고, 그 인내의 보상이 결국 투자 수익입니다.

나만의 관점을 지녀라

주식시장의 적敵은 항상 바로 내 안에 있습니다. 탐욕과 공포는 최대의 적입니다. 역사에 남은 시장의 많은 투자의 구루가 이구동성으로 강조했던 말입니다.

투자자의 이성을 마비시키는 것은 무엇일까요? 주가가 오를수록 주가가 싸 보이고, 주가가 떨어질수록 주가가 비싸 보이는 심리입니다. 항상 남들과 무조건 거꾸로 갈 필요는 없지만 다른 생각은 하고 있어야 합니다. 훌륭한 전설들의 고전은 우리 마음을 다스리는 데 큰 도움이 됩니다. 시장 과열이나 과랭 국면에서 무엇보다 종목의 가치, 밸류에이션을 중심으로 생각하면 머리가 좀 편해집니다.

특히 주가가 오를 때는 전문가들이 온갖 이유로 고평가된 주가를 정당화합니다. 최근 주가 흐름에 너무 편향되거나 남들과 비슷한 생각에 묻혀 가려는 안일함은 내 안의 적입니다. 나만의 'S Zone스트라이크존'을 갖고 있어야 삼진을 적게 당하고 안타를 칠 확률이 높아집니다.

주도주를 집중 공략하라

시대의 1등주, 시대정신에 맞는 주도주를 찾기 위해서는 항상 공부가 필요합니다. 주도주를 일찍 발견하려면 톱다운(경제와 산업, 역사, 기술 변화 등)과 보텀업(개별 기업의 수익 전망과 가치 판단) 양면으로 균형 있는 영양 섭취가 필수입니다.

진짜 주도주라면 조금 늦게 사도 아무 문제가 없습니다. 오히려 더 안전합니다. 어떤 경우엔 주도 업종은 계속 존속하고 선수만 바뀌기도 합니다. 주도주는 세상이 마땅히 가야 할 방향, 세상의 소비 패턴과 기술 트렌드, 선도 기업들의 투자 동향 등에서 힌트를 얻을 수 있습니다.

성장 산업에 속하더라도 돈을 잘 못 버는 기업도 있습니다. 따라서 핵심 경쟁력을 중심으로 나무(기업)를 봐야 합니다. '재주는 곰이 부리고 돈은 주인이 번다'는 속담처럼 기술을 선도하는 기업과 그것을 상업화시켜 돈 버는 기업이 다른 경우도 많습니다.

주도주의 하락은 도둑같이 갑자기 찾아옵니다. 미리 예고하고 아주 예의 바르게 주가가 천천히 떨어지는 경우는 드뭅니다. 외부 악재보다는 주가 자체의 무게(과열) 때문에 시장이 무너지는 경우가 많았습니다. 시장에는 늘 가짜 주도주와 가짜 기술주, 가짜 성장주가 판을 칩니다. 진짜가 많아질수록 가짜도 덩달아 많아집니다. 진짜와 가짜를 분별하는 방법은 학교에서 가르쳐주지 않습니다. 실전을 통해 배워야 하고 실패를 통해서 터득하면서 자신만의 노하우를 쌓아야 합니다. 전문가들의 이야기를 들으면서 주도주라는 관점과 틀로 스스로 재가공하는 습관이 필요합니다.

'미스터 마켓' 앞에 깨어 있어라

'미스터 마켓(주식시장)'은 언제나 창의적이어서 존경스럽습니다. 하지만 그분께 실례되는 얘기지만 특유의 야성은 있으시나 성격이 참 괴팍하고, 투자자들을 가끔 바보로 만들기 때문에 좀 밉상입니다. 슈퍼 초고수 체스선수인 마켓은 모범생들의 합리적인 예측을 잘 허용하지 않습니다. 주가는 생각한 것보다 훨씬 급하게 많이 오르고, 예상보다 훨씬 급하게 많이 빠지기 일쑤입니다. 과열과 과랭은 주식시장의 기본 세트메뉴입니다.

어느 시기나 주가가 지금 올라야 하는 이유와 빠져야 할 이유는 늘 공존합니다. 미스터 마켓은 많은 사람이 보지 않는 곳에서 모종의 꿍꿍이 모략을 꾸밉니다. 굵직한 증시 변곡점에서 전문가들이 그 변수를 사전에 크게 다룬 경우를 얼마나 보았나요? 이미 크게 다뤄져 대중에게 널리 알려진 재료가 있다면 그건 지금 시장에 큰 영향을 줄 변수는 아닐 공산이 큽니다.

　　그래도 마켓은 우리에게 늘 속삭여줍니다. 호재든 악재든 그것은 대개 지금 우리가 아는 범주에 있습니다. 다만 우리가 그 중요성을 간과하고 있을 뿐입니다. 시장이 말하려는 것에 늘 주의 깊게 귀를 기울어야 합니다. 사람들이 경계심을 가질 때 시장은 더 대담한 일을 꾸미고, 우리의 경계심이 풀려 있을 때 시장은 아주 많은 일을 부지런히 꾸미며, 우리가 공포에 떨고 있을 때 시장은 거의 일을 하지 않습니다. 미스터 마켓의 제물이 되지 않으려면 늘 깨어 있어야 하고, 그분을 이해하려고 노력해야 합니다.

3장

"투자가 아니라 '투자의 사고법'을 배워라"

윤지호

투자의 체력을 단련하는 가장 좋은 방법

한국 증시의 상승세가 거침없다. 코로나19의 공포 한 가운데서 증시로 대거 유입된 개인투자자들이 2020년 상승장의 주인공이다. 코로나19 국면에서 상대적으로 견고했던 우리 경제와 기업 실적이 투자자들을 증시로 불러들인 첫째 이유일 것이고, 정부의 주식 친화적 정책 스탠스도 힘을 보탰다. 하지만 더 큰 동인은 우리 자산시장의 큰 물결에 있다.

돈값이 떨어지는 국면에서 부동산은 급등했고, 이는 다수가 아닌 소수로 부의 집중을 불러왔다. 부동산 상승에 소외감을 느낀 이들이 선택할 수 있는 마지막 카드가 바로 주식투자였던 것이다. 아직 단정 짓기 힘들지만, 한국 자산시장의 구조적 변화는 이미 시작됐고, 2020년 활황장에 매력을 느낀 주식투자자들의 저변이 넓게 확산되고 있다고 생각한다.

어디에 가도 주식 이야기는 풍성하다. 카페 옆자리 젊은 청춘들의 대화에서도, 오랜만에 만난 동네 친구와의 근황 얘기에서도 주식투자는 빠지지 않는다. 이것이 상투의 징후는 아니라고 본다. 말 그대로, 주식투자자의 저변이 그만큼 확대된 것이다. 지금까지의 성과도 나쁘지 않다.

하지만 잊지 말자. 강세장은 새로운 주식 부자를 탄생시키지만, 과거 경험에서 증시의 승자가 다수인 적은 없었다. 미디어는 주식시장의 승자를 인터뷰하고 그들이 어떻게 돈을 벌었는지 주목하지만, 패자를 다루는 데는 인색하다. 강세장 뒤에 오는 자연스럽고 짧은 휴식기에도 많은 사람은 돈을 잃고, 주식시장에 들어온 것을 후회한다. 주식투자를 하면 할수록 겸손해지는 이유다. 더욱이 투자 환경도 기대를 선반영해온 2020년에 비해 2021년은 비교 체크할 변수가 너무 많다.

2020년 증시에서 얻은 자신감이 오히려 독이 될 수도 있다. 올라간 주가만큼 한껏 높아진 투자자들의 기대치는 이후 두고두고 투자의 발목을 잡을 수 있기 때문이다. 연간으로 7~10%는 너무 낮고, 최소한 30~40% 수익률은 돼야 만족하는 투자자들이 상당하다. 투자의 구루나 가능한 수익률을 너무나 쉽게 생각한다. 기대 수준을 낮추고, 잃지 않는 투자자가 돼야 한다. 돈을 버는 법만큼이나 돈을 잃지 않는 법을 훈련해야 한다. 많은 투자 구루들이 앞서 고민했던 지식을 간접 경험함으로써 투자 체력을 키워야 한다.

1987년 영화 「월스트리트」의 등장인물인 금융가 고든 게코는 기념비적인 대사를 남겼다. "주식투자는 제로섬 게임이다. 누군가는 이기고, 누군가는 진다. 단지 돈을 잃거나 따는 것이 아니다. 그저 누군가에서 다른 누군가로 돈이 옮겨갈 뿐이다(It's a zero-sum game, somebody wins, somebody loses. Money itself isn't lost or made, it's simply transferred from one perception to another)."

이 대사에는 틀린 부분이 있다. 사실 투자는 제로섬 게임이 아니다. 거래 비용을 감안하면 '마이너스섬' 게임에 가깝다. 스웨덴 팝그룹 아바ABBA의 노래 'The winner takes it all'의 가사처럼, 긴 호흡으로 보면 다수의 패자는 돈을 잃고, 소수의 승자가 모든 걸 가져가는 게임이다.

투자 게임의 속성이 이러한데도 누군가의 조언 혹은 비법을 찾고 또 찾는 주식투자자가 너무 많다. 수요가 있는 곳에 공급이 생긴다. 증시 활황과 함께 조언자와 선생님이 여기저기서 출몰한다. 족집게 강사를 자처하는 이들의 비법 강의 혹은 점성술에 당신의 소중한 돈을 의존해 투자하겠는가?

칸트Immanuel Kant는 "우리는 철학을 배우는 게 아니라 철학적으로 사고하는 것을 배우는 것이다"라고 했다. '철학'을 '투자'로 바꾸어 생각해보라. 여러분은 투자의 시각에서 사고하는 법을 훈련하고 있는가? 투자의 시각으로 사고하는 법을 스스로 발전시키지 않는다면 주식투자는 직접 하지 않는 게 낫다. 만약 스스로 할 자신이 없다면 펀드에 돈을 맡기는 것이 백번 낫다. 최악은 준비가 안된 상태에서 자신의 투자 판단을 대신해줄 선생님을 찾아다니는 경우다.

스스로 판단할 수 있는 능력을 키워야 한다. 일단 기본 체력을 다지고 갖춘 뒤 경기에 나가야 뛸 수 있다. 화창하거나 비가 오거나 날씨에 상관없이 변화하는 환경에 맞춰 그라운드에서 골을 몰고 골대에 골을 차 넣으려면 축구를 할 줄 알아야 한다.

물론 투자의 세계에도 메시와 호나우드와 같은 특별한 재능을 지닌 사람들이 있다. 타고난 트레이딩 감각으로 돈을 버는 이들이다. 그러나 훈련을 열심히 한다고 누구나 다 그만큼 할 수 있는 것은 아니다. 스스로를 너무 평가절하할 필요도 없지만, 스스로 다른 사람들보다 더 우월해질 수 있다는 착각도 피해야 한다. 평범한 이가 평범한 방법으로 꾸준히 시장에서 살아남는 법을 터득해야 한다.

투자가 당신의 일상이 되면 된다. HTS를 켜고 현재가를 볼 시간에 주변에서 무엇이 잘 팔리는지, 새로운 신상품의 기능이 무엇인지를 알아보거나 아니면 경제 신문 기사의 이면을 뒤져보거나, 산업 내 소식 관련 웹 서핑을 하거나, 또 증권사 자료를 파고들어야 한다. 최근 산업 트렌드를 인지하고, 기업들 소식을 업데이트하는 데 주력해야 한다.

너무 시장만 바라보지 말자. 월가의 격언 중에 '티커Ticker°로 흥한 자 Ticker로 망한다'는 말이

티커 증권을 주식 호가 시스템에 표시하는 일종의 종목 코드다. 예를 들어, 아마존은 AMZN, 애플은 AAPL이다.

있다. 시세에서 떨어져야 한다. 시장 주변에 오래 머물러서 돈을 벌 수 있다면 누구나 돈을 벌었을 것이다. 동료와의 즐거운 점심 식사 중에도, 애인과의 달콤한 산책 시간에도 뉴스와 시세 변화에서 자유롭지 않다면 이미 당신은 '미스터 마켓'의 노예가 된 것이다. 그러나 투자자는 미스터 마켓의 노예가 아닌 주인이 될 때 생존할 수 있다.

주인은 투자 정보를 취합하고 차분하게 관찰하는 사람이다. 여기에 고민거리가 있다. 투자 정보가 부족한 게 아니라 넘쳐나기 때문이다. 투자 정보의 바다에서 무엇을 취하고 버려야 하는지 선택하기 쉽지 않다. 인터넷만 하더라도 당신을 더 똑똑하고 더 나은 투자자로 만들기 위해 적절한 종류의 정보를 제공하는 아주 좋은 사이트들이 많이 있다. 아쉬운 점은 불량식품도 그만큼 많고 내용도 다 비슷비슷하다는 것이다. 유일한 차이점은 포장이다. 양질의 데이터와 정보는 만만치 않은 비용 때문에 아무나 접근하기 힘들다.

대표적인 무기 중 하나는 블룸버그Bloomberg다. 시장에 대한 뉴스와 정보를 얻는 곳으로 이보다 더 좋은 곳은 없었고 앞으로도 없을 것이다. 하지만 우리 대부분은 블룸버그 터미널Bloomberg Terminal(블룸버그의 온라인 증권 거래 소프트웨어)을 집에 둘 여유가 없기에 웹사이트(www.bloomberg.com)라는 차선택만 남는다. 이 외에도 다양한 데이터를 제공해주는 국내 데이터 제공업체들도 활용할 수만 있다면 강력한 무기가 될 수 있다. 단, 좋은 정보에는 돈이 든다. 데이터 활용이 가능한 이들에게는 비용을 지불할 만한 가치가 있지만, 실제로 사용할 수 없는 사람들에게는 낭비일 뿐이다.

그렇다면 투자 체력을 키우고 투자 정보를 선별할 수 있는 능력을 갖추기 위한 방법으로 뭐가 있을까? 결국 '주린이'가 선택할 수 있는 대안 중의 하나는 여전히 인쇄물, 바로 책이다. 책에서 얻을 수 있는 정보는 인터넷에 다 있다고들 한다. 하지만 책이 가진 장점이 존재한다. 접근성은 인터넷에 비해 떨어질지 몰라도 반복해서 투자 지식을 내재화하기 유리하다. 한마디로 투자의 기초 체력을 단련하기 좋다.

물론 투자 관련 도서도 넘쳐난다. 그런데 투자의 고전은 그 시대의 언어로 쓰인 만큼 초보자가 접근하기 어렵고, 실용 투자서들의 상당수는 내용만 장황할 뿐 실용적이지 않다. 더 큰 문제는 일단 책부터 사고 나서 읽기 시작하는 경우다. 이 책을 읽으면 이 말이 맞는 것 같고, 저 책을 읽으면 저 말이 맞는 것 같고, 책을 읽기는 읽었는데 실제 투자 체력과는 연결되지 않는다.

그래서 '투자자를 위한 조언'에 대한 이 글을 쓰기 전 내가 스스로에게 던진 질문은 이랬다. '만일 내가 시간을 거슬러 돌아간다면, 지금까지 읽어온 투자 책들 중에서 무슨 책부터 읽기 시작하면 좋을까?' 나는 지금 투자를 시작하는 '주린이'라면 누구나 소장하고 읽어야 한다고 생각하는 다음 7권의 책을 추천하고 싶다. 물론 이는 내 개인의 주관적 선호가 반영된 것이다. 이 책을 읽는 이들이 이후 현명한 투자 결정을 내리기 위해 읽어야 할 많은 책 중 하나일 뿐이다.

　내 선택 기준은 심플하다. 이를테면『벤저민 그레이엄의 증권분석』은 투자의 바이블이지만, 주린이가 당장 읽을 책은 아니다. 일단 읽는다고 이해하기도 힘들고, 무엇보다 실제 투자에 적용하기 쉽지 않기 때문이다. 이 외에 다른 투자의 고전들도 크게 다르지 않다. 책을 사서 이해도 적용도 그리 만만치 않다면, 그저 책장의 장식용 책에 불과하다. 너무 쉬운 책도 별 도움이 안 된다. 자신의 투자 경험만 담은 실용서는 더 시간 낭비다. 대다수가 자신의 특수한 경험을 주식시장의 수학 공식으로 바꿔 정리한 내용에 불과하기 때문이다.

　투자의 고전은 선별한 책을 읽고 적용하고 투자의 지능이 올라간 뒤 투자의 세계가 더 궁금해질 때 봐도 늦지 않다. 입문서와 실용서는 큰 도움이 안 되니 그냥 리스트에서 제외하는 것이 좋겠다. 어떤 상황에서든 '좋은 기업을 사자'가 투자의 제1원칙이듯이, 투자 서적도 다르지 않다. 좋은 책을 사서 반복해 읽고, 적용하고, 투자 체력의 외연을 확장해가야 한다.

　주식의 시대가 열렸다. 주가가 무조건 상승할 것이란 믿음 때문이 아니라 부동산 일변도의 자산시장에 변화가 생겼기 때문이다. 내 지갑에 돈이 없다고, 남의 지갑에도 돈이 없을 것이라 추측하지 말아야 한다. 컵에 물이 반밖에 없다고 하든, 반이나 남아 있다고 하든 컵에 담긴 물은 절반이다. 단지 컵의 반을 바라보는 이들의 시선이 다를 뿐이다. 스스로 투자 체력을 키워 판단할 수 있어야 남들과 다른, 하워드 막스가 강조한 남들과 다른 생각, 바로 '2차적 판단'을 할 수 있다.

한국 증시에는 여전히 좋은 기업이 많다. 지속 가능한 비즈니스를 영위하면서 재무 안정성도 뛰어나고 기술혁신에도 동참한 기업들이 있다. 중간중간 변동성으로 인한 주가 발작이 출현할 때, 좋은 기업은 좋은 주식이 된다. 준비된 자만이 반보 앞의 변화인 기회의 시간을 알 수 있다. 숲을 보면서 조망도 할 수 있어야 하고, 나무를 가꿔 숲을 이루는 노력도 할 줄 알아야 한다. 시간을 자신의 편으로 만들고자 하는 이들이 함께할 7권의 책을 이제부터 소개해보겠다. 이를 읽고 적용하면, 당신도 더 이상 주린이가 아니다.

어떻게 투자 지식을 채워나갈까?

『초과수익 바이블』

_프레더릭 반하버비크Frederik Vanhaverbeke

"불행히도 모두의 성공을 보장하는 유일한 전략은 존재하지 않는다. 각자에게 어울리는 전략을 찾아야 한다. 그것 못지 않게 중요한 점은, 자신의 전략에 강한 확신이 있어야만 일이 계획대로 되지 않을 때도 전략을 고수할 수 있다는 사실이다."

한국의 투자 지형은 여전히 숫자보다 음모설이 투자자들의 관심권에 머물러 있다. 넘쳐나는 투자 정보는 매일매일 시장의 오르고 내림을 해설하고 신비한 비법을 전하는 데 급급하다. 서점은 자신만이 답을 안다는 책으로 넘쳐나고, 유튜브는 점점 더 자극적인 헤드라인으로 시청자를 유혹한다. 불량식품을 먹고 배탈이 난 사람들은 올바른 처방을 원한다. 이를 기다리는 투자자들의 질문은 더 절실해지고 있다.

주식투자의 출발점이 좋은 기업 찾기듯이, 투자 책 역시 마찬가지다. 투자 대가들의 공통점은 전달하고자 하는 메시지가 쉽고 명쾌하다는 데 있다. 매일 시황을 듣고 돈을 많이 벌었다는 성공담을 듣는다고 해서 따라 할 수 있는 게 아니다. 투자 관련 지식을 갖춰야 투자 언어들을 이해하고, 투자 언어를 이해해야 자료와 투자 메시지의 의미를 파악할 수 있다. 주린이가 읽어야 할 첫 번째 책으로 다소 어려운 『초과수익 바이블』을 선택한 이유다.

『초과수익 바이블』은 내가 강연과 모임 뒤에 종종 책을 추천해 달라는 질문을 받을 때마다 제시해온 책이다. 아마도 같은 질문에 대해 시장 바깥에 있는, 아카데미즘에 충실한 분들은 기업 가치 평가 또는 매크로와 관련한 난해한 책을 떠올릴 것이고, 현장에서 투자 경험을 쌓아온 분들은 벤저민 그레이엄Benjamin Graham, 워런 버핏 Warren Buffett, 피터 린치Peter Lynch, 앤서니 볼턴 Anthony Bolton, 세스 클라먼Seth Klarman, 조엘 그린블라트Joel Greenblatt, 데이비드 드레먼David Dreman, 조지 소로스George Soros 등의 책을 떠올릴 것이다. 문제는 구루들의 의견

이 서로 충돌하는 부분도 있고, 무엇을 말하려는 것인지 정리하기
도 쉽지 않다는 점에 있다. 이 책은 그러한 혼돈을 말끔하게 해결해
준다.

『초과수익 바이블』은 광범위한 주제를 일목요연하게 다루고
있다. 투자 과정, 주식의 매수와 매도, 위험 관리, 현명한 투자자라
는 4개의 주제로 나뉘어 있는데, 원서에서는 이 4개의 주제를 A에
서 K까지 11개 챕터로 구성해 대가들의 조언과 함께 실질적 제안을
해주고 있다. 번역서에서 1~11로 바뀐 장들도 마찬가지로 독립적인
아이디어를 담고 있기 때문에 투자 시점의 현실에 맞는 장을 찾아
도움을 받을 수 있다.

이 책을 원서로 먼저 접한 나도 A에서 K까지의 주제들을 시점
에 따라 찾아서 기본 지식을 얻은 다음 이와 관련된 자료, 법과 제
도, 데이터를 찾아 우리 투자 환경에 적용해보았고, 기대 이상으로
큰 도움을 받았다. 6장에서 '성장주기에 따른 투자'와 '경기민감주
에 투자하기'와 관련한 내용은 직접 자료로 연결했던 기억이 새록
새록하다.

이 책의 활용법을 더 소개해보면, 1부는 '주린이'에게 유용하
다. 초보자라면 누구나 알고 있어야 할 투자 상식을 다룬다. 1장은
투자 철학과 행동경제학이 무엇인지를 간략히 소개하고, 2~4장은
실무 교과서에 비견된다. 5장에서는 투자 프로세스의 각 과정에서
저지르기 쉬운 실수를 살펴보고, 이를 피하는 방법도 다루고 있다.
주식 용어나 투자 개념에 아직 익숙하지 않은 주린이가 한 번 읽

고 이해할 수 있는 책은 아니다. 그러나 이 책이 지닌 장점이 여기에 있다. 기본적인 내용을 소개해주고, 나머지 궁금증은 스스로 풀어나가야 하기 때문이다. 스스로 주린이라고 생각한다면 '저평가주 찾기', '펀더멘털 분석', '밸류에이션' 이 3가지 카테고리의 수수께끼를 먼저 해결해야 한다. 아마도 관련된 책을 좀 더 찾게 될 것이다.

이 책의 중심은 2부다. 실전 투자자라면 책에서 다룬 주제 하나하나를 직접 적용해보길 권한다. 성장주, 경기민감주, 회생주 등을 어떻게 진단하고 판단을 내려야 하는지는 6장에서 다룬다. 이어 7장에서는 매수와 매도를 어떤 기준으로 실행해야 하는지를 매우 구체적으로 제시한다. 실전 투자자라면 이 두 장을 읽는 것만으로도 책값을 뽑아낼 수 있을 것이다.

8장은 시장 자체를 어떻게 측정할 것인지, 호황과 불황의 경기 순환에 맞춰 투자자는 어떤 태도를 지녀야 하는지를 세밀하게 기술하고 있다. 앤서니 볼턴, 존 템플턴, 스티븐 약트만Stephen Yacktman, 러셀 네이피어Russell Napier, 세스 클라먼 등 대가들의 투자 성공 사례 분석을 통해 경기 순환에 맞춰 어떤 태도를 지녀야 하는지를 정리해준다.

9장은 실전 투자자라면 '내 이야기 아니야?'라고 헛웃음을 짓게 하는 내용이 담겨 있다. '실패하는 투자자의 15가지 착각'은 트레이더라면 자신의 PC 앞에 두고 매일 숙지할 만한 내용이다. 3부와 4부는 앞서 다룬 주제들을 요약, 정리했다. 3부에서 위험 관리의 중요함을, 4부에서는 저자가 대가들의 투자를 집대성하면서 얻은 아이디어를 3개의 요소로 마무리하고 있다.

나는 이 책을 읽고 난 뒤, 그림 두 개를 크게 복사해서 책상 옆에 두고 있다. 첫 번째는 경기민감주 투자 방법론을 일목요연하게 정리한 다음 페이지의 그림이다. 결론이 '웃프기도' 하다. 매수에 이상적인 시기가 애널리스트가 "좀 더 관망합시다"라고 말할 때라니⋯⋯.

그리고 두 번째는 '대가들이 주식시장의 순환을 다루는 방법'을 정리한 그다음 페이지의 그림이다. 한마디로 대가들은 거래의 적기를 잡으려 하지 않고, 매수나 매도를 점진적으로 한다는 것이다. 시장이 과열되면 현금을 늘리거나 시장의 저평가된 부분으로 이동한다는 것이다. 너무나 당연한 말이지만, 시장이 과열되거나 침체되면 잊게 되는 조언이기도 하다.

투자 결정에서 위험이나 불확실성만 문제가 되는 것은 아니다. 오히려 더 큰 문제는 개인에게 있다. 투자와 관련한 기존 지식이 있는가? 투자 성향은 어떠한가? 무엇보다, 무엇을 원하고 선호하는가? 결정이 늦거나 너무 성급한 이유는 바로 투자자 자신에게 있다. 자신의 투자 지식과 투자 성향을 알고 싶다면, 이 책을 읽고 자신과 대가들의 말 한마디 한마디를 비교해보기 바란다. 자신의 민낯이 드러나는 경험을 할 수 있을 것이다. 무엇을 모르고 있었고, 무엇으로 투자 지식을 채워야 나갈지 알게 되는 것만으로도 이 책은 유용하다.

경기민감 주식에 투자하기

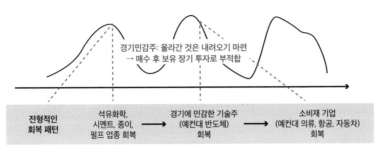

경기민감주: 올라간 것은 내려오기 마련
→ 매수 후 보유 장기 투자로 부적합

전형적인 회복 패턴	석유화학, 시멘트, 종이, 펄프 업종 회복 →	경기에 민감한 기술주 (예컨대 반도체) 회복 →	소비재 기업 (예컨대 의류, 항공, 자동차) 회복

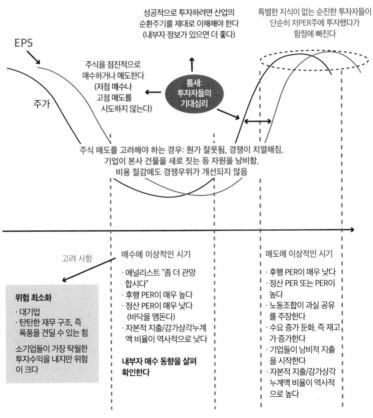

성공적으로 투자하려면 산업의
순환주기를 제대로 이해해야 한다
(내부자 정보가 있으면 더 좋다)

특별한 지식이 없는 순진한 투자자들이
단순히 저PER주에 투자했다가
함정에 빠진다

EPS

주가

주식을 점진적으로
매수하거나 매도한다
(저점 매수나
고점 매도를
시도하지 않는다)

틈새:
투자자들의
기대심리

주식 매도를 고려해야 하는 경우: 뭔가 잘못됨, 경쟁이 치열해짐,
기업이 본사 건물을 새로 짓는 등 자원을 낭비함,
비용 절감에도 경쟁우위가 개선되지 않음

고려 사항

위험 최소화
·대기업
·탄탄한 재무 구조, 즉
폭풍을 견딜 수 있는 힘

소기업들이 가장 탁월한
투자수익을 내지만 위험
이 크다

매수에 이상적인 시기
·애널리스트 "좀 더 관망
합시다"
·후행 PER이 매우 높다
·정산 PER이 매우 낮다
(바닥을 맴돈다)
·자본적 지출/감가상각누계
액 비율이 역사적으로 낮다

**내부자 매수 동향을 살펴
확인한다**

매도에 이상적인 시기
·후행 PER이 매우 낮다
·정산 PER 또는 PER이
높다
·노동조합이 과실 공유
를 주장한다
·수요 증가 둔화, 즉 재고
가 증가한다
·기업들이 낭비적 지출
을 시작한다
·자본적 지출/감가상각
누계액 비율이 역사적
으로 높다

자료:『초과수익바이블』p303

대가들이 주식시장의 순환을 다루는 방법

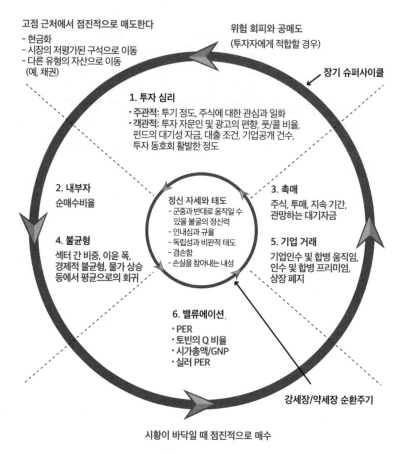

고점 근처에서 점진적으로 매도한다
- 현금화
- 시장의 저평가된 구석으로 이동
- 다른 유형의 자산으로 이동
  (예, 채권)

위험 회피와 공매도
(투자자에게 적합할 경우)

장기 슈퍼사이클

1. 투자 심리
- 주관적: 투기 정도, 주식에 대한 관심과 일화
- 객관적: 투자 자문인 및 광고의 편향, 풋/콜 비율,
  펀드의 대기성 자금, 대출 조건, 기업공개 건수,
  투자 동호회 활발한 정도

**2. 내부자
순매수비율**

4. 불균형
섹터 간 비중, 이윤 폭,
경제적 불균형, 물가 상승
등에서 평균으로의 회귀

정신 자세와 태도
- 군중과 반대로 움직일 수
  있을 불굴의 정신력
- 인내심과 규율
- 독립성과 비판적 태도
- 겸손함
- 손실을 참아내는 내성

3. 촉매
주식, 투매, 지속 기간,
관망하는 대기자금

5. 기업 거래
기업인수 및 합병 움직임,
인수 및 합병 프리미엄,
상장 폐지

6. 밸류에이션
- PER
- 토빈의 Q 비율
- 시가총액/GNP
- 실러 PER

강세장/약세장 순환주기

시황이 바닥일 때 점진적으로 매수

자료:『초과수익바이블』 p384

한 걸음 더

『초과수익 바이블』을 읽어가면서 첫 고비는 낯선 투자 용어들일 것이
다. 그럴 때는 책을 바로 덮지 말고 다음 페이지로 넘겨라. 읽고 적용하고, 또

다른 책의 자료도 뒤지다 보면 투자 용어는 익숙해진다. 용어 하나하나를 문답식으로 접근하기보다는 맥락을 이해해야 한다.

그러나 '회계'는 주린이가 반드시 극복해야 할 산이다. 회계에 익숙하지 않다면 두 권의 책을 참고하기 바란다. 『부의 지도를 바꾼 회계의 세계사』는 장사에서 기업으로, 그리고 투자로 회계가 발전하는 과정을 역사 속에서 풀어낸 책이다. 인문학의 즐거움 속에서 회계의 기원과 개념을 잡아갈 수 있다. 『돈의 흐름이 보이는 회계 이야기』는 회계 지식을 역사, 영화 그리고 실제 기업 사례를 들어 알려준다. 읽다 보면 회계가 우리 삶 가까이에 있음을 이해하게 된다.

투자와 위험 관리의 개념을 잡아갈 수 있는 피터 번스타인의 『리스크』도 유용한 교양 도서다. 도박꾼의 노력으로 탄생한 확률 이론에서 어떻게 선택이라는 고민을 해결해가는지, 그리고 불확실성하에서 어떻게 이익을 관리할 수 있는지, 포트폴리오와 파생상품의 탄생과 적용 과정을 이론이 아닌 이야기로 접근할 수 있다. 이 책을 틈틈이 읽다 보면 '위험, 불확실성, 그리고 선택'에 관련된 낯선 투자 용어들이 그저 우리 삶 속에 있는 문제를 해결하는 과정에서 나온 용어일 뿐임을 알게 된다.

이 외에 월스트리트를 장악한 퀀트 세계가 궁금하다면, 스캇 패터슨Scott Patterson의 『퀀트』를, 톱다운 투자 전략의 실제 활용을 더 알고 싶다면 번역된 책 중에서는 앤서니 크레센치Anthony Crescenzi의 『TOP-DOWN 투자전략』과 스티븐 드로브니Steven Drobny의 『글로벌 머니 매니저들의 아침회의』가 떠오른다. 혹시 블룸버그 터미널을 이용할 수 있는 분이 있다면, 번역 안 된 책 중에서 그레그 글리너Greg Gliner의 『GLOBAL MACRO TRADING』도 좋다. 각 시장에서 블룸버그의 다양한 데이터를 어떻게 불러오는지, 그리고 어떤 지표들을 활용할 수 있는지 정리한 책이다.

가치주? 성장주?
투자 전략과 의사결정

『순환 장세의 주도주를 잡아라』

_리처드 번스타인Richard Bernstein

"성장주 투자에는 경제 여건이 나쁘고 이익 사이클이 취약해, 투자자들이 이런 나쁜 환경에서도 실제 성장할 능력을 가진 소수의 기업을 찾으려 노력할 것이라는 전제가 숨겨져 있다. 가치주 투자는 좀 더 낙관적인 편인데, 왜냐하면 대부분의 기업이 성장하는 가운데 쇼핑하듯 종목을 고를 수 있다는 전제가 깔려 있기 때문이다."

돈을 잃을 가능성도 위험이지만, 돈을 딸 가능성 역시 위험이다. 증시에서 위험은 변화를 의미하기 때문이다. 변화가 돈이 되는 이유는 그 변화를 수반하는 환경에서 좀 더 성과를 기대할 수 있는 스타일이 존재하기 때문이다.

물론 스타일의 범주는 둘이 아닌 셋, 아니 그 이상으로 나뉠 수 있다. 가치 스타일만 하더라도 저PER · 저PBR · 배당수익률 ·

역발상 등으로 나눌 수 있다. 성장형도 이익 모멘텀, 지속 성장 등으로 세분화된다. 하지만 대표적인 스타일은 크게 두 가지다. 성장은 과거, 가치는 미래가 초점이다. 투자 구루의 스타일을 예로 들면, 성장은 필립 피셔_{Philip Fisher}, 가치는 벤저민 그레이엄이 필수 교과서일 것이다.

주린이를 위해 좀 더 기본적인 내용을 소개해보면, 성장주 투자자는 새로운 상품과 서비스를 통해 기업이 빠르게 성장할 때를 주목한다. 그들은 회사의 가치가 이익이 증가함에 따라 증가할 것이며, 궁극적으로는 현재 주가로 회귀할 것이라고 생각한다. 이 이유 때문에 성장주 투자자들은 향후 회사가 높은 이익성장률을 낼 것이라는 기대를 바탕으로 프리미엄 가격(예를 들어 높은 P/E 비율)을 지불한다.

성장주 투자(Growth investing) 접근법은 질적 접근(Qualitative approach)이라고도 불린다. 필립 피셔의 저서인 『위대한 기업에 투자하라』는 그 시작이라고 할 수 있다.

"한 산업에 속해 있는 다섯 개의 회사를 각각 방문하여 나머지 4개의 회사들의 장단점에 대해 심도 있는 질문을 해라. 십중팔구로 다섯 개 회사에 대해 놀랍도록 상세하고 정확한 윤곽이 나타날 것이다"라고 필립 피셔는 말했다. 이 투자 방식은 양적인 요소인 가치평가 등을 고려하지 않고 사업과 경영 자체만 고려한다. 미래의 전망이 재무제표에 반영되어 있지 않기 때문에 높은 가격에 매수하는 것은 여전히 합리적인 것이라고 여겨진다.

    가치주 투자자들은 가치보다 가격이 싸졌을 때를 기다린다. 가치주 투자자들은 시간이 지날수록 시장이 회사의 가치를 반영하길 기다리며 주식의 시장 가격이 본질 가치에 가까워졌거나 더 높을 경우 매도한다. 이는 시장이 회사의 본질 가치를 반영하기 시작할 때 발생한다.

    이런 투자 접근법은 『현명한 투자자』의 저자인 벤저민 그레이엄에 의해 창시됐다. 투자자로서 벤저민 그레이엄은 안정적인 펀더멘털을 가졌지만 일시적인 시세 변동으로 인해 저평가된 회사들을 찾았다. 그는 안전마진(Margin of safety), 본질 가치(Intrinsic value) 그리고 미스터 마켓의 개념을 개발하며 유명해졌다. 만약 미스터 마켓의 주가가 비합리적인 게 낮다면, 투자자들은 매수할 수 있는 기회가 있는 것이다.

    가치투자의 본래 형태는 양적 접근법(Quantitative Approach)이다. 이는 질적 요소인 사업의 질과 경영진의 수준을 배제한 숫자와 가치평가(Valuation)만 보는 것을 의미한다.

    누구나 다 알고 있지만, 실제로 성장주와 가치주 스타일을 구분하는 것은 모호하다. 현존하는 최고의 투자 그룹이라 불리는 워런 버핏은 1969년에 자신을 85%의 벤저민 그레이엄(가치주 투자자)과 15%의 피셔(성장주 투자자)로 결합된 존재라고 묘사한 바 있다. 1992년에 발간된 버크셔 해서웨이의 연간 보고서에서 워런 버핏은 "두 가지의 접근법은 일심동체다"라는 표현을 쓴다. 성장하는 기업이 싸졌을 때 사는 것이 너무나 당연한 투자 결정인 것이다.

리처드 번스타인의 『순환 장세의 주도주를 잡아라』를 읽어야 할 책으로 제시하는 이유도 여기에 있다(이 책의 원제는 『Style investing』다). 스스로를 가치주 투자자냐, 성장주 투자자냐로 단정 짓기보다 실제 주식투자를 하는 데 실용적인 의사결정 과정을 이해할 수 있기 때문이다.

이 책의 저자인 리처드 번스타인은 데이터에 기반한 투자 전략을 만드는 '퀀트+전략'의 대가다. 퀀트 투자의 경우 모형과 숫자를 이용해 시장을 판단한다는 점에서 수학적·통계적 배경이 없으면 접근이 어려울 것이라는 인식이 있다. 하지만 리처드 번스타인은 어려운 모형이나 수학적 개념을 이용하기보다는, 금리나 배당수익률, 신용등급 등 투자자들에게 익숙한 개념을 이용해서 투자의 방향성을 판단할 수 있는 개념을 제공한다. 일반적인 지표들의 방향성에서 투자 의견을 결정하는 과정을 살펴본다는 점에서 거장의 인사이트를 배울 수 있다.

가치주, 성장주, 스타일 투자 전략 등은 자주 사용하는 용어지만, 그 분류 기준이나 정의와 특징의 개념을 기초부터 제대로 공부하기는 쉽지 않다. 이 책은 이러한 개념들의 기본적인 내용과 분류는 물론 저자가 메릴린치의 애널리스트로 근무하며 얻은 분석 경험을 바탕으로 한 인사이트가 담겨 있다.

책은 크게 '스타일 투자'를 정의하는 전반부 그리고 각 스타일별 특징과 투자자들이 알아둬야 할 내용을 담은 중후반부로 나뉘어 있다. 경제경영 서적은 초반에는 촘촘하게 내용을 전달하다가도 중후반부에 밀도가 떨어지는 경우도 있는데, 번스타인의 책은 그렇지 않다. 중후반부가 초반부의 내용을 심화하는 과정이 아니라 다른 사례로 내용을 이끌어간다는 점에서 집중력이 떨어지지 않게 내용을 설명해준다.

전반부에서는 리처드 번스타인의 이익 예상 라이프사이클 (Earnings expectations life cycle)을 다룬다. 사람의 일생처럼 주식도 기대 변화에 따라 라이프사이클을 가진다는 의미로 제시한 것이다. 2020년 팬데믹 상황에서 확인한 것처럼, 왜 현재 경제 상황은 좋지 않은데 주가는 빠르게 상승할까? 리처드 번스타인은 이를 이익 예상 라이프 사이클로 설명한다. 즉, 이익의 실질적인 레벨이 아니라 이익에 대한 예상과 실제와의 괴리가 시장의 방향성을 결론지으며 어떠한 사이클을 가진다는 것이다.

'좋은 가치 vs 나쁜 가치 vs 좋은 성장 vs 나쁜 성장'으로 구분되는 번스타인의 벤다이어그램은 그 분류 자체가 매우 실용적이다. 성장주 투자자와 가치주 투자자의 위치가 다르고, 좋은 펀드매니저와 나쁜 펀드매니저의 위치도 상이하다는 것을 그림 하나로 알 수 있기 때문이다. '직선'이 아닌 '원'이라는 게 중요하다. 기업의 이익 전망이 직선처럼 움직인다고 착각하고 있지만, 이익 전망의 변화 과정은 원의 모습에 가깝다.

이러한 이익 예상 라이프사이클상의 현재 위치를 파악하고, 상황에 맞는 투자 전략을 선택하는 것이 스타일 투자의 기본이다. 당연히 가치주와 성장주의 강세는 구간에 따라 다르게 나타난다.

이익 예상 라이프사이클

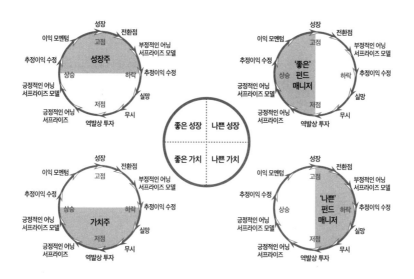

자료: 『순환 장세의 주도주를 잡아라』 p90, 91, 92

개인투자자의 경우 자칫하면 일관된 전략이 없는 투자자가 될 가능성이 큰데, 본인이 가치주 성향이 잘 맞는지 성장주 성향이 잘 맞는지, 그리고 현재 상황에서 나의 성향이 빛을 볼 수 있는 시기인지 파악할 수 있다는 점에서 이 책은 개인투자자가 반드시 읽어야 하는 책이다.

또한 저자는 가치주 투자자의 경우 너무 빨리 매수해서 실패하고, 성장주 투자자는 너무 빨리 매도해서 실패하는 이유에 대해서도 설명한다. 저평가된 주식이 단순히 PER/PBR이 싸다고 해서 사는 경우 주식이 더 싸지는 경우도 있고, 성장성이 높은 기업들의 주가가 작은 성장률 둔화에도 크게 하락하는 경우를 우리는 너무 많이 보아왔다. 호황에서는 왜 가치주가 강세를 보이고 불황에서는 왜 성장주가 강세를 보이는지, 두 유형의 투자자의 성패가 어떤 요인으로 갈리는지 생각할 수 있는 기회도 가질 수 있다.

저자는 단순히 가치주-성장주를 구분하는 것으로 스타일 전략을 설명하지 않는다. 신용등급이 높은 종목과 신용등급이 낮은 종목, 배당수익률이 높은 종목과 낮은 종목, 시가총액이 큰 종목과 작은 종목, 정보 비대칭성 등에 대해서도 폭넓은 설명을 제공해 준다.

'좋은 기업이 항상 좋은 주식인 것은 아니다'라는 짧은 문장에는 굉장한 인사이트가 담겨 있는데, 저자는 이 내용에 대한 친절한 설명도 함께 제공하고 있다.

결론적으로 이 책은 주린이의 단계에서 벗어나 좀 더 자신의 포트폴리오를 적절하게 재배치하고자 하는 이에게 유용하다. 2020년에 이미 크고 작은 실패를 경험해봤거나 경제 상황과 주식 시장의 괴리를 고민해본 투자자가 있다면 투자 실력을 크게 향상시킬 수 있는 책이 될 것이라고 확신한다. 가치주냐 성장주냐 이분법적인 구분보다 경제 변수를 고려해 국면마다 바뀌는 시장의 변화에 발맞춰 카멜레온처럼 자신의 포트폴리오를 재정비할 수 있기 때문이다.

경제 흐름과 현상을
투자와 연결하기

『브라질에 비가 내리면
스타벅스 주식을 사라』

_피터 나바로Peter Navarro

"식음료와 같은 업종에서는 비가 오지 않을 땐 폭우가 내릴 수 있다. 이 책의 제목처럼 브라질에 가뭄이 끝나고 비가 내리면 스타벅스 주식을 사야 할 때이다. 커피콩 가격이 떨어지면 스타벅스의 이윤 폭은 커지기 때문이다."

숲과 나무를 함께 보는 것은 주식투자의 성패를 좌우하는 중요한 부분이다. 특히 주식투자를 처음 접하거나 주린이인 경우 특정 종목이나 이슈에만 집중한 나머지 주식시장 전반의 큰 흐름을 놓치는 경우를 종종 목격하곤 한다.

잘 깨지지 않는 좋은 계란을 고르고(종목 선정) 여러 바구니에 나누어 담는 것(분산 투자)도 물론 중요하지만, 지금의 상황이 계란을 담아야 하는 시점인지 아니면 바구니를 최대한 비우고 가볍게 들고 가야 하는 시점인지를 파악하는 것도 그에 못지않게 중요한 일이다.

다수의 종목을 다양한 산업에 걸쳐 장기간 투자해본 전문투자자라면 기업 실적과 산업 전망뿐 아니라 거시 경제 및 경기 흐름에 대한 판단이 최종적인 투자 성과 도출과 성공적인 리스크 관리의 열쇠가 된다는 점을 이미 체감하고 있을 것이다.

이런한 측면에서 피터 나바로의 『브라질에 비가 내리면 스타벅스 주식을 사라』는 주린이에게 큰 지침을 줍니다. GDP, 인플레이션, 통화량 등 경제 변수가 주식시장과 어떻게 연계되어 있는지에 대한 거시적 시각을 형성할 수 있게 해주고, 각종 경제정책(재정 및 통화정책)의 작동 원리를 이해하고 금융시장에 미치는 시사점을 파악할 수 있도록 해주기 때문이다.

예를 들어 이 책을 읽다 보면 미국의 중앙은행이 갑자기 기준금리를 올리면 왜 유럽과 아시아의 주식시장에 충격이 오는지, 석유수출국기구의 대규모 감산 결정이 중국과 한국의 물가와 에너지 섹터 주가에 어떤 영향을 미치는지 쉽게 이해할 수 있다. 책의 제목 또한 브라질에 비가 내려 커피 수확량이 증가하면 스타벅스에서 구입하는 재료(원두) 값이 낮아져 이익이 늘어날 것이라는 점을 시사하고 있다.

주식투자의 본질은 좋은 기업의 주주가 되는 것이다. 좋은 기업을 찾으려면 당연히 경제지표에서 그 징후를 찾아내야 한다. 예를 들어 당신이 파스타 가게를 운영한다고 가정해보면, 우선 은행에서 싸게 돈을 빌려야 할 것이다. 금리의 움직임을 따져볼 수밖에 없는 이유다. 개점한 후에도 밀가루와 고기 등 원재료비의 등락에 따라 식당의 수익성이 좌우될 것이다. 또한 자영업 식당을 대상으로 한 정부 정책 역시 중요하다. 경제지표, 즉 숫자를 살펴보는 이유는 식당의 예상 수익에 어떤 영향을 미치는지 살펴보기 위함이다.

이 책의 또 다른 묘미는 일견 추상적이고 광범위하게 느껴지는 거시적 경제 현상의 속성을 직접적이고 구체적인 투자 아이디어로 연결한다는 점에 있다. 거시적 투자의 8가지 원칙, 리스크 관리의 12가지 수칙, 성공적 투자를 위한 거시경제 체크 리스트 등 세부적인 투자 가이드라인 설정을 통해 주식투자의 손실을 최소화하고 수익을 극대화하는 데 도움이 되는 방안들을 제시하고 있다. '투자는 하되 도박은 하지 마라', '추세에 역행하지 마라'와 같은 원칙들은 주식투자를 처음 접하는 사람이라면 반드시 기억해야 할 문구들이다.

피터 나바로는 미국 트럼프 행정부의 무역·제조업 정책국장으로 미국의 대외 경제정책을 진두지휘한 인물이다. 이 책 말고도 『웅크린 호랑이』, 『중국이 세상을 지배하는 그날』과 같은 책들을 발간했는데, 제목이 시사하는 것처럼 중국의 고성장을 미국 경제의 큰 위협 요인으로 인식하고 있다. 따라서 대외정책의 방향성에서 보호무역 색채를 내세우며 강경한 대중국 무역정책 노선을 채택하고 있다.

이 책에는 각각 의견이 분분한 거시경제 학파들의 이야기가 소개되고 있다. 케인즈주의, 통화주의, 공급측 경제학, 신고전학파 등 학파별 사상의 특징과 시사점을 통해 어떠한 시기에 어떠한 배경으로 각국 정부나 중앙은행이 경제금융정책을 채택하는지 보다 쉽게 이해할 수 있을 것이다. 이러한 거시정책은 궁극적으로 전 세계 금융시장과 주식시장에도 큰 영향을 주기 때문에 주식투자자라면 수시로 주요국의 재정 및 통화정책의 방향성을 점검할 필요가 있다.

이 책의 마지막 장인 '거시적 투자자가 펼치는 멋진 게임'에서는 거시적 분석을 바탕으로 주식투자자들이 실전 투자에서 활용할 수 있는 구체적인 투자 기법들을 소개하고 있다. 이는 주린이들뿐만이 아니라 오랜 시간 주식시장에 참여한 전문투자자나 기관투자자들 역시 반드시 참고해볼 필요가 있는 핵심 아이디어들이라고 생각한다. 고용, 소비, 생산, 주택 등 다양한 경제지표들을 해석하고 활용하는 방법이 자세히 소개되어 있는데, 이는 거시경제 분석 기초의 나침반 역할을 한다. 경제지표를 통해 경기 여건을 판단하고 경기 순환에 맞게 업종별로 투자를 실행하는 것이 가능하기 때문이다.

가끔 이런 질문을 받곤 한다. '경제지표나 경기 순환과 같은 매크로 접근이 주식투자자에게 무슨 필요가 있죠?' 그럴 때마다 기억나는 그림이 바로 다음 페이지에 있는 나바로의 '업종별 순환매' 차트다. 통상적으로 경기 회복 초기에는 기술·자본재의 비중을 높이고 경기가 정점을 지나면 소비재, 유틸리티 업종 위주로 투자하는 것이 유리하다. 다만 여기서 중요한 부분은 피터 나바로가 '쌍둥이 순환'이라고 강조하는 것처럼 경기 사이클과 주가 사이클은 선후행성을 갖고 움직인다는 점이다. 경기 국면별로 적절한 업종별

'쌍둥이 순환'과 업종별 순환매

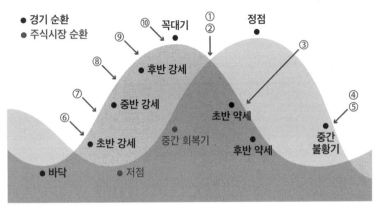

- 1. 소비자비순환(식품, 약품, 화장품 등)
- 2. 의료
- 3. 공익사업(전기 및 가스)
- 4. 소비자순환(자동차, 주택)
- 5. 금융
- 6. 운송
- 7. 기술
- 8. 자본재
- 9. 기간사업(알루미늄, 화학, 제지, 철강 등)
- 10. 에너지

자료: 『브라질에 비가 내리면 스타벅스 주식을 사라』 p234

순환매 전략을 통해 안정적이고 지속가능한 투자 수익 창출이 가능하다.

2008년 금융위기 이후 글로벌 경제가 저성장 시대에 접어들면서 일반투자자들 사이에서는 거시경제 분석이나 경기 사이클을 판단하는 것에 대한 무용론이 확산되는 경향이 있는 것 같다. 경제성장률이나 금리, 통화량 등 거시 변수는 지루하고 딱딱하게 느껴질뿐더러 당장 매일매일 변하는 주가 성과와는 무관하다는 인식 때문이다.

반면에 특정 종목의 이슈나 테마에 의존해 단기 수익률을 추종하는 주식투자 기법에 대한 관심은 지속적으로 높아지고 있는 것 같다. 하지만 이는 앞서 서술한 대로 숲을 보지 않고 그저 나무만 보고 산을 오르는 것과 다름이 없다. 낚시에 비유해보자면, 바닷물의 온도와 방향이 변화하면서 어종의 구성이 바뀌고 있는 상황인데 잘못된 낚시 도구를 갖고서 배를 타고 바다로 나가는 것과 같은 셈이다.

　돌이켜보면 2020년은 주식시장에서 거시적 투자의 중요도가 크게 부각된 한 해라고 볼 수 있다. 코로나19로 인한 급격한 경기 위축과 금융시장 충격, 그리고 뒤이은 각국 정부와 중앙은행의 확장적 경제정책을 통해 글로벌 주식시장은 역사적으로 기록될 만한 높은 변동성을 경험했다. 경제지표의 해석을 통한 경기 국면 판단, 통화정책 효과에 대한 과거의 경험과 금융시장 패턴, 경기 하강 및 회복 국면에서 투자에 유리한 업종 선택 등 이 책에서 제시하고 있는 거시적 투자방법론을 잘 활용한 투자자라면 2020년에 우수한 투자 성과를 거두었을 가능성이 높다.

　2020년 새롭게 들어온 많은 개인투자자가 국내 주식시장의 수급을 주도하고 있다. 설사 2020년에 투자의 기회를 놓쳤거나 만족할 만한 투자 성과를 거두지 못했더라도 실망할 필요는 없다. 경기 사이클과 마찬가지로 주식시장은 주기를 두고 변화한다. 거시적 투자 원칙에 입각해 현재의 시장 상황을 지속적으로 점검하고 대응한다면 좋은 투자 기회는 언제나 등장할 것이다.

시간이 흐를수록
축적되는 수익의 힘

『불황에도 승리하는 사와카미 투자법』
_사와카미 아쓰토 Peter Navarro

"장기투자자는 경제의 커다란 흐름을 예측하고 미리 행동에 나선다. 단지 그것뿐인데도 결과적으로 주가의 바닥 부근에서 사서 천장 가까이에서 파는 일이 많다. (중략) 강한 시세가 확인되면, 이번에는 위험 따위는 염두에도 두지 않고 마구잡이로 매수를 한다. 그럴 때는 '이 비즈니스 모델은 10년은 유지된다'는 식으로 자기의 매수를 정당화한다. 사고 사고 또 사서 시세의 꼭대기를 맞이한다."

한국인의 대표적인 특성으로 냄비 근성을 꼽는다. 어떤 일에 열정이 달아올라 쉽게 흥분하다가도 금세 가라앉는 경향은 정치와 문화, 스포츠뿐 아니라 주식투자에도 적용되는 듯하다. 어떤 종목이 특정 테마나 이슈와 관련되면 단기간에 급등했다가 급락하는 과정을 자주 목격하곤 한다.

주식시장의 거래 강도를 지칭하는 용어로 '시가총액 회전율'이라는 것이 있다. 시가총액을 거래대금으로 나눈 값으로 정의되는데, 가령 현재 코스피 시가총액이 1400조 원이고 연간 거래대금이 1400조 원이면 코스피의 시가총액 회전율은 100%가 된다. 시총 규모만큼 연간 거래가 한 바퀴 돌아간다는 의미다. 주목할 부분은 한국 개인투자자의 참여 비중이 높은 코스닥 시장의 시가총액 회전율은 2020년 말 1000%에 달했다는 점이다. 역사적으로 가장 높은 수준이고 글로벌 주요국 어느 증시를 봐도 비교되지 않는 높은 수치다. 코스닥 시장의 높은 시가총액 회전율은 단기간에 주식을 샀다 팔았다를 반복하는 국내 개인 투자자들의 패턴을 단적으로 보여주는 지표다.

이런 국내 주식투자 환경에서 한 번쯤 꼭 읽어봐야 하는 책이 『불황에도 승리하는 사와카미 투자법』이다. '농사짓듯 투자하라'는 핵심 메시지처럼 단기 성과에 일희일비하지 않고 장기투자라는 대원칙에 입각해 주식투자를 하라는 것이다.

사와카미 아쓰토는 장기투자 개념이 생소했던 일본에서 가치투자의 철학을 정립한 인물이다. 잃어버린 20년이 시작된 90년대 일본의 불황과 디플레이션 시대에 투자가로 활동하면서 꾸준히 높은 수익을 거둬 '일본의 워런 버핏'으로 통한다. 자신이 설립한 사와카미 투자신탁의 회장직을 맡고 있고, 『50세부터 시작하는 장기투자』, 『10년 보유할 주식을 찾아라』 등을 썼다. 제목이 공통적으로 시사하는 것처럼 주식투자에서 장기투자라는 일관된 원칙을 강조하고 있다.

저자가 이토록 장기투자를 중시하는 이유는 시간이 흐를수록 축적되는 수익의 힘을 통해 주식의 투자 성과를 극대화할 수 있다고 믿기 때문이다. 농작물이 대지로부터 물과 영양분을 흡수하고 빛을 받으며 열매를 맺기까지 충분한 시간이 필요한 원리와 같다. 인간의 천성적인 욕망이 경제를 성장시키기 때문에 불황도 언젠가는 반드시 회복되며 경제와 주식시장은 장기적으로 우상향한 다는 믿음을 갖고 장기투자에 임할 것을 사와카미 아쓰토는 강조하고 있다.

특히 경기 불황이나 외부적인 충격에 의해 주식시장이 크게 하락할 때는 과감하게 씨를 뿌리는 마음으로 주식을 매수하고 원래의 가치를 찾아갈 때까지 3년이나 5년, 7년이라도 끈기 있게 기다리는 것이 장기투자의 기본이라고 그는 설명한다. 매년 10% 이상의 수익률을 거두기는 힘들더라도 저평가된 주식을 6~7년간 보유하면 2~3배의 수익은 기대할 수 있다고 말한다.

다만 장기투자라고 해서 아무 시기에나 주식을 사는 것이 아니며, 주식을 매수한 뒤에도 마냥 방치한다는 의미는 결코 아니다. 자연현상뿐 아니라 경제에도 사계절이 있어서 장기투자자는 항상 경기 변동의 기복을 예측할 필요가 있으며, 금리 및 경제 사이클에 따라 주식의 매수와 매도 시기를 결정할 때 수익을 극대화할 수 있다. 즉, 불황·저금리·디플레이션 구간에 적극적으로 주식 비중을 늘리고, 경기가 과열 기미를 보이고 금리가 상승하는 구간에서는 비중을 축소할 필요가 있다. 또한 호황과 불황의 기간에 맞춰 가급적이면 주식 외에도 채권, 현금성 자산(MMF 등)으로 자산을 배분하는 편이 보다 유리하다.

2020년 주식을 시작한 주린이에게 사와카미 투자법이 필독서인 이유는 여기에 있다. 한국은 미국과 다르다. 소규모 개방경제 체제하에서 글로벌 경기에 연동될 수밖에 없고, 경기 사이클이 호황기의 정점에 도달했을 때 주식투자를 늘리면 여지없이 경기가 하강할 때 주식시장에서 강제로 퇴출되는 이가 출현한다. 사와카미 아쓰토는 이를 해결하기 위한 솔루션을 제공한다.

진정한 의미의 장기투자자가 되기 위해 갖추어야 할 필수적인 조건들도 있다. 기업 실적이 악화되고 주가가 하락하는 국면이라고 해도 본래 가치보다 저평가된 구간에서는 과감하게 주식을 매수할 수 있어야 하고, 경기에 선행적으로 움직이는 주가의 속성을 이해하고 선제적으로 대응할 준비를 해야 한다. 매일 급변하는 시세에 휘둘리지 않고 자신만의 투자 리듬을 지킬 수 있어야 하며, 예상치 못한 이벤트로 인한 주가 급락을 견딜 수 있는 인내심 또한 필요하다.

다음 페이지의 그림으로 사와카미 아쓰토의 생각을 정리해보자. 먼저 기업의 성장 여부를 따져보면서 새로운 상품과 아이디어로 인해 이익 성장 사이클이 기대되는 기업을 찾아야 한다. 문제는 성장을 위한 선행투자기에 기업 실적과 재무상태가 악화된다는 데 있다. 투자를 늘리면 감가상각비도 증가하고, 당연히 ROE도 낮은 수준에 머무른다. 낮은 ROE를 지닌 기업을 무조건 배제해서는 안되는 이유다. 오히려 투자 이후 공장이 가동되고 생산과 판매의 동시 확대가 나올 때 ROE는 급속히 개선된다.

저자는 '주가는 항상 경기와 실적에 선행한다'며, 이를 활용하는 게 장기투자자임을 강조 또 강조한다. 또한 '쌀 때 사두고 오르

사와카미 투자법: 기업의 이익성장곡선, 주가와 실적

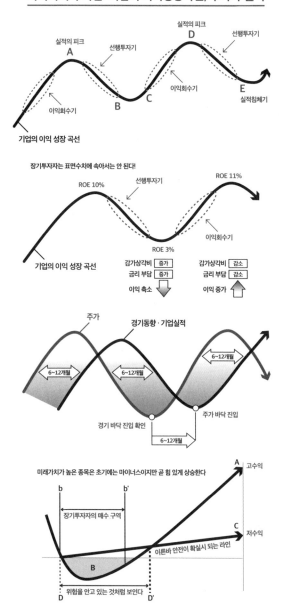

실적의 피크
A
선행투자기
이익회수기
B   C   이익회수기
기업의 이익 성장 곡선

실적의 피크
D   선행투자기
E
실적침체기

장기투자자는 표면수치에 속아서는 안 된다!
ROE 10%   선행투자기   ROE 11%
기업의 이익 성장 곡선
ROE 3%   이익회수기
감가상각비 [증가]   감가상각비 [감소]
금리 부담 [증가]   금리 부담 [감소]
이익 축소 ⬇   이익 증가 ⬆

주가
경기동향 · 기업실적
6~12개월   6~12개월   6~12개월
경기 바닥 진입 확인   주가 바닥 진입
6~12개월

미래가치가 높은 종목은 초기에는 마이너스이지만 곧 힘 있게 상승한다
b   b'   A 고수익
장기투자자의 매수 구역
C 저수익
이른바 안전이 확실시 되는 라인
B
위험을 안고 있는 것처럼 보인다
D   D'

자료: 『불황에도 승리하는 사와카미 투자법』 p59, 107, 112, 115

면 판다'라는 기본 원칙 아래 모두가 팔고 싶어 할 때가 쌀 때이고, 남들이 사러 몰려들 때가 비쌀 때라는 매우 현실적인 조언도 한다. "당신은 미리 배를 띄워놓고 파도가 밀려오기를 기다리는 장기투자자가 될 것인가 아니면 뒤늦게 그 배를 밀어 올리는 파도가 될 것인가?"라는 저자의 질문은 주식투자자의 가슴을 파고드는 조언이 아닐까?

어떤 주식을 골라야 하는지에 대해서도 저자는 다양한 접근법을 제시한다. 상상력을 발휘해서 장래의 흐름을 예측해야 한다는 조언이 흥미롭다. 주식 종목을 선택하는 기준으로 2:3:5 법칙도 제안하고 있다. 이는 해당 기업을 분석하는 데 20%의 역량을 사용하고, 사업 환경을 점검하는 데 30%, 나머지 50%는 경제 전반의 흐름을 읽고 회사의 사업 전개 방향을 예측하는 데 시간을 할애하라는 의미다. 직접적인 종목 정보에 집착하기보다는 외부적인 환경 변화를 파악하고 기업 경영에 관한 장기적인 추론을 하는 것이 투자 성과에 보다 중요하다고 판단하고 있다.

국내 주식시장에 참여하는 개인투자자들의 경우 통상적으로는 이와 반대되는 방식의 접근법을 사용하는데, 관심 기업의 분석에 대부분의 시간을 할애하는 대신 사업 환경, 거시경제 여건 변화 등 외부 환경 변화에는 큰 관심을 기울이지 않는다. 이는 결국 장기투자를 어렵게 만드는 배경으로 작용한다.

실제로 국내 주식시장 참여자 가운데 대다수는 주변에서 단기간 내 높은 수익을 기록한 사례들을 보며 투자에 나선 경우다. 주린이들일수록 빨리 투자 성과를 내야 한다는 조급하고 불안한 마음에 사로잡히기가 쉽다. 투자의 초기 단계에서 본인이 생각한 대로 수익을 거두지 못하거나 예상치 못한 환경 변화로 손실 구간에 진입하면 크게 실망하고 주식시장을 아예 떠나버리는 경우도 있다. 이는 사실 장기투자의 원리를 접할 기회가 없었고 적절한 대응 전략을 세우지 못했기 때문이다.

물론 장기투자만이 주식투자의 유일한 방법론은 아니며 절대적으로 높은 수익을 보장하지도 않는다. 하지만 적어도 개인투자자 입장에서 볼 때 손실 가능성을 최소화하면서 안정적이고 지속가능한 수익을 추구할 수 있는 가장 효과적인 투자 수단이 장기투자임은 분명하다. 2020년 주식시장은 코로나19의 여파로 급등락을 보였다. 시장의 급락이 왔을 때 단호하게 주식을 매수하고, 이후 가격이 오를 때까지 끈기 있게 기다리는 장기투자의 기본 원칙을 고수한 투자자는 이미 상당한 투자 성과를 거두었거나 시간의 힘을 바탕으로 투자 수익의 열매가 더욱 풍성하게 익어가고 있을 것이다.

이 책의 후반부에서 저자는 장기투자의 숨은 주역으로 철강, 조선, 화학, 해운 등 경기민감주를 꼽고 있다. 불황의 그늘에서 위 업종들을 매수해놓고 장기적 관점에서 보유할 경우 경기회복 사이클을 거치며 전체 포트폴리오의 수익률을 크게 높여주는 효과가 있다는 것이다. 2021년 경기 회복이 예상되는 국면에서 비슷한 아이디어를 적용해보며 장기투자의 발걸음을 내딛는 것은 어떨까?

한 걸음 더

『순환 장세의 주도주를 잡아라』『브라질에 비가 내리면 스타벅스 주식을 사라』『불황에도 승리하는 사와카미 투자법』은 톱다운 접근이다. 증권회사 리서치센터에서 이는 '투자 전략, 경제, 퀀트' 파트에 해당한다. 세 권의 공통점은 산업 지표와 금리 등으로 경기 순환의 위치를 파악해, 그 국면에 맞는 섹터나 스타일을 선택하거나 경기에 앞서는 주가의 선행성을 활용해 수익을 극대화하는 전략을 소개한 점이다.

기업 분석의 언어가 회계라면, 투자 전략의 언어는 경제지표와 실적 컨센서스다. 학교에서 배운 아카데믹한 경제학과는 다소 거리가 있다. 매일, 매주, 매월, 매분기로 노출되는 경제지표를 해석하는 방법을 배우고, 자신의 생각을 덧붙여야 한다. 증가율 데이터인지[yoy(전년 대비 증감율), qoq(전 분기 대비 증감율)], 서베이 지표인지, 아니면 Ratio(비율) 데이터인지에 따라 적용이 달라질 것이다. 기초 지식은 한국은행에서 발간하는 『알기 쉬운 경제지표 해설』이면 충분하다. 옆에 두고 각 경제지표의 발표 시점마다 자산 가격과 어떻게 관련되는지를 추적해가다 보면, 투자 대상별 적절한 투자 시기에 대한 전략적 판단을 내릴 수 있다.

한국 시장은 해외 경제 동향에 민감하다. 정책의 동조화도 뚜렷하고, 주식 및 채권시장도 상호 연결되어 있다. 해외 경제지표를 이해하고 추적해야 하는 이유다. 환율과 금리 변화는 국내보다 해외 경제 변수의 영향력이 더 크다. 해외 경제를 전반적으로 다룬 책들은 많지만, 경제지표 하나하나를 상세히 다룬 책의 번역서는 드물다. 버나드 보몰Bernard Baumohl의 『세계 경제지표의 비밀』은 증권사 리서치센터에서 매크로를 담당하게 되면 반드시 접하는 책이다. 지표의 중요도, 발표 시기, 그리고 해석 방법 등 기초에서 응용까지 다 담겨 있다. 『불확실성 극복을 위한 금융투자』는 채권시장, 주식시장, 외환시장에서 다루는 기본 개념을 담백하게 정리한 책이다. 8개의 파트 하나하나가 독립적이어서, 궁금할 때마다 찾아 참고할 만하다.

좋은 기업은 어떻게 찾는가?

『구루들의 투자법』

_찰리 티안Charlie Tian

"이 책의 내용에서 절대로 잊지 말아야 할 것을 딱 하나만 꼽는다면 '좋은 기업만 사라'다. 좋은 기업만을 고집해야 하며, 합리적인 가격에 사야 하고, 계속 공부해야 한다. 이것이 구루들의 투자법이다."

주가는 끊임없이 변화하며 투자자를 유혹한다. 결국 남는 질문은 하나다. '좋은 기업이 저평가되어 있는가?' 주식시장을 이해하고, 좋은 기업을 선택해 그 기업을 이해하고 파악해야 한다. 주식을 첫사랑처럼 '그때 살 걸, 그때 다른 곳에 투자할 걸' 하면서 정치 상황, 경제 변화 등 주변의 환경으로만 판단해서 접근한다면 좋은 대상을 찾을 수도 없고, 오래 지속할 수도 없다. 첫사랑이 그립고 아련한 건 이루어지지 않았기 때문이고, 기억의 왜곡이 만든 환상 때문이다.

그러나 주식을 아름답게 추억하려고 시작하는 이는 없다. 주식과 괜찮은 연애를 시작하려면 공부가 아닌 대상 그 자체에 집중해야 한다. 좋은 사람을 만나서 아름다운 연애를 한다면 결혼까지 생각해볼 수도 있을 것이다. 성실하고 건강하게 가정을 이룬다면 연애의 좋은 결과라고도 할 수 있다. 주식에서도 내실 있고 성장하는 기업을 골라 그 기업과 길고 긴 연애 과정을 통해 서로 이해한다면 미래를 함께할 수 있다. 주식도 연애가 아닌 결혼이 나쁘지 않은 선택인 것이다.

나는 '좋은 기업이 좋은 주가에 있을 때가 좋은 주식'이라고 생각한다. 한마디로 '좋은 기업을 적절한 시기에 사서 보유해야 한다'는 것이다. 여기에 추가 질문이 뒤따른다. '좋은 기업의 조건은?' '좋은 기업을 어디서 찾아야 하죠?' '좋은 기업을 사기 전에 체크해야 할 것은?' '가치함정(주가가 싼 것처럼 보이지만 미래의 실적 하향을 감안하면 실제로 주가가 싸지는 않은 상태)이 있지 않나요?' '시장 사이클과의 관계는?'

찰리 티안의 『구루들의 투자법』에는 이 질문들에 대한 답변이 담겨 있다. 저자 자신은 투자의 구루가 아니다. 어쩌면 스톡옵션으로 얼떨결에 시작한 주식투자자였을 뿐이다. 당연히 처음의 성공과 달리 이후 그의 투자는 그리 성공적이지 않았다. 주린이에게 이 책이 유용한 이유는 여기에 있다. 성공적이지 않았던 투자의 원인을 찾고, 개선하기 위한 과정에서 행한 그의 행동이 중요하기 때문이다.

찰리 티안은 우리가 알고 있는 피터 린치, 워런 버핏, 도널드 약트만Donald Yacktman, 하워드 막스 등의 구루들이 앞서간 길을 자료와 데이터를 통해 이해하고, 이를 쉽게 정리했다. 물론 구루들마다 접근하는 방식도 다르고, 또 수학 공식처럼 일목요연하게 투자 공식을 도출할 수도 없다. 구루들에게 배울 수 있는 것은 그저 '그들 스스로 정한 원칙을 준수했다'는 정도란 의견이 지배적이다. 그러나 찰리 티안은 이와 다른 결론을 내린다. 바로, '투자는 배울 수 있다'는 것이다.

주식시장에서 이미 다양한 구루들의 투자 철학을 접해본 사람들에게는 그저 그런 책일 수 있다. 책장을 쉽게 넘길 수도 있을 것이다. 그렇다고 이 책이 전하는, 구루들에게 발견되는 공통적인 원칙이 평가절하될 이유는 없다. 나는 난해하고 지나치게 현학적인 투자 아이디어를 싫어한다. 읽거나 들을 때는 그럴 듯하지만 '그래서 뭘 어쩌라고?'에 대한 답변을 줄 수 없기 때문이다.

투자는 지적유희가 아닌 돈을 다루는 것이다. 투자는 더 나은 의사결정, 결국 적절한 행동을 할 수 있느냐에 달려 있다. 찰리 티안은 그 방법을 찾는 길을 보여준다. 그냥 '좋은 기업을 사라'는 것이다.

　'좋은 기업을 사라'는 아마도 어떤 주식 관련 책에서나 강조하는 제1원칙일 것이다. 다만 각자의 투자 철학에 따라 그 기준이 조금씩 차이가 있을 뿐이다. 성장주 투자자는 비즈니스 모델의 성장성에 비중을 둘 것이고, 가치주 투자자는 정량적인 밸류에이션 지표를 가늠자로 판단할 것이다. 찰리 티안은 가치주 투자자의 시각에서 구루들의 투자법을 바라본다.

　주린이에서 탈출하려면, 자신의 틀로 좋은 기업을 선별할 수 있는 능력을 키워야 한다. 음식에도 궁합이 있듯이 각자에게 맞는 좋은 기업은 따로 있다. 자신에게 맞는 좋은 기업이란, 투자가 성공으로 연결된 주식에 해당한다. 어떤 이는 산업 내의 경쟁우위를 기준으로 좋은 기업을 선별할 것이고, 또 어떤 이는 현금 흐름을 기준으로, 또 어떤 이는 틈새 시장에서 독점적 지위를 가진 기준으로 기업을 선택할 수도 있다. 어떤 경우든 성공한 투자 경험을 가진 유형의 좋은 기업이 보다 싼 가격일 때, 최소한의 밸류에이션을 잣대로 평가해도 합리적인 가격에 왔을 때 사는 주식이 좋은 주식이다.

　찰리 티안의 책 구석구석을 뒤지다 보면, 그의 실전적 고민이 와닿는다. "투자자들이 가장 흔하게 저지르는 실수는 후방 거울에서 눈을 떼지 못한다는 것이다. 그들은 최근의 성과를 잣대로 지금 수익률이 좋은 투자에 돈을 넣는다." 주린이가 잊지 말아야 할 조언이다. 바로 직전 기억에 종속되는 인간의 본능으로 동일한 실수를 반복하기 때문이다.

더 좋은 성과를 위해서는 사자가 사냥에 앞서 몸을 낮추고, 갈대숲에 몸을 숨기듯 투자의 기회를 잡기 위해 기다릴 줄 알아야 한다. 주가가 상승할 때, 현금을 일정 부분 유지하기는 쉽지 않다. 하지만 시장이 급하게 올라가면 일정 부분 현금을 확보해야 한다. 반드시 오는 하락 국면에서 묶어두었던 현금으로 좋은 종목을 싸게 살 수 있기 때문이다. 앞서 다뤘지만, 시장에도 순환 주기가 있고 그 순환을 투자에 활용할 수 있어야 한다.

투자를 좀 아는 사람들은 이 책의 내용이 너무 뻔하다고 생각할 수도 있다. 하지만 저는 지금도, 시장이 내 생각과 다르거나 투자에 고민이 깊어질 때마다 다시 펼치는 책이다. 바로 지금 자신의 보유 주식이 고민이라면, 노이즈 가득한 미디어의 '공포 팔이'에서 벗어나 이 책을 읽어라. 책 곳곳에 넘쳐 흐르는 질문들 속에서, 읽는 이는 다시 질문을 하게 될 것이다. 친절하게도 저자는 자신의 생각을 다음과 같이 5가지로 정리한다.

1. 저실적 주식을 사는 순간 영구 자본 손실의 리스크에 노출된다. 아무리 싼 값에 샀어도 리스크는 여전하다(The risk with buying poorly performing companies is the permanent loss of capital, through the price may look cheap).

2. 좋은 기업은 꾸준하게 흑자를 내는 기업이다. 두 자릿수 영업이익률, 두 자릿수 투하자본수익률, 두 자릿수 성장률을 유지하는 기업이다(Good companies are those that are consistently profitable

with double-digit operating margins, have double-digit return on invested capital, and are growing at double-digit rates).

3. 좋은 기업만 사야 하고, 합리적인 가격에 사야 한다(Buy only good companies and buy them at reasonable prices).

4. 가치 함정을 조심하라(Beware of value traps).

5. 경기와 시장의 순환을 잊지 마라(Don't forget cycles).

더 친절하게도, 이를 한 번 더 요약한다. 정말 멋진 정리다.

"이 책의 내용에서 절대로 잊지 말아야 할 것을 딱 하나만 꼽는다면 '좋은 기업을 사라!'다. 좋은 기업만을 고집해야 하며, 합리적인 가격에 사야 하고, 계속 공부해야 한다. 이것이 구루들의 투자법이다(If there is one point that you should get from this book, it is, 'Buy only good companies!' Stick with good companies, buy them at reasonable prices, and keep learning. You can indeed invest like a Guru).

"공항의 비즈니스 클래스 전용 라운지가 그토록 고급스럽게 느껴지는 것은 값비싼 가구와 맛난 음식 때문이 아니라 조용히 생각할 수 있는 공간을 제공하기 때문이다." 철학자 매튜 크로포드 Matthew Crawford의 말이다. 투자자는 번잡한 공항 터미널이 아닌 비즈니스 라운지에서 소음과 거리를 둔 투자 판단을 내려야 할 때가 있다. 그때의 기준은 단 하나다. 철저하게 산업의 미래를 추론해보고, 그

산업을 이끌어가는 좋은 기업에 집중 투자해야 한다는 것이다. 그저 그런 주식에 투자해서는 안 된다. 찰리 티안의 『구루들의 투자법』을 읽고 난 뒤, 이러한 원칙이 마음속에 자리 잡히게 된다면 이미 주린이가 아닐 것이다.

좋은 회사의 주식을
싸게 사는 공식

『주식시장을 이기는 작은 책』
_조엘 그린블라트 Joel Greenblatt

"좋은 회사(자본수익률이 높은 회사)의 주식을 염가(높은 이익수익률을 주는 가격)일 때에만 사기로 한다면 어떻게 될까? 어떻게 될까? 내가 말해 주겠다. 많은 돈을 벌 것이다! 또는 그레이엄식으로 말하자면, 수익이 아주 만족스러울 것이다!"

이제 여섯 번째 책이다. 주린이들이 '좋은 기업'을 어떻게 찾아낼지를 보다 구체적인 방법으로 다루고 있는 『주식시장을 이기는 작은 책』은 조엘 그린블라트가 자신의 투자 철학을 그대로 담은 '마법공식'을 다룬 책이다. '마법공식'이란 용어 자체에 거부감도 생길 수 있지만, 제이슨이라는 초등학교 6학년짜리 가상 인물을 통해 주식시장이나 기업의 재무와 관련된 책의 내용을 어려운 용어 없이 설명하고 있다는 점에서 주린이게 소개하고자 한다.

조엘 그린블라트는 가치투자의 창시자인 벤저민 그레이엄을 비롯해 워런 버핏, 데이비드 드레먼 등 가치투자가들의 아이디어를 모방하고 발전시켜 그만의 투자 방법론인 '마법공식'을 완성했고, 이 책을 통해 마법공식의 근간이 되는 논리와 적용 방법을 상세하게 서술해놓았다. 놀라운 점은 두 가지다. 자본수익률(Retuyn of capital)과 이익수익률(Earnings yield)을 활용한 그의 투자 방식이 굉장히 단순하다는 게 첫 번째다. 더 놀라운 두 번째는, 그런 단순한 방법론으로 고담캐피털이라는 헤지펀드를 운용하며 1985년부터 2005년까지 연평균 수익률 40%라는 놀라운 투자 성과를 기록했다는 점이다.

마법공식을 관통하는 핵심 논리는 다음의 한 문장이다. "좋은 회사의 주식을 염가일 때 사라." 급변하는 주식시장, 이른바 미스터 마켓에서는 기업의 내재 가치와 주식 가격 사이의 불균형이 발생하기 마련이고, 우량한 기업의 주식이 외부 상황에 의해 일시적으로 가격이 떨어졌을 때 그 주식을 사야 한다는 아주 단순하고도 보편적인 아이디어다.

조엘 그린블라트는 특히 워런 버핏의 영감에 크게 의존해 이 공식을 만들었다고 한다. 워런 버핏은 벤저민 그레이엄의 아이디어에 본인만의 강력한 개념을 추가했다. 벤저민 그레이엄은 안전마진의 중요성을 언급하며 주식을 싸게 사는 것에 주력한 반면, 워런 버핏은 우량한 기업을 싸게 사는 것이 더욱 중요하다고 강조했다. 우량한 기업은 시간이 흐를수록 가치가 더해지는 반면, 불량한 기업은 가치가 감소하기 때문에 큰 폭의 안전마진을 미리 확보해도 안전마진이 없어지거나 되려 마이너스가 될 가능성이 있다는 논리다.

그렇다면 '좋은 회사'를 선별하는 방법은 무엇이고, 그 회사의 주가가 충분히 '염가'인지는 어떻게 알 수 있을까? 그린블라트는 단 두 가지 지표를 통해 마법공식 전략의 논리를 설명한다. 바로 자본수익률과 이익수익률이다.

자본수익률은 영업이익 대 자본(순운전자본+순고정자산)이다. 쉽게 말해 기업이 영업활동을 통해 벌어들이는 금액을 영업활동을 수행하는 데 투입한 금액으로 나눈 값이다. 자본수익률이 높은 기업은 투자한 금액 대비 벌어들이는 수익이 높은 기업으로, 특별한 경쟁력을 보유하고 있을 가능성이 높다. 이러한 경쟁우위는 향후에도 지속될 가능성이 높다.

한편 이익수익률은 영업이익 대 기업가치(시가총액+순차입금)다. 기업의 주가가 염가인지의 여부를 판단하는 지표로, 높은 이익수익률의 주식은 우리가 지불하는 가격에 비해 수익을 많이 벌어주는 주식을 의미하는 것이다. 조엘 그린블라트는 재무 지식이 친숙하지 않은 독자들을 위해 자본수익률은 ROA(총자산순이익률), 이익수익률은 PER로 대체해서 사용해도 무방하다고 언급하고 있다.

두 개념을 이해했다면 마법공식의 절반을 이해한 것이다. 마법공식 전략은 높은 자본수익률과 높은 이익수익률을 동시에 가지고 있는 주식을 사는 것이다. 이러한 주식을 선별하는 과정은 아주 기계적이다. 첫째, 상장되어 있는 모든 주식의 자본수익률을 구해 높은 자본수익률 순으로 등수를 나열한다. 둘째, 동일한 방법으로 상장되어 있는 모든 주식의 이익수익률을 구해서 높은 이익수익률 순으로 등수를 나열한다. 마지막으로, 두 등수를 합산해 높은 등수 대로(합산 값이 낮은 순서대로) 나열하여 상위 20~30개의 기업에 투자하고, 특정 기간 보유한 후 교체 매매한다.

중요한 점은 자본수익률만 높거나 이익수익률만 높은 주식은 최종 등수가 상위에 속하지 못한다는 것이다. 책의 예시에 따르면, 자본수익률이 1등이지만, 이익수익률이 1150등인 기업의 최종 등수는 1151(1+1150)등이다. 이는 자본수익률이 232등, 이익수익률이 919등인 기업의 최종 등수 1151(232+919)등과 동일하다. 즉, 그린블라트의 마법공식은 자본수익률과 이익수익률이 최고로 높은 주식이 아니라 두 가지 요소가 적절하게 조화를 이루는 기업을 찾는 전략이다.

조엘 그린블라트는 마법공식을 성공적으로 수행하기 위해 몇 가지 원칙을 지킬 것을 당부한다. 우선 한 종목당 최소 3년을 보유하라고 언급하며 인내심을 가질 것을 강조한다. 이는 마법공식의 허점과도 연관되어 있는데, 높은 이익수익률의 주식은 저평가된 종목일 수 있는 반면에 시장에서 오랫동안 소외되어 있는 종목일 가능성도 있다는 것이다.

실제로 마법공식을 모의투자한 결과, 1년 중 5개월 정도는 마이너스 수익률을 기록했으며, 아예 3년 내내 시장보다 저조한 수익률을 기록한 적도 있다. 그러나 3년(그린블라트는 기업의 가치와 가격 사이의 괴리가 사라지기까지 약 3년의 기간이 소요된다고 주장했다) 기간으로 투자했을 때 마법공식이 시장을 능가한 비율은 95%였고, 한 번도 돈을 잃지 않았다고 한다.

또한 그린블라트는 자신의 능력 범위를 설정하고 그 안에서 투자할 것을 당부한다. 마법공식 산출 시 본인이 이해할 수 있는 업종만 포함하는 것이 중요하며, 몇 개의 기업을 선별하기보다 상위 20~30개 종목에 투자하는 편이 낫다는 것이다. 개인투자자는 주식에 모든 시간과 노력을 소요할 여력이 없기 때문이다. 이 책은 이외에도 가치투자가의 관점에서 여러 가지 투자의 대원칙에 대한 설명을 녹여냈다.

결론적으로 이 책에서 말하는 '주식시장을 이기는 방법'은 우량한 기업을 싸게 사서 오랫동안 보유하는 것이다. 마법공식은 이 대원칙을 설명하기 위한 수단이자 조엘 그린블라트가 제시하는 하나의 투자방법론이다. 결국 핵심은 마법공식을 통해 가치투자가의 투자 철학을 이해하는 것이다.

이 책이 주린이들에게 아주 적절한 이유는 마법공식 자체가 이해하기 어렵지 않고, 실제 투자에 적용하기에도 어렵지 않기 때문이다. 무엇보다 자극적인 뉴스에 휩쓸리기 쉬운 주린이들에게 오랫동안 시장에서 살아남은 투자 철학을 소개해 큰 폭의 손실을 막을 수 있도록 해준다. 아주 단순하지만 강력한 메시지를 담은 책이다. 자본수익률과 이익수익률이 양자택일이 아니라 동시에 고려해야 하는 원칙이라는 점을 이해하는 것만으로도 이 책의 가치는 충분하다.

한 걸음 더

좋은 기업을 찾기 위한 두 권의 책 『구루들의 투자법』, 『주식시장을 이기는 작은 책』을 읽은 뒤에도, 기업 분석 관련 책은 범위를 넓히며 꾸준히 읽어야 한다. 주식투자는 결국 좋은 주식(좋은 기업이 좋은 가격에 있는)을 찾아 주주가 되는 것이기 때문이다. 굳이 스스로를 가치주 투자자나 성장주 투자자로 한정 짓지 말기 바란다. 워런 버핏은 가치와 성장을 적절히 활용했다. 벤저민 그레이엄의 『현명한 투자자』, 『피터 린치의 이기는 투자』, 필립 피셔의 『위대한 기업에 투자하라』, 데이비드 드레먼의 『역발상 투자』 등 투자의 고전은 읽어야 할 책이지만 진도를 내기 어렵다. 아직 이해할 만한 투자 체력이 부족하기 때문이다. 시간을 길게 두고 구루들이 무슨 말을 했는지, 2차 문헌이 아닌 직접 쓴 책은 어떤 것인지 궁금해질 때마다 찾아 읽다 보면 어느 날 완독한 자신을 발견하게 될 것이다.

주린이가 명저들을 읽고, 이를 실전에 적용하기 쉽지 않은 이유가 또 하나 있다. 우리 기업 이야기가 아닌 미국 기업 위주의 분석이기 때문이다. 국내 기업 사례를 많이 찾아봐야 한다. 원칙적으로 증권사 리서치센터에서 발간한 업종 및 기업 분석 자료를 꾸준히 업데이트하면 되는데, 자료가 그리 친절하지 않다. '사자' 혹은 '팔자'는 것보다 기업 내지 산업에서 무엇이 중요한 데이터고, 무엇이 논란거리인지를 알아야 한다. 그러기 위해서 한국 고유의 산업 지식과 회계 특징을 알고 있어야 한다. 다행스럽게도 그러한 수요를 충족하는 좋은 국내 투자 책들이 늘어나고 있다. 그중에서 실전에서 유용하게 활용할 수 있는 책을 꾸준히 내는 두 저자가 생각난다.

한 명은 박동흠 회계사다. 『박 회계사의 사업보고서 분석법』과 『박 회계사의 재무제표로 보는 업종별 투자전략』 둘 다 업종별로 사업보고서를 어떻게 봐야 하는지 다양한 사례로 정리한 책이다. 증권사 리서치센터의 섹터 및 기업 분석 자료를 읽을 때 참고하면 유용하다. 김수헌 글로벌모니터 대표의 회계와 공시 관련 책들은 쉬워 보이지만 매우 전문적인 책이다. 나 역시 잘못 알고 있던 것을 이 책들을 읽고 난 뒤에서야 깨달았다. 『이것이 실전회계다』, 『하마터면 회계를 모르고 일할 뻔했다!』, 『1일 3분 1회계』 모두 우리가 놓칠 수 있는 그 지점을 정확히 알려준다.

여러 책을 소개했는데, 어떤 이는 다 아는 내용이라 그저 그럴 것 같고, 또 어떤 이는 도대체 읽기는 읽었는데 뭔 소리인지 모르겠다고 할 수도 있다. 주린이라면 후자에 해당할 것이다. 더 기초적이고 쉬운 책을 찾고 있다면, 야마구치 요헤이의 『현명한 초보투자자』가 적절하다. 너무나 상식적인 'PER과 PBR이 ROE로 연결되어 있다(ROE =PBR/PER)'는 것을 쉽게 풀어주고, 가치의 원천을 도표로 분해해 설명한다. 일본 특유의 아기자기한 도표가 돋보인다. 반대로 좀 더 깊게 들어가고 싶은 사람들에게는 전문적인 교재 한 권을 추천한다. 백복현, 장궈화, 최종학의 『재무제표분석과 기업가치평가』다. 경제학 전공자인 내가 부족했던 기업분석 부분을 보완해갈 때 큰 도움을 받은 책이다. 가치주나 성장주에 대해 좀 더 이해도를 높이고 싶다면, 가치주는 제임스

몬티어의 『100% 가치투자』, 성장주는 켄 피셔의 『슈퍼 스톡스』가 떠오른다.

이 외에도 최근 들어 국내 서적 중 투자에 유용한 책을 여러 권 발견했다. 좋은 책이 너무 많아서 일일이 소개하기 힘들다. 지금까지 제시해온 책을 읽고 스스로 투자 체력을 키워왔다면, 서점에서 여기저기 짜깁기한 책과 오랫동안 고민한 자신의 생각을 담은 책을 구별할 수 있을 것이다. 좋은 주식이나 좋은 책이나 사는 이에게 득이 된다는 본질은 동일하다.

끊임없이
의심하고 추론하라

『투자에 대한 생각』
_하워드 막스Howard Marks

"평균 이상의 투자 성과를 거두기 위해서는 평범한 투자자와는 달라야 한다. 즉, 다른 투자자들보다 더 현명하게 사고해야 한다. 즉, 남들과 다르면서 남들보다 더 나아가야 한다. 이것이 2차적 사고다."

마지막 책이다. 아직 소개하고 싶은 책이 한참이지만 '그래도 한 권만 선택해야 한다면'이란 생각에서 소개하는 책이다. 증권사에 입사하거나 주위에서 누가 주식투자를 시작하면 꼭 읽어보라는 책이 바로 하워드 막스의 『투자에 대한 생각』이다.

하워드 막스는 오크트리 캐피털 매니지먼트Oaktree Capital Management의 회장이자 공동 설립자다. 1995년 오크트리 캐피털을 설립했으며 1985년부터 1995년까지 TCW 그룹에서 부실채권, 하이일드채권 및 전환사채 투자를 총괄, TCW 미국 채권 투자 총괄 책임자였다. TCW 그룹에 재직하기 전에는 16년간 시티코프 인베스트먼트 매니지먼트Citicorp Investment Management에서 근무했으며 1978년부터 1985년까지 전환사채 및 하이일드채권을 담당하는 시니어 포트폴리오 매니저이자 부사장이었다. 1969년부터 1978년까지는 주식 리서치 애널리스트로 활동하다가 이후 리서치 부문장으로 부서를 이끌었다.

사실 주요 검색창에 이름만 검색해도 소개와 동영상이 쏟아지는 유명한 인물이다. 가끔 인터뷰나 본인이 운영하는 회사 홈페이지(www.oaktreecapital.com/insights)를 통해 투자 편지를 올리기 때문에 검색해서 그의 인사이트를 꼭 참고해보기를 권한다. 인터넷 즐겨찾기를 해놓으면 좋다.

『투자에 대한 생각』은 가장 중요한 원칙 20가지를 제시하고 있다. 순서대로 읽어도 좋고, 무작위로 읽어도 상관없다. 소설책이 아닌 만큼 집히는 대로 펼쳐서 읽다 보면 현재 자신의 생각과 시장에 대한 느낌을 머릿속에 그리게 된다. 나는 시장을 보다가, 그리고 글을 쓰다가 문득문득 생각의 전환을 하기 위해 매번 들춰보는 책이기도 하다.

여기서는 책 전체의 내용보다는 자주 들춰봤던 원칙 몇 가지를 소개하려고 한다. 구매한 지 8년 가까이 돼서 색이 바랜 책은 여러 번 펼쳐봐서 너덜너덜해진 곳도 몇 군데 있다.

가장 먼저 떠오른 건 '원칙 1. 심층적으로 생각하라'이다. 하워드 막스는 흥미로운 주장을 한다. 바로 1차적 사고와 2차적 사고의 차이를 비교한 후, 2차적 사고를 하는 사람들이 결정을 내릴 때의 체크 포인트를 제시하는 것이다. 한마디로 남들과 '다르게' 생각하라는 말이다. 8가지 체크 포인트는 어쩌면 당연한 얘기다. 예측 가능한 결과는 무엇인지, 어떤 결과가 가장 나은지에 대한 것이다. 특히 내 예측과 시장의 예측 비교, 즉 시장의 가격은 미래 예측에 비해 과도한지 그렇지 않은지, 시장 심리가 지나치게 낙관적인지 비관적인지를 끊임없이 비교해볼 것을 주문한다. 상식적이고, 경험적이어서 더 와닿는 내용이다.

두 번째는 '원칙 9. 투자시장의 특성을 이해하라'이다. '시계추'라고 알려진 하워드 막스의 경기 변동과 시장 주기에 관한 생각이다. 시장은 일직선으로 움직이지 않는다. 하지만 주가가 강한 추세를 이어갈 때 '이번에는 달라'라는 실수를 반복한다. 시계추는 크게 3가지다. 첫째는 호황과 침체 사이, 둘째는 긍정적 사건에 반색하는 것과 부정적 사건에 집착하는 것 사이, 셋째는 고평가(Overprice)와 저평가(Underprice) 사이다. 여기서 중요한 포인트는 '투자자의 심리는 어느 한쪽으로 치우치지 않은 중도보다 양극단에서 보내는 시간이 훨씬 많다'는 것이다. 하워드 막스는 '대부분의 사람들이 옳지 않은 시기에, 해서는 안 되는 일을, 얼마나 꾸준히 하는지'를 지적한다. 이 책을 읽고 나면 시계추의 움직임을 이해하고, 시계추의 반대 방향을 겨냥한 투자 의사결정을 할 수 있을 것이다.

세 번째는 '원칙 15. 우리가 어디에 있는지 파악하라'이다. 하워드 막스는 3가지 방법론 중의 선택을 제시한다. 첫째, 미래 예측을 정확히 하기 위해 모든 노력을 기울인다. 둘째, 미래를 예측할 수 없으니 주기를 예측하지 말고, 그냥 우량주를 사서 보유한다. 셋째, 각각의 주기에서 우리가 현재 어디쯤 서 있는지를 파악하고, 그 자리에서 최선의 행동을 한다. 세 번째가 막스의 생각이다. 미래를 아는 것은 어려운 일이지만, 현재를 이해하는 것은 어렵지 않다는 판단 때문이다. 미디어와 주변 사람들의 심리에서 주기를 파악하고, 그에 보폭을 맞춰 투자해야 수익을 낼 수 있다는 그의 투자 철학을 확인할 수 있는 원칙이다.

20가지 원칙 중 3가지만 소개했다. 하워드 막스의 또 다른 책, 『하워드 막스 투자와 마켓 사이클의 법칙』에는 그의 철학이 반영된 단순한 그림이 있다. 다음 페이지를 참고해서 보기 바란다.

'비쌈'과 '저렴'의 양극단 사이, '적정'에 있을 때 투자 성과는 그리 좋지 않다. 사이클을 이해하고 파악하기 위해 노력한다고 아는 게 아니라 시장에서 기회를 잡을 시기를 정해줄 뿐이라는 그의 주장에 고개를 끄덕이게 된다. 극단을 발견하고 투자에 활용해야

사이클의 '비쌈'과 '저렴' 사이

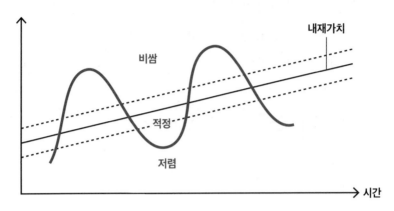

자료:『하워드 막스 투자와 마켓 사이클의 법칙』 p362

하지만 매년, 매달 아니 매일 그런 기회가 오는 것은 아니다. 앞서 사와카미 아쓰토도 동일한 논리의 장기투자를 강조했다. 지속 가능한 투자 성과는 좋은 기회가 올 때까지, 포트폴리오를 어떻게 꾸려가느냐에 달려 있다.

투자는 피곤한 일이다. 일반 투자자들은 데이터 접근성이 높지 않기 때문에 시장 전체 밸류에이션이라든지, 시장 심리를 매번 비교하기는 어렵다. 그럼에도 불구하고 자꾸 생각해야 한다. 자료나 데이터를 볼 때, 자신의 생각도 중요하지만 자신이 지금 어떤 심리에서 바라보고 있는지도 중요하다. 결국 중심을 잃지 않기 위해서는 타인의 생각을 항상 비교하며 업데이트해야 한다. 최근에는 여러 사이트를 통해 글로벌 증시의 가격과 심리 상태를 제공하기 때문에 북마크를 해놓고 자신의 감정과 시장의 감정 상태를 항상 비교하면 된다.

책에서 습득한 저자의 생각, 그리고 시장과 자신의 생각을 반복적으로 비교해보면 2차적 사고의 투자자가 될 수 있으리라 생각한다. 그런 의미에서 2020년 10월 13일 오크트리 홈페이지에 올라온 그의 글을 가져와본다. 제목은 'Coming into Focus'입니다.

'이번 하락 사이클은 단순히 경제 부양책을 사용한다고 해서 완전히 치유될 수 없다. 오히려 근본 원인을 치유해야 하는데, 이는 질병이 통제되어야 함을 의미한다(This down-cycle cannot be fully cured merely through the application of economic stimulus. Rather, the root cause has to be repaired, and that means the disease has to be brought under control).'

다행히 이 투자 편지가 올라온 이후 11월에 화이자, 모더나, 아스트라제네카의 백신 임상 소식이 들려왔고, 12월에는 최초로 미국이 백신 접종을 시작했다. 드디어 코로나19 암흑 터널의 끝이 보인다는 희망에 부푼 지금이지만, 다시 한번 다음과 같은 그의 말을 곱씹게 된다.

'심지어 질병이 통제되더라도 경제 부양책이 모든 피해를 복구할 가능성은 없다. 외상이 깊었고 충격은 쉽게 회복되지 않을 수 있다. 대기업들은 계속해서 자동화하고 조직을 간소화할 것이다.

레스토랑, 주점, 상점과 같은 많은 수의 소규모 사업장들은 결코 재개장하지 않을 것이다. 따라서 수백만 명의 사람들이 이전에 맡았던 직업으로 다시 고용되지 않을 것이다. 이런 이유로 경기 회복에 대한 기대는 현실적이어야 한다. 나에게 V자형 회복은 너무나 긍정적일 수밖에 없다(The expectations with regard to economic recovery have to be realistic. To me, as I've said, 'V-shape' has too positive a connotation).'

인사이트가 가득 담긴 17페이지 가량의 이 글 첫머리(The Prerequisite)만 봐도 2021년 백신과 경제 회복에 흥분하기보다 이후 다양한 시나리오를 고민하게 된다. 하워드 막스는 비관적 투자자가 아니다. 코로나19 팬데믹이 발생하고 연준의 기습적인 금리 인하와 추가 부양책에도 속절없이 주가가 녹아내리던 2020년 3월 16일, 그는 "지금 사는 것이 비합리적인 게 아니다(Buying here is not irrational)"라고 외치며 온갖 공포와 맞선 인물이다.

2020년 11월 백신 트레이드 또는 리플레이션~Reflation~° 트레이드로 전 세계 주가는 그야말로 불을 뿜었다. 그러나 그는 이때에도 조심스러웠다("Howard Marks warns against chasing the vaccine rally as opportunities to buy distressed assets are drying up." 2020.11.18 Bloomberg). 그도 틀릴 수 있다. 다만 왜 그렇게 생각하는지, 그리고 그 논리의 근거가 무엇인지 쫓아가는 기회를 그의 책 『투자에 대한

리플레이션 경제가 디플레이션~Deflation~ 상태에서 벗어났지만 심각한 인플레이션~Inflation~을 유발하지 않을 정도로 통화를 재(re-)팽창시키는 것을 의미한다.

생각』에서 엿볼 수 있다.

후회는 과거 때문에 발생한다고 생각하지만 실상 후회가 일어나는 가장 큰 이유는 미래 때문이다. 과거의 잘못 그 자체보다 그 과거의 잘못으로 미래가 불투명해진 것이 후회의 이유이기 때문이다. 후회하지 않을 미래를 위해 주식투자자는 끊임없이 의심하고 추론해야 한다. 이 책을 통해 바로 그것을 훈련할 수 있을 것이다.

'주린이'에서
성숙한 투자자로

나는 1994년 증권회사 입사 후 IMF 외환위기와 2008년 금융위기라는 극단의 **베어 마켓**Bear Market°에서 고통받았고, 2000년 코스닥 광풍과 내수 가치주 돌풍, 그리고 2007년 금융위기 직전까지의 증시 재평가와 금융위기 직후의 화정자(화학, 정유, 자동차) 열풍 등 극단의 **불 마켓**Bull Market°을 환호했다. 그런 나에게도 2020년은 너무 낯설기만 하다.

> **베어 마켓** 주식시장에서 주가가 하락하고 있거나 하락할 것으로 예상되는 약세장을 말한다. 곰이 싸울 때 아래로 내려찍는 자세를 하는 데 빗댄 표현이다.

> **불 마켓** 베어 마켓과 반대로, 장기간에 걸친 주가상승이나 강세장을 뜻하는 것으로, 이를 황소에 비유한 것이다.

하워드 막스의 '시계추'를 적용해보자. 2020년 3월은 공포의 극단에서 주식을 던지기 급급했다면, 이후 시계추는 반대편의 극단으로 향하고 있다. 물론 시계추의 반대인 탐욕의 극단까지 얼마나 남았는지는 알 수 없다. 1년 내에 천국과 지옥을 동시에 맛본 2020년이다.

2020년 주식투자를 시작한 주린이들은 '버티면 된다'라는 믿음이 확고해졌을 것이다. 저 역시 2020년 반복적으로 강조한 외침은 "매크로는 노이즈일 뿐이다, 그냥 좋은 기업을 사자"였다. 미디어에서는 한국 증시의 도약을 이끌 장기투자자의 탄생을 알리고, 승리를 자축했다. 돈이 증시로 몰려왔고, 과거보다 훨씬 더 스마트해진 개인투자자들이 기관과 외국인의 매물을 받아냈고, 주가는 역사상 최고가를 경신했다.

그러나 내 머릿속을 맴돈 건 '쓴소리'다. 한국 증시는 상승과 하락을 늘 반복했다. '좋은 기업을 사서 주주가 되면 된다'라는 원칙만을 고수하기에는 한국 경제의 대외의존도 높고, 내부의 사건 사고도 만만치 않다. "좋은 기업을 좋은 가격에 사야만 좋은 주식투자다"라는 투자 원칙이 한국 증시에 더 유용하다. 그런 투자 철학을 정립하고, 실제 활용하려면 기초 체력이 필요하다. 거듭 강조컨대, 앞서 소개한 책들은 그 기초 체력을 다지기 위한 방책이다.

이 책들을 읽고 난 뒤라면 『초과수익 바이블』에 나오는 투자 관련 기본 용어가 낯설지 않을 것이고, 『브라질에 비가 내리면 스타벅스 주식을 사라』에서 '경기순환에 맞게 투자하기'라는 의미를 좀 더 한국 경제지표와 연동해서 생각할 수 있게 될 것이다.

ROE가 높아졌을 때는 이미 주가가 상당히 올라와 있을 때이며, 선행 투자로 인해 ROE가 낮을 때가 오히려 투자의 기회라는 사와카미의 장기투자 방법론도 이해하게 되고, 금리 상승기에는 가치주에 투자하고 금리 하락기에는 성장주로 포트폴리오를 재편하는 번스타인의 스타일 투자 전략도 활용할 수 있다.

'좋은 주식은 좋은 기업과 좋은 주가의 교집합'이라는 원칙과 어떠한 경우에도 좋은 기업만을 사야 한다는 단순하고도 명확한 원칙도 찰리 티안과 조엘 글린블리트 책을 통해 충분히 공감하게 된다. 더불어 투자의 원칙을 정하고, 그 원칙을 지속적으로 발전시키는 '투자에 대한 생각'을 정립하면서 자기 성찰도 갖게 될 것이다. 무엇보다 투자 사이클의 중요성을 인식하고 남들과 다르게 생각하는 2차적 사고로 무장한 뒤 좋은 기업을 선별하고, 시장이 극단을 향해갈 때 매수하거나 매도하는 투자 철학을 정립하는 계기가 되었기를 기대한다. 앞으로 더 읽어야 할 책을 찾을 것이고, 읽고 싶은 책도 생길 것이다. 스스로 투자할 수 있는 체력을 키우는 계기가 되면 좋겠다.

벤저민 그레이엄, 워런 버핏, 피터 린치 등 거장의 책들도 읽어야 할 텍스트로 떠오르겠지만, 동시에 좀 더 구체적이고 전문적인 책들 또한 눈에 들어올 것이다. 업종별로 재무제표를 어떻게 볼 것인지, 정기적으로 발표되는 경제지표 용어를 어떻게 해석해야 할지, 산업별로 발표되는 다양한 데이터를 해석하기 위한 기본 지식을 어떻게 쌓아야 할지 등등 실무 지식을 덧붙이는 과정이 이어졌으면 한다. 지식이 쌓이고 투자 체력이 더 강화된 뒤에 이 7권의 책을 다시 읽으면, 또 다른 의미로 다가올 것이라 확신한다. 옆에 두고, 읽고 또 읽어볼 만한 책들임에 분명하다.

이 책들을 통해 누군가의 생각을 엿보았고, 그에 더해 이제 자신의 생각과 투자 원칙을 정해나갈 수 있다면 그때는 주린이가 아닌 성숙한 투자자의 반열에 올라설 수 있지 않을까 생각한다. 누군가가 아닌 자신의 판단과 추론을 믿는 계기가 되었으면 한다.

2부

THE AGE

OF STOCKS

4장

사이클과
경제,
어떻게 봐야 할까?

빅웨이브는
이미 시작되었다

윤지호 지금은 이를테면 '고립'의 시대입니다. 코로나19가 고립을 더 가속화시켰지만 사실은 이미 진행돼왔습니다. 지난 2008년이 그 기점이었죠. 2008년은 이전 30년의 끝이었고, 새로운 30년의 시작이었습니다. 코로나19는 그 새로운 사이클을 가속화시켰을 뿐인 거죠. '연결'에서 '고립', '세계화'에서 '탈세계화', '자유무역'에서 '보호무역', '감세'에서 '증세', '통화정책'에서 '재정정책', 흐름은 이렇게 가고 있다고 봐요.

하워드 막스는 사이클이 어디에나 있고, 사이클에서 현 위치를 알면 확률을 내 편으로 만들 수 있다고 했습니다. 그래서 지금 우리가 어디에 서 있는지, 여기서부터 논의를 시작했으면 합니다. 이번 사이클은 한마디로 1980년 이후에 득세했던 신자유주의가 몰락하고, 새로운 경제 및 정치 체제가 자리 잡는 과정이라고 봐요. 2008년 금융위기 이전의 세상으로 회귀하기는 힘듭니다. 이미 시작된 미래에 편승하는 자만이 살아남겠죠. 저는 순환이 아닌 주기, 다시 말해 2008년 이후 시작된 '**콘드라티예프 사이클°**'이 코로나19 위기를 기점으로 더 가속화되고 있다고 인식하고 있습니다.

콘드라티예프 사이클 러시아의 경제학자 니콜라이 콘드라티예프Nikolai Kondratiev가 1922년 처음 발표했고, 슘페터에 의해 널리 알려졌다. 50~60년을 주기로 한 초장기 경제 순환 이론이다.

　　주류 경제학에서는 '경기 순환'은 다루지만, '경기 주기'에 대해서는 안 다루죠. 경기의 정점에서 저점으로의 순환은 다루지만 일정한 주기를 갖는다고 보지는 않아요. 하지만 우리는 10년 주기니, 30년 주기니 하면서 이를 금융시장에 적용합니다. 10년 주기로 위기가 온다는 공감대가 아마 대표적이지 않을까 싶어요. 그중에서 '콘드라티예프 파동'에 대해서는 한 번쯤 들어봤을 겁니다.

　　러시아의 경제학자 니콜라이 콘드라티예프가 대략 50~60년의 물가 순환을 밝혔죠. 물가와 금리가 약 27년 동안 상승하고, 그 다음에 하락하는 사이클을 지닌다고 주장했어요. 그리고 이를 널리 알린 사람이 슘페터Joseph Alois Schumpeter인데, 콘드라티예프 파동을 활용해 '혁신이 경제와 사회를 새롭게 진화시킨다'고 주장했습니다. 산업 혁명, 철도 건설을 혁신의 예로 들었죠. 이후 1950~60년대의 철강과 화학 등에서 진행된 전후 기술혁신도 마찬가지고, 2000년 IT 버블에서 잉태되어 2008년 금융위기 지나고 지금도 진행되고 있는 무형재와 네트워크 혁명도 마찬가지라고 봅니다.

슘페터는 유명한 경제학자인데 그가 어떤 사람이지는 대부분 잘 모릅니다. 저도 마찬가지인데, 얼마 전 그가 28살에 쓴 『경제발전의 이론』을 읽고 진심으로 놀랐어요. 무엇보다 케인즈와 동시대인이었다는 사실에 놀랐고, 그때 이미 정태적이 아닌 동태적인 분석 틀로 경제를 바라봤다는 것도 놀라웠죠. 그 자체만으로도 시대를 앞서간 사람이었구나 하는 생각이 들었습니다. 노동가와 자본가가 아닌, 기업가가 자본주의의 주인공임을 모두에게 알렸죠. 그는 기술의 발전이 혁신이 아니라고 했어요. 혁신은 뛰어난 기업가가 그러한 기술을 비즈니스에 적용하는 것이라고 했습니다. 누군가가 딱 떠오르지 않나요? 전기차 기술은 오래전에 개발되었지만, 이를 비즈니스에 적용해 테슬라를 탄생시킨 사람은 일론 머스크Elon Musk 니까요.

제가 꾸준히 추적해온 사이클로는 많이 알려지진 않았지만 평균 30년 단위로 분석해온 '베리 사이클'이란 것이 있습니다. 브라이언 베리Brian Berry는 인문지리학자임에도 불구하고 사이클을 분석할 때 화폐 순환을 통한 인플레이션의 변화를 사용했어요. 2021년 이후 아마도 시장에서 크게 부각될 이슈는 유동성과 인플레이션 기대, 그리고 이로 인한 연준의 정책 스탠스일 거예요. 제가 보기에 기술혁신 사이클과 신용 사이클을 구조적으로 파악해야 현재 위치를 확인할 수 있다고 봅니다.

다들 얘기합니다. 아무리 돈을 풀어도 돈이 돌지 않으니, 다시

전기차 기술은 오래전에 개발되었지만, 이를 비즈니스에 적용한 사람은 테슬라의 일론 머스크다.

말해 실물 경제가 안 좋으니 저금리는 유지되고, 돈의 힘으로 자산 인플레이션은 심화될 수밖에 없다고요. 기업 실적이 좋아져서가 아니라 돈값이 떨어지니 주가는 오를 수밖에 없다는 논리죠. 저금리 구조도 바뀌지 않고, 인플레이션도 출현하지 않아야 가능한 시나리오일 거예요.

현재는 1945년 제2차 세계대전이 종전되고, 새로운 경제 질서가 확립된 뒤에 1958년에서 1970년까지 이어진 기술혁신 사이클과 유사합니다. 현기증 나는 성장을 보였던 시기예요. 냉장고, 세탁기, TV가 우리 삶에 들어오고, 자동차와 비행기가 수송 수단으로 자리 잡혀간 시기죠. 기술혁신 그 이후를 주목해야 합니다. 베리 사이클이 주시하는 건 '원자재 가격' 사이클이에요. 원자재 가격은

1916년, 1944년, 1976년, 2004년에 고점을 형성했죠. 대략 30년 간격으로 출현하는 원자재 가격의 사이클에서 꼭지점부터 하락 구간까지의 기간이 평균 15년 걸린다는 점을 감안하면, 2004년 고점 이후 2019년~2020년은 원자재 가격의 상승 전환점이라고 볼 수 있어요. 그리고 이는 인플레이션이 상승 전환하는 베리 사이클의 상승 전환기와 일치합니다. 다시 말해, 돈이 돌아 실물이 바탕이 된 인플레이션은 제한적이겠지만, 2021년 이후 어느 시점에 원자재로 인한 인플레이션 기대가 출현할 수 있다는 겁니다.

세계 경제의 거대한 변화, 이를테면 '빅웨이브'의 핵심은 크게 보면 이런 거예요. 대공황 이후에 자유 방임의 한계가 드러났고, 그 다음에 정부의 역할을 강조하는 케인스학파가 등장했어요. 1970년 대의 인플레이션 위기 극복 과정에서 통화주의로 대표되는 자유주의 경제학이 득세하게 되었죠. 이제 순서로 보면 '보이지 않는 손 Invisible hands'의 시대는 끝나가고 '보이는 손 Visible hands'의 시대로 들어선 거라 봅니다. 불평등 완화를 위한 사회주의적 정책도 일시적이 아닌 불가피한 선택인 거고요. 통화정책이 한계를 드러내고, 재정정책으로 수요를 받쳐줘야만 하는 상황에 내몰린 겁니다. 돈이 돌지 않아 인플레이션의 역습이 오지 않는다면, 이제 상품 가격이 움직여서라도 인플레이션 기대가 살아나는 시대로 서서히 이동하는 것 아닐까 생각해요.

이런 사이클은 갈등이 깊어지는 시기예요. 불평등으로 인한 포퓰리즘이 힘을 얻고, 파이가 줄어들면서 기업 간의 갈등, 국가 간의 이기주의도 팽배해질 겁니다. 저는 트럼프 시대에 시작된 미중 갈등이 바이든 시대도 크게 다르지 않을 거라고 봐요. 그나마 다행인 것은 이 갈등의 과정이 혁신 경제를 가속화시킬 거라는 겁니다. 미국과 소련의 냉전 국면에서 탄생한 혁신 기업이나 기술, 새로운 산업이 많잖아요?. 지금도 유사해요. 미국과 중국의 패권 경쟁, 그리고 그 나머지 국가들의 혁신 경쟁이 그나마 투자에서는 기회 요인입니다. 단, 상품 가격이 안정되고 인플레이션 기대가 낮게 유지되어 금리가 낮게 유지될 때까지라는 전제는 잊지 말아야겠죠.

경제 순환과 주기

2009년 금융위기 이후 주가 상승의 원동력은 크게 두 가지다. 하나는 저물가에 기반한 구조적 저금리이고, 또 하나는 우리 삶에 한 발짝 더 들어선 혁신 생태계다. 경제 사이클로 보면 콘드라티예프 파동의 상승 구간에 들어섰다고 할 수 있다. 경기 순환론에서 주기성을 다루는 건 주류 경제학에서 다소 이단시된다. 우리가 현대통화이론(MMT, 정부의 지출이 세수를 넘어서면 안 된다는 주류 경제학의 철칙을 깨고, 경기부양을 위해 정부가 화폐를 계속 발행해야 한다는 주장)이나 오스트리아 경제학파, 마르크스주의를 비주류로 분류하는 것과 같이 경기 주기론도 주류 경제학에서 설명하기 힘든 부분을 좀 더 유연하게 설명하기 위한 이론이다.

주류에서의 순환은 균형 상태에 도달한 경제가 충격 때문에 비균형 상태로 변화했다가 다시 균형 상태로 회귀하는 과정을 의미한다. 즉, 주류 경제에서는 호경기와 불경기가 굳이 반복적으로 나타날 필요가 없다. '경기 순환이 일정한 주기성Periodicity을 가지는가?'라는 질문에 대한 주류 경제학의 답변은 'No'에 가깝다. 하지만 투자의 세계는 다르다. 10년마다 위기가 온다는 경험적 공감대도 그렇고, 실제 더 흥미로운 부분은 많은 시장 참여자들이 하강 사이클과 상승 사이클에 대한 논란을 벌이지만 주장의 논거는 주류 경제학에 더 가깝다는 점이다.

일례로 우리가 현재 주장하는 경기의 상승 사이클은 콘드라티예프 사이클이나 베리 사이클에 가깝다. 하지만 2020년 4월 이후 시장의 상승을 지지하는 근거는 코로나19 사태라는 일시적인 외부 충격에 의해 깨진 균형 상태가 결국은 정부 정책과 유동성을 통해 정상 상태로 돌아갈 것이라는 기대다. 여기에 우리에게 친숙한 개념인 '결국 주가는 장기 우상향한다'는 주장이 더해진다. 이는 주류 경제학에서 주장하는 '장기 성장하는 경제'와 '외부 충격에 의한 일시적 이탈과 정상 회귀의 과정'과 유사하다. 결론적으로 논리를 정당화하려고 사이클과 주류 경제학을 차용할 뿐이지 우리는 명확하게 고정된 이론을 중심으로 시장을 판단하지는 않는다.

이런 분석이 나쁘다는 의미는 아니다. 다만 경제 사이클을 논하는 과정에서 혹은 이를 반론하는 과정에서 고정된 이론을 굳이 고집할 필요는 없다는 것이다. 현 상황에 적용 가능한 개념을 사용하는 수준에서 사이클에 대한 분석을 제한할 필요가 있다. 사이클을 이용해 10년 후 혹은 20년 후를 앞서는 판단은 미래학자의 영역이지 경제학이나 금융학의 영역에서는 벗어난다. 특히 투자의 관점에서 콘드라티예프 사이클과 같이 50~60년으로 주기가 변화하는 논리를 말하기는 어렵다. 학자에게 평균 60년이라는 수치는 유용할지 모르지만 투자자에게 10년을 넘어서는 차이는 결국 평생 들고 가는 연금을 사라는 말과도 같기 때문이다. '상당히 장기'라는 얘기는 '상당히 쓸모없다'는 말과 다름없다.

물론 예측의 수단으로 경기 사이클 이론은 쓸모가 있다. 예를 들어 기업의 설비투자를 기반으로 한 10년 사이클인 쥐글라 파동 Juglar's waves은 기업의 행태나 변화를 설명하는 데 유용하다. 익히 알고 있듯이 시장에서 수요가 늘면 당연히 공급은 상승한다. 공급이라는 것이 시장의 수요와 정확히 일치할 수는 없기 때문에 기업의 생산 활동은 언제나 초과 공급과 공급 부족의 상태를 반복할 수밖에 없다. 이를 통해 가격이 형성되고 기업 이익은 사이클을 만들어 낸다. 이러한 논리는 10년이라는 주기를 떠나서 기업의 초과 생산과 이의 해소 과정을 분석함으로써 앞으로 어떤 식의 그림이 펼쳐질지 예상하는 데 도움이 될 수 있다.

경제 사이클을 설명할 때 가장 최근의 사이클 하락 구간은 2008년으로 가정한다. 일반적으로 우리가 대공황이라고 부르는 사태는 모든 사이클이 동일하게 하락 구간을 그리는 순간에 발생한다. 즉 키친 사이클Kitchin cycle(40개월 주기의 단기 사이클), 쥐글라 사이클, 쿠즈네츠 사이클Kuznets cycle(15~20년 주기의 사이클), 그리고 베리 사이클과 콘드라티예프 사이클이 동일하게 하락 구간을 보이는 순간이 대공황의 순간이다. 우리가 가장 최근에 경험한 대공황이 2008년을 기점으로 하기 때문에 모든 사이클의 시작점을 2008년으로 잡는 것이 시기를 확정 짓기에 가장 편하다.

사이클에 있어서 현재 상황은 미래에 보면 굉장히 중요한 해가 될 수 있다. 콘드라티예프 사이클로 봤을 때 2020년은 2008년에서 12년이 지난 '상승 사이클로의 전환점'으로 판단된다는 것도 그렇지만, 더 중요한 것은 생산성 변화로 야기된 사이클 확장 구간이라는 점이다. 1760년에서 1830년 사이 산업혁명이 일어나면서 변화한 경제, 19세기 후반에서 20세기 초반에 나타난 전기와 자동차라는 신기술은 산업에 큰 영향을 미쳤다. 공교롭게도 콘드라티예프 사이클의 큰 침체 구간은 각각 1873년~1876년, 1929년~1932년에 나타났다. 첫 번째 사이클에서는 미국과 독일이 가장 먼저 성장 사이클로 돌아섰고, 두 번째 사이클에서는 미국과 유럽에 일본이 추가됐다.

현재를 보자. 1990년 이후 급격히 진전된 개인용 컴퓨터의 보급과 스마트폰 등 자동화된 제어기기의 확산은 분명히 경제의 황금기를 이끌어냈다. 1873년이나 1929년과 유사하게도, 신기술의 적극적인 도입으로 인한 성장 이후 2008년 대침체 구간이 출현했다. 앞선 두 구간에서 성장 사이클로 전환하는 데 각각 24년 (1897년)과 10년(1939년)이 걸렸다. 시기상으로 봤을 때 2008년 금

30년 사이클의 혁신 주기

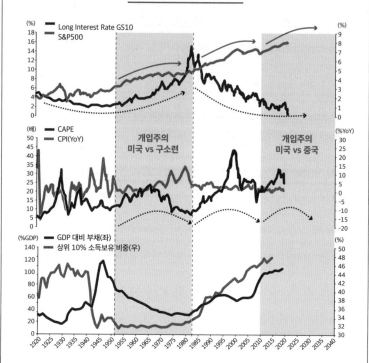

자료: BEA, 이베스트투자증권 리서치센터

융위기 이후 12년이 지난 2020년은 분명히 성장으로의 전환을 얘기할 수 있는 구간이다. 과거 미국과 유럽에 이어 일본이 성장 사이클에 합류한 것처럼 이번에는 중국이 추가되는 모습이 나타나고 있다. 우리는 코로나19 사태 이전 이미 아마존이나 핀테크 기업들을 통해서 비용 절감의 가능성을 경험했고, 지금도 경험하고 있다.

시기와 상황은 초장기 사이클과 절묘하게 맞아 들어가고 있고, 그린뉴딜이나 BBIG(바이오, 배터리, 인터넷, 게임)과 같이 신기술과 관련된 투자도 이제는 우리에게 익숙한 개념이 되었다. 테슬라로 대표되는 전기자동차나 무인자동차 기술, 넷플릭스와 카카오뱅크로 대표되는 4차산업이라는 단어가 이제는 허황된 얘기가 아니라는 공감대가 형성돼 있다. 하지만 이러한 신기술이 직접적인 생산성 향상 효과로 나타나는 정확한 시기는 불명확하다. 기술의 적용이 당장 2021년에 이루어질 수도 있지만 5년 후에나 경제에 유용한 변화를 가져올 수도 있다.

패러다임을 바꾸는 신기술은 GDP에 커다란 변화를 가져오는 것은 맞지만 단기간에 급격한 변화를 가져오지는 않는다. 이는 마치 지속적으로 제기돼온 환경 문제나 고령화와 같은 개념이다. 분명히 중요하고 변화를 만드는 개념이지만, 이를 단기적인 투자 아이디어에 적용하기에는 적절한 시기를 잡기가 막연하다. 따라서 장기 사이클에 대한 논쟁보다는 단기적인 사이클에 좀 더 주목할 필요가 있다. 장기 사이클이 모든 것의 기본이 되는 개념이지만, 당장의 투자를 결정짓는 요인은 아니기 때문이다.

좀 더 짧은 사이클로 보자면, 25년에서 35년을 주기로 한 '베리 사이클'이 투자에 적용하기는 더 용이하다. 또 베리 사이클은 현재 상황에서도 흥미로운 정보를 제공해준다. 우리가 최근 가장 많이 듣는 단어 중 하나가 유동성이라는 점, 그리고 대부분의 투자자가 연준의 목소리에 주의를 집중하고 있다는 점에서 화폐 순환을 통한 인플레이션 변화를 설명한 베리 사이클이 주는 의미는 크다.

연준은 자산을 급격히 늘리면서 실질적으로는 MMT를 용인하는 모습을 보이고 있다. 공개시장조작 방식이 지급준비금에서 이자율(IOER, O/N RRP)로 변화하는 모습을 보이는 화폐사의 큰 전환점이 이미 발생했다. AIT(평균물가목표제)를 공식적으로 언급하면서 연준이 '인플레이션 파이터'에서 '디플레이션 파이터'로 전환되었다는 점도 생각보다 중요한 변화다.

이런 의미에서 지난 2011년에서 2020년까지의 기간은 쥐글라 파동에서 글로벌 금융위기 이후 새롭게 시작되는 첫 사이클임과 동시에(유로존 재정위기가 있었지만, 경기는 2015년~2018년 기대감을 높이며 고점을 형성), 하단에서 상승으로 전환하는 베리 사이클의 전반부일 수 있다. 이 사이클이 맞다면 2021년부터 2031년까지의 기간은 베리 사이클의 중반기로 상승 추세의 본격화가 나타나는 구간으로 판단할 수도 있다.

좀 더 짧게 접근하면 쿠즈네츠 사이클을 고려할 수 있다. 쿠즈네츠는 부동산 가격의 변동을 중심으로 경기의 순환을 설명한다. 이 순환에서 살펴보면 미국의 주택 가격은 1945년, 1969년, 1979년 고점을 기록했다. 1991년 주택 가격 바닥에서 쿠즈네츠 사이클을 적용하면 이후 바닥은 2009년에서 2010년에 나타나게 된다. 실제로 미국 주택 가격은 2007년 이후 급격한 하락 추세를 보였다. 과거 사이클보다 급격한 하락을 보인 이유는 나머지 사이클들의 하락 구간이 일치하는 대공황이 발생했기 때문으로 판단하고 있다. 2010년이 바닥이라면 이후 주택 가격의 바닥은 2020년이 되고, 2030년까지 주택 가격은 상승 흐름을 보이게 된다.

또 하나 고려해야 할 사이클은 마르크스가 제시한 13년 주기의 이윤 사이클이다. 이윤율은 잉여가치를 불변자본과 가변자본의 합으로 나눈 값이다. 잉여가치는 노동자 투입이 생산비를 초과해 발생한 이윤을 말하며 자본가의 이익을 의미한다. 불변자본은 생산수단의 가치를, 가변자본은 고용된 노동력의 가치를 의미한다.

시간이 흐르면서 자본 투자는 증가하게 되고 노동이 전체 자본에서 차지하는 비율은 지속적으로 감소하게 된다. 노동력을 투입하는 것보다 결국 자본의 투입을 통해서 생산성을 높이는 방향으로 대부분의 투자가 진행되는 모습이 나타난다. 하지만 자본투자를 통한 생산성 향상은 기술력의 제약에 의해 한계가 존재하기 때문에 결론적으로 완전히 새로운 기술이 나타나지 않는다면 결국 노동 투입에 대한 자본가의 이익은 지속적으로 감소하는 사이클이 발생한다.

이는 앞서 언급했던 신기술로 인한 장기 사이클과도 유사하게 설명된다. 물론 마르크스주의에 의하면 이런 문제 때문에 결국 자본주의는 붕괴하지만 재밌는 것은 산업혁명과 자동차와 전기의 개발, 컴퓨터 혁명 등을 통해 자본주의는 항상 새로운 상승 사이클에 올라탔다는 점이다. 신기술이라는 개념에서 한 가지 더 설명하고 싶은 개념은 슘페터의 혁신 사이클이다. 혁신 사이클은 과학적 발견을 통해서 자본주의 생산의 새로운 기술이 발전 또는 성장한다고 설명한다. 우리가 익히 알고 있는 사이클, 기술의 개발-성숙-쇠퇴-소멸의 단계가 이에 해당하는데 포드주의 산업 모델과 첨단 기술(컴퓨터, 인터넷 통신) 등이 이러한 사이클의 범주에 포함된다.

혁신 사이클은 기본적으로 콘드라티예프 파동과 일치하는 흐름을 보이고, 순환의 각 단계는 마르크스의 이윤율 사이클과 대응된다. 즉 콘드라티예프의 봄-여름-가을-겨울은 혁신 사이클의 개발-성숙-쇠퇴-소멸과 대응되고, 이윤율 측면에서 각각의 단계는 이윤율 상승-하락-상승-하락의 과정을 거친다. 앞서 새로운 사이클의 진입 시점을 2008년으로 통일했다. 2008년을 기준으로 60년 사이클을 나누어 보면 2024년까지 우리는 콘드라티예프 사이클의 봄, 혁신 사이클의 기술 개발, 이윤율 사이클의 상승 사이클을 경험하게 된다. 기간의 차이를 명확히 규정하기는 어렵지만, 현재 시점은 4차산업의 태동과 이로 인한 이윤율 상승의 클라이맥스에 도달해 있다는 가정이 가능하다.

사실 동일하게 사이클이라는 이름이 붙어 있지만, 모든 사이클이 동일한 기간이나 원인을 바탕으로 나타나는 것은 아니다. 예를 들어 쿠즈네츠 사이클은 약 18년을 주기로 하는 부동산을 기반으로 분석하고 있다. 따라서 기업의 이윤보다는 소비자의 소비 사이클을 보여주는 데에 더 가깝다. 소비자의 수요는 우리가 잘 아는 소비의 선순환 측면에서 '소비 확대 → 투자 확대 → 임금 및 고용 확대 → 소비 확대'라는 개념을 적용할 수 있지만, 엄밀히 말하면 기업 이윤의 원인은 될 수 있어도 기업 이윤 사이클이라고 부르기는 어렵다.

실제로 미국의 이윤 순환은 1982년 바닥에서 1997년 고점을 형성했고, 주식 사이클도 1982년 바닥에서 2000년 고점을 형성했다. 미국 부동산은 이와 달리 1991년 바닥을 기록하고, 2005년 고점을 형성했다. 오히려 수요 하락이라는 측면에서 쿠즈네츠 사이클의 고점을 이윤과 주식 사이클의 본격적인 하락 신호로 받아들이는 것이 논리적이다. 앞서 언급했듯이 쿠즈네스 사이클의 고점 구간인 1979년에서 3년 후 이윤이 바닥을 형성하는 모습을 보였고, 우리가 알고 있듯이 주택 가격은 고점인 2005년에서 2년 후인 2007년에 하락을 보였다.

사실 평균 2년의 사이클을 사이클로 분석하는 게 큰 의미를 가질 수 있는지에 대해선 의문이다. 키친 사이클은 평균 40개월을 주기로 하는데, 쥐글라 사이클이 주 순환이라면 키친 사이클은 쥐글라 사이클을 이루는 소순환 사이클로 보는 경향이 강하다. 일반적으로 쥐글라 사이클이 설비투자의 변화를 중심으로 움직인다면 키친 사이클은 시장의 예상과 현실의 매출 불일치를 통한 재고 투자 사이클이다. 쥐글라 사이클이 시장 예상에 대한 쏠림 때문에 과잉 생산과 생산 부족을 반복하는 사이클이라면, 키친 사이클은 과잉 재고와 재고 부족을 되풀이하는 사이클로 의미가 있다. 쥐글라 사이클이 보다 경제적인 혹은 투자적 범용성을 가지는 이유는 사이클의 내부에 단순히 자본가의 이윤만이 아니라 비생산 부문과 정부 부문도 포함한 국가 전체의 경제 순환을 다루고 있기 때문이다. 이러한 순환에 대해서도 2008년 이후 10년의 기간으로 계산한다면 2019년이 새로운 순환점이 된다.

투자 전문가인 라스 트비드Lars Tvede는 『비즈니스 사이클』에서

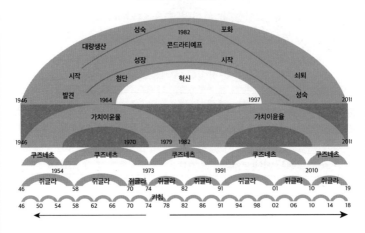

경기 사이클과 주기

자료: 마이클 로버츠, 『장기불황』, 이베스트투자증권 리서치센터

사이클을 이루는 7개의 동인을 다음과 같이 나누고 설명한다. 사이클의 시작을 만드는 것은 '통화 가속자'다. 실질이자율이 자연이자율보다 낮거나 통화 공급이 평균 이상이라면 낙관론과 자산가치 상승으로 화폐 유통 속도의 가속을 만들어낸다. '재고 가속자'는 판매가 증가하면서 기업의 재고가 감소하는 현상을 나타낸다. '자본지출 가속자'는 확장이 진행되는 과정에서 나타나는 병목 현상으로 인해 생산시설에 대한 투자를 증가시킨다. '담보 가속자'는 자산 가격의 상승으로 인해 높아진 담보가치가 대출을 증가시키는 데 작용한다. '감정 가속자'는 상승하는 자산 가격이 투자자의 상상력을 자극해 모멘텀 투자와 버블을 만들어낸다. 이러한 상승 구간 이후에 노동, 물리적 자원, 신용은 병목 현상을 보이게 되고 민간의 소비 증가가 불가능해지면서 신규 비즈니스의 수익이 감소한다('피

로 현상' 단계). 우리가 2008년 경험한 글로벌 금융위기는 여기에서 한 단계 더 나아가 경제수축이 디플레이션이나 유동성 함정으로 이어지는 '신용 경색'의 단계다.

코로나19는 여기서 언급된 7가지 단계를 상당히 복잡하게 만드는 이슈였다. 첫 단계의 통화 가속 단계는 명확하다. 중앙은행은 어마어마한 돈을 풀었고, 이제 유동성이라는 단어는 누구나 언급하는 단어가 됐다. 판매의 증가 역시 제한적인 범위에서 이루어졌다. 미국을 기준으로 본다면 서비스 매출은 아직 회복되지 못했지만, 내구재 소비는 이미 코로나19 이전 수준으로 회복돼 있다. 글로벌 최대 원자재 소비국인 중국의 정상화가 원자재 소비에 대한 기대를 촉발시켰고, 코로나19로 인해 재고를 적극적으로 확충하지 않았던 기업들은 재고를 늘려야 하는 상황에 직면하고 있다. 여기까지는 평범한 상승 사이클의 단계를 착실히 밟고 있는 것으로 보인다. 하지만 대부분의 매출 상승은 미래의 것을 끌어온 것으로, 실질적인 자본 투자의 증가보다는 자산 가격의 상승에 따른 시장의 기대감 상승이 큰 요인으로 작용하고 있다.

현재의 상승이 버블인지, 아니면 펀더멘털적인 상승인지는 지금 알 수 있는 것이 아니다. 코로나19 이후 소비 정상화와 기업 설비가동률의 정상화에 따른 실물의 초과 혹은 부족은 아직까지 불분명한 부분이 있다. 대부분의 문제가 우리들의 머릿속에서 기대감에 따라 진행된 것이지 확인한 현상이 아니라는 데 복잡성의 원인이 있다.

더욱이 자산 가격의 상승에도 불구하고 이를 통한 대출 확대에도 제약 요인이 있다. 우리는 2020년 연간 전망을 작성하는 과정에서 시장에서 컨센서스로 자리 잡은 하락 사이클 진입 논리를 깨는 데 많은 노력을 기울였다. 2019년 말에 쓰인 국내외의 많은 자료에서 부채 확대로 인한 경기의 하락 사이클을 주장하는 다양한 논거들을 찾아볼 수 있다. 문제는 당시 문제가 됐던 대출이 단 1%도 줄어들지 않았다는 점이다. 대출은 증가하고 GDP는 감소한 상황에서 시장은 '상승의 시작점 혹은 새로운 세상이 왔다'고 환호하고 있다. 이 말은 상당히 역설적인 의미를 내포하고 있다. 보기에는 멋져도 절대로 멋지지 않은 신세계의 모습을 고민할 필요가 있다.

　　물론 2019년부터 지속적으로 고민해오던 버블과 시장의 성장에 대한 기존의 관점을 굳이 바꿀 이유는 없어 보인다. 장기적인 관점에서 혹은 사이클상에서 세계 경제는 콘드라티예프 사이클 혹은 슘페터의 혁신 사이클에서 상승 구간에 들어섰다는 점에 동의한다. 하지만 우리는 2009년에서 2020년에 이르는 동안 굉장히 많은 상승과 하락을 경험해왔다. 차트로 그리면 단순해 보이는 상승과 하락의 사이클 안에는 상당히 짧은 기간의 상승과 하락의 사이클이 내포되어 있다. 예를 들어 콘드라티예프 사이클은 두 번의 주기를 가지는 베리 사이클을 내포한다. 베리 사이클은 쿠즈네츠 사이클을 두 번 정도 겪는 기간이고, 3번의 쥐글라 사이클과 9번의 키친 사이클을 겪어야지 확인할 수 있는 사이클이다. 15년을 목표로 보면서 수익률은 상관없다는 사람을 굳이 말릴 생각은 없다. 경제 사이클은 하락보다 상승의 가능성이 높아져 있고, 15년 이후는 현재보다 높은 수준의 상승이 나타날 것이다. 하지만 단기적인 관점에서 경기와 주식을 바라본다면 분명히 상승하는 큰 흐름 속에서 진폭이 큰 작은 사이클들이 존재함을 인지할 필요가 있다.

2021년 초반까지는 분명히 기대감이 시장을 지배하는 화두가 될 것이다. 하지만 우리가 기대한 만큼 시장의 수요가 상승하고, 이에 대해 기업들이 자본 투자의 필요성을 느낄 정도로 재고 부족 혹은 설비 부족을 느낄 것인지의 여부는 확인해야 할 필요가 있다. 이 때문에 상승할 통화 유통 속도도 아직까지 단정하기는 어렵고, 높아진 부채 상황에서 추가적인 대출이 급격히 상승하며 시장에 자금이 유입될지도 단정하기 어렵다.

하워드 막스는 "가장 중요한 것은 사이클에 귀 기울이는 것"이라고 말한다. 하워드 막스가 말한 사이클 분석의 중요한 논리는 시장에서 일어나는 대부분의 사건은 인과관계를 통해 연결되어 있으며 이러한 관계를 통해서 유사한 방향성이 나타나게 된다는 것이다. 이는 마크 트웨인이 말한 "역사는 그대로 반복되지 않지만, 그 흐름은 반복된다"는 말과도 일맥상통한다.

경제 혹은 금융시장은 동일한 행태를 반복하고 이를 통해서 사이클을 만들어낸다. 대부분의 경우 버블 혹은 위기는 관대한 금융시장과 과도한 낙관주의를 통해서 만들어진다. 하워드 막스와 함께 오크트리 캐피털 매니지먼트를 설립한 셸던 스톤 Sheldon stone 이 말한 것과 같이 "풍선의 공기는 들어갈 때보다 빠질 때의 속도가 훨씬 더 빠르다." 진정한 사이클의 상승 구간이 발생한다면 그때부터 투자해도 평균적으로 4.5년의 상승 사이클을 누릴 수 있다. 지금 당장이 아니면 기회가 없을 것이라는 조급함은 조금 자제할 필요가 있지 않을까?

고립주의의 경로에서 바이든 정부는?

김동환 윤지호 센터장님이 '사이클'이라는 좋은 화두를 던지신 것 같습니다. 그런데 저는 '고립주의, 분절화, 탈세계화의 조류가 공고히 될 것'이라는 부분에서 조금 다르게 생각합니다. 저는 바이든 임기 중에 변화가 있을 거라고 봐요.

4년 전에도 트럼프가 미국의 제45대 대통령이 되기는 어려운 상황이었습니다만, 세계화의 피해지역과 피해의식을 가진 계층을 자극적으로 공략해 의외의 승리를 했죠. 역사적 필연이라기보다는 트럼프 캠프 전략의 승리이자 힐러리 클린턴을 비롯한 민주당의 방심의 결과물이라고 봤어요. 그런데 2020년 11월의 선거는 달랐습니다. 한껏 고양된 트럼프의 대중성에 경제성장, 주가와 주택시장의 상승세 그리고 현직 대통령 프리미엄까지, 2020년 초만 해도 트럼프의 재선을 누구도 의심하지 않았습니다. 이런 상황에서 코로나

19가 터진 겁니다. 사실 트럼프의 입장에서 코로나19는 큰 호재였거든요. 고립주의를 표방하는 트럼프에게 글로벌 팬데믹 상황은 그의 정책을 정당화할 수 있는 매우 좋은 환경이었습니다. 기억하십니까? 트럼프가 코로나19 초기에 했던 대유럽 국경 봉쇄 말입니다.

미국이 유럽을 상대로 국경을 봉쇄한다는 것은 한국이나 중국을 상대로 국경을 봉쇄하는 개념과 많이 달라요. 사실 우리 생각으로는 유럽과 미국이 대서양을 사이에 둔 다른 대륙이지만 미국 사람과 영국 사람 혹은 프랑스 사람은 그렇게 생각하지 않죠. 대서양이라는 큰 바다를 건너야 하지만 유럽, 특히 서유럽과 미국의 동부는 사실 경제적으로 매우 밀접하게 연결되어 있는 데다가 정서적인 유대도 특별한 사이라고 봐야 합니다. 트럼프가 이걸 전면적으로, 그것도 일시에 닫아버린 거죠. 어찌 보면 코로나19가 트럼프의 극단적 고립주의의 실험장을 만들었다고 할까요?

트럼프 정부 탄생의 배경에 반세계화가 있고, 이는 고립주의를 지향하죠. 멕시코 국경에 장벽을 세울 거라고 했을 때 우리는 반신반의했습니다. 그런데 실제로 장벽을 세웠고, 나아가 그 비용을 멕시코에서 내라고 했습니다. 제임스 먼로James Monroe(미국 제5대 대통령) 시절의 고립주의와는 또 다른 고립주의죠. 미국의 경제적 우선주의가 제1의 어젠다인 완전한 고립주의를 지향했고, 글로벌 팬데믹은 그러한 트럼프의 정책에 힘을 더하는 상황을 만들었습니다.

코로나19만 잘 관리했다면 트럼프의 재선은 따 놓은 당상이었을 겁니다. 대유럽 국경 봉쇄와 동시에 미국 내부의 단호한 봉쇄와 철저한 방역 그리고 마스크 착용의 솔선수범이 있었다면 지금과 같은 피해는 없었을 겁니다. 트럼프는 고립주의자답게 코로나19의 원인을 외부로 돌리고, 내부에는 포퓰리스트의 자세를 견지함으로써 대내외적으로 불일치한 코로나 대책으로 일관했습니다. 패착이었죠. 코로나19가 확산되면 사실 가장 피해를 보는 계층이 4년 전 선거에서 몰표를 줘 러스트 벨트Rust belt(미국 북동부 5대호 주변의 쇠락한 공장지대)에서의 승리를 가져다주었던 바로 그 계층이라는 걸 간과했습니다. 흑인 표가 바이든 쪽으로 결집하는 거야 어쩔 수 없다 하더라도 기존 지지자 중에서도 상당한 이탈 표가 나왔습니다. 4년 전 트럼프에게 승리를 안겼던 미시간, 펜실베이니아, 위스콘신이 바이든으로 넘어간 이유입니다. 코로나19로 인한 경기 침체는 친트럼프 성향의 전통 산업 노동자들에게는 직격탄을 준 반면 민주당 성향의 IT를 기반으로 한 비대면 서비스업 종사자들은 오히려 호황을 누리는 상반된 결과를 가져왔습니다.

결국 지난 46대 대선의 결과는 코로나19 관리 실패에 대한 국민적 심판의 성격과 함께 트럼프가 외쳤던 경제적 고립주의가 과연 효과적이냐 하는 회의론이 작동한 것이라고 봅니다. 중국을 비롯한 신흥국의 소비재를 과연 '메이드 인 USA'로 막아낼 수 있을 것인가 하는 회의죠. 가능할까요? 관세를 높인다고 1인당 국민소득 6만 달러인 미국이 만드는 제품과 1만 달러인 중국이 만드는 제품이 경쟁이 될까요? 그뿐만 아니라 지난 3년간의 미중 무역 협상을 통해 중국에 징벌적 관세를 부과한들 그 부담은 결국 미국 소비자들에게 전가될 것이라는 걸 확인하지 않았습니까? 경제적 의미의 고립주의는 선거에는 매우 효과적인 전략이지만, 궁극적으로 미국의 기업과 가계에는 도움이 되지 않는 정책이라는 판단을 했을 겁니다.

저는 사실 1차 후보자 토론 후에 바이든이 될 것을 확신했어요. 트럼프 자신이 확진자가 되는 순간 승부는 끝났다고 본 겁니다. 막판 트럼프 특유의 선거 유세가 지지층의 결집으로 나타났지만, 하루 20만 명에 육박하는 확진자에 30만 명 가까운 미국인이 이 전염병으로 죽었습니다. 생명이 걸린 현실적인 문제에 대한 트럼프 정부의 무능한 대응이 그간 트럼프가 제시한 많은 정책의 허구성을 부각시켰고, 그가 이뤘다는 경제적 번영도 과연 누구의 번영인가에 대한 회의가 들었을 겁니다.

부자가 훨씬 부자가 되고 가난한 사람은 여전히 구조적 빈곤에 처하게 된 미국의 현실이 코로나19를 겪으며 더 확실히 인식되었습니다. 그래서 저는 바이든 정부의 정책, 특히 경제 정책은 트럼프 시대와 매우 다른 방향으로 갈 것이라고 봅니다. 많은 사람이 대외 경제 정책, 특히 대중국 관계에서 '중국 때리기는 계속될 것이다, 큰 흐름에서 바이든 대통령도 트럼프 대통령의 중국 압박을 계속할 것'이라고 합니다. 미중 관계를 패권 전쟁으로 보는 시각이죠. 일리가 있습니다.

다만 중국을 견제하고 미국의 국익을 챙기는 경로와 방법이 그전과는 다를 겁니다. 다시 세계화로의 복귀가 시도될 것입니다.

2020년 대선에서 미국은 트럼프가 아니라 바이든을 선택했다. 세계 경제의 질서는 앞으로 어떻게 달라질까?

반세계화에 기반을 둔 고립주의가 궁극적으로 미국의 장기적 번영에 도움이 되지 않고, 오히려 중국의 패권을 강화할 것이라는 반성을 정책적으로 구현할 것이라고 봐요. 미국 내부의 정치공학적인 판단 또한 모든 정책에서의 '트럼프 지우기'를 자극하게 될 것입니다.

미국의 독특한 선거인단의 승자독식 구조가 4년 전 트럼프의 승리를 가져왔다면, 지난해 선거는 민주당으로 하여금 장기 집권의 가능성을 보게 한 선거였습니다. 전통적으로 공화당 표밭으로 분류되던 조지아와 애리조나가 바이든 지지로 돌아선 것과 더불어 캘리포니아를 제외하면 가장 많은 선거인단을 가진 텍사스에서 박빙의 선전을 했습니다. 코로나19에 대한 심판론도 기여했겠지만, 텍사스의 유권자 구성이 변화하고 있다는 데 주목할 필요가 있습니다. 정유 산업을 비롯한 전통 산업 종사자 비중이 줄어들고 뉴욕이나 캘리포니아에서 이주한, IT를 비롯한 새로운 비즈니스에 종사하는 유권자가 크게 늘고 있습니다. 상대적으로 유리한 세금제도가 낳은 결과죠. 만약 이러한 추세가 강화되어 텍사스가 민주당 지지로 넘어온다면 향후 미국 대선은 민주당에 매우 유리해질 겁니다. 그럼 비단 이러한 변화가 텍사스에서만 발생할까요? 미국 산업 구조가 IT 위주로 변화하면 할수록 고용의 구조가 변화합니다.

지난해 아마존은 40만 명 이상을 고용했습니다. 물론 대부분의 고용은 아마존이 하는 물류와 유통에서 발생합니다. 우리가 상상하는 IT 엔지니어들은 소수에 불과합니다. 그러나 그 많은 사람이 아마존 로고가 새겨진 셔츠를 입고 일하며 '나도 세계 최대의 온라인 쇼핑업체에서 일한다'는 유대감을 가질 겁니다. 적어도 세계화의 피해자가 아닌 수혜자라는 생각을 할 가능성이 많겠지요. 왜냐하면 이미 아마존은 미국의 아마존이 아니라 세계의 아마존이 되었으니까 말입니다.

결국 러스트 밸트의 백인 블루칼라를 자극해서는 장기 집권을 할 수 없다는 걸 인식했을 겁니다. 이러한 변화 속에서 민주당과 바이든 대통령은 트럼프의 정치적 재기를 막으려고 할 겁니다. 현재 미국 정치인 중 가장 선호도가 높은 게 트럼프죠. 그만큼 대중적 인기가 있습니다. 트럼프도 부정선거를 주장하며 대내외 정책에 존재감을 유지하려고 한 건 불복 투쟁이 성공할 수 있다는 기대라기보다는 공화당 내에서 본인의 리더십을 강화하면서 대중적 인기를 최대한 연장시키려는 시도입니다.

개인적으로 트럼프의 정치적 재기, 즉 다음 선거에 나와서 승리하는 시나리오에 동의하지 않습니다만 다음 공화당 후보 역시 현재의 판세를 뒤집으려면 트럼프가 걸어온 포퓰리즘의 형태로 나올 가능성이 클 겁니다. 이미 트럼프 연간에 미국은 극도로 분열되었습니다. 이 분열은 트럼프에겐 정치적 자산이며 기득권이죠. 이걸 포기할 정치인이 나올까요? 민주당과 바이든의 입장에선 당연히 트럼프를 미국 정치에서 지우려고 할 겁니다. 트럼프는 미국 정치사에 있어서는 안 될 이단아였다는 걸 각인시키려고 하겠죠.

트럼프의 경제정책을 폐기하거나 반대의 정책을 펼 것입니다. 트럼프가 집권하자마자 오바마의 거의 모든 정책을 뒤엎어버린 것과 동일한 맥락에서 이해할 수 있죠. 당시 트럼프 입장에서는 지금까지의 기성 정치권의 정책은 허구라는 걸 보여주고 싶었을 겁니다. 그래야 아웃사이더인 자신의 집권이 정당화되니까요. 이는 사실 민주, 공화의 주류 정치권 모두에게 해당됩니다. 2020년 연말에는 트럼프 대통령이 민주당과 공화당이 합의한 600달러의 긴급지원금에 반대하며 서명을 거부했죠? 오히려 2000달러를 주자고 주장해 공화당 주류를 곤혹스럽게 했잖습니까? 포퓰리스트의 진면목을 보여준 거죠.

트럼프의 주요 정책이 뭐였나요? 파리기후변화연합 탈퇴, 환태평양경제동반자협정(TPP) 탈퇴, 북미자유무역협정(NAFTA) 변경, 예루살렘 승인과 대북 협상까지 오바마 시대와 완전한 단절을 시도

했습니다. **오바마 케어**°도 대표적인 거고요. 정치적 기반이 없는 트럼프가 들어와서 그걸 다 지운 건데, 그가 4년 만에 나가게 된 상황에서 미국 주류 정치와 언론이 가만히 있을까요? 거의 적폐로 몰 가능성이 많아요. 청산 작업을 할 겁니다. 바이든 행정부의 정책은 트럼프 지우기로 일관될 것입니다.

오바마 케어 오바마 대통령이 주도한 미국의 의료보험 시스템 개혁 법안으로 전 국민의 건강보험 가입을 의무화하는 내용을 골자로 한다. 2014년 1월부터 시행됐는데, 트럼프가 취임 직후부터 오바마케어를 무효화한다는 소송을 제기해 대법원 심의 중에 있다.

긴 안목에서 반세계화, 고립주의가 다시 등장할지 모르겠지만, 적어도 바이든 연간 첫 4년 동안, 특히 2021년은 최악의 경제적 위기에서 탈출하기 위해서라도 트럼프의 고립주의는 폐기될 것이라고 봅니다. 반세계화에서 세계화로의 복귀가 시도될 것이고요. 적어도 경제적으로는 세계화로의 복귀가 바이든 행정부 집권의 근거이고, 미국의 미래라고 주장할 것입니다.

물론 중국을 계속 압박할 겁니다. 그러나 미국이 무역 장벽을 세우는 게 아니라 오히려 중국의 장벽을 허물라고 할 겁니다. 미국의 핵심 경쟁력인 금융시장과 인터넷 시장의 완전한 개방을 요구할 겁니다. 동시에 중국 내의 민감한 이슈, 예를 들어 신장 위구르의 인권 문제나 홍콩과 대만의 지위 문제, 환경과 기업지배구조에 대한 이슈를 제기함으로써 미국의 금융자본이 활동할 자유로운 터전을 만들고, 미국이 글로벌 표준을 만들고 있는 인터넷 플랫폼의 중국 내 침투를 시도할 것입니다. 미중 관계는 새로운 프레임으로 접근해야 합니다. 우리의 투자도 전혀 새로운 관점에서 접근해야 하고요. 이 얘기는 차차 더 하기로 하죠.

경제와 시장을 지배하는 기술혁신 사이클

김한진 두 분 말씀을 듣고 보니 지금 진행되는 변화의 큰 물결은 '세계화 속에서의 반세계화'가 아닐까 싶네요. 각국은 지금 통합 속에서 고립되고 있습니다. 세계는 초연결 속에서 단절되고 있고, 동맹을 앞세우면서도 한편으로는 자국 우선주의가 판을 치고 있습니다. 상호주의를 외치면서 다른 한쪽에서는 일방주의가 나타나고 있죠. 자유무역 속에 보호무역주의, 규범과 절차를 중시하는 다자주의 속에 지역주의나 양자주의가 동시에 싹트고 있습니다.

이러한 혼돈과 모순은 세계가 과도기적 상황이기 때문에 그런 게 아닐까 생각합니다. 각국의 이해관계가 복잡해지면서 새로운 질서를 찾아가는 과정이겠죠. 인터넷과 이동의 자유화는 세계를 완전히 하나로 묶어줬고, 이러한 연결성은 소비와 문화의 통합을 가져왔습니다. 하지만 이러한 환경은 국가 간 대립과 갈등, 기업 간 무한 경쟁을 키우는 요인이 되었다고 봅니다.

지금 세계 질서는 새로운 도전을 받고 있습니다. 두 분 말씀처럼 트럼프의 집권도, 바이든의 당선도 이런 변화의 한 과정으로 보입니다. 코로나19는 글로벌 연결을 더 가속시키는 동시에 갈등도 더 키우고 있죠. 선진국과 신흥국, 기축통화국과 그렇지 않은 국가의 격차는 더 커지고 있습니다. 기술은 국가 간 위상을 더 벌리고 있습니다.

세상 사이클을 구분하고 설명하는 잣대야 한두 가지가 아니겠지만, 저는 이 시대에 '기술혁신'보다 더 명쾌한 기준은 없다고 봅니다. 윤 센터장님께서 기술혁신 사이클을 비롯해 경기 순환과 주기를 상세히 이야기해줬고, 김 소장님은 세계 질서의 변화와 바이든 당선을 연계해 말해줬는데요, 세상 변화를 '기술'이란 사이클의 관점에서 바라보는 건 중요하다고 생각합니다. 지난 200년간 각 산업혁명 시기마다 새로운 혁신 기업이 등장했고, 이들 기업은 그 이전의 전통 기업을 대체했습니다. 자동차가 마차를 대체하듯이요.

기술 사이클이 중요하다는 것은 새로운 얘기가 아닙니다. 1784년 증기기관 발명으로 시작된 1차 산업혁명부터 19~20세기 초 전기에너지 기반의 대량생산으로 집약되는 2차 산업혁명, 20세기 후반 컴퓨터와 인터넷 기반의 3차 산업혁명 모두 생산성의 놀라운 변화를 불러왔죠. 3차에서 4차 산업혁명으로 무게 중심이 이동하면서 생산과 투자, 분업과 교역 면에서 세상은 더 많은 변화를 겪고 있습니다. 또한 이는 노다지가 묻힌 신대륙을 서로 차지하려는 것과 같아 패권 경쟁으로 이어지고 있고, 국가 간 마찰을 야기하고 있으며, 국가 간 그리고 계층 간 불균형을 낳고 있습니다.

그리고 새로운 기술은 경기 사이클을 이끌죠. 기술혁신은 보다 높은 생산성과 낮은 금리를 만들어 금리 사이클에도 지대한 영향을 미칩니다. 이번 기술 사이클도 빠른 혁신과 융합을 특징으로 하고 있고, 그렇게 생태계를 변화시켜나갈 것입니다. 지금 이 새로운 산업혁명을 이끄는 국가는 미국이고, 많은 혁신기업들이 미국에

산업혁명의 과정과 특징

구분	핵심 기술	성장 산업	자동화와 연결성 특징	대표 기업
1차 산업혁명 (1784년~)	기계적 생산 증기기관	기계 (동력)	• 기계의 발명으로 인한 초기 자동화 • 다리, 항만 등을 통한 국가 내 연결성	
2차 산업혁명 (1870년~)	대량생산 전기에너지	제조업 (대량생산)	• 생산자동화와 표준화로 노동 부문 연결성 강화 • 대량생산 공급체인 확대	US스틸 포드, GM 다우케미칼
3차 산업혁명 (1969년~)	전자장치 고집적화	정보통신 자동화생산	• 향상된 계산 능력으로 정교한 자동화 • 사람-사람, 사람-자연, 사람-기계 간 연결성	AOL 인텔 마이크로소프트
4차 산업혁명 (현재진행)	인공지능(AI) 데이터 집약	AI적용융합 (혁신 성장)	• 인공지능이 적용된 극단적 자동화 • 국제적이고 즉각적인 초연결성	구글, 아마존, 애플, 삼성전자

자료: Davos Forum(2014.6)

있죠. 거대한 내수시장과 축적된 소프트파워, 연구개발 역량을 갖춘 국가가 기술 헤게모니를 쥐는 건 당연합니다. 그런데 아직 미국에는 못 미치지만 중국이 혁신 성장 조건을 빠르게 갖춰가고 있고, 일부 분야에서는 미국을 앞서고 있습니다. 미중 기술 분쟁은 예정된 일이며 앞으로 세계로 확산될 것으로 봅니다. 이 새로운 질서를 구축하는 일 역시 미국이 주도하지만 단순한 게임은 아닙니다. 트럼프처럼 구호나 쇼맨십만으로 푸는 데는 한계가 있다고 봅니다.

기술 사이클은 경기나 금융시장에 위기가 오면 더 단단해집니다. 저성장을 이길 수 있는 힘은 기술혁신밖에 없기 때문입니다. 앞으로도 경제학자들은 계속 경기 사이클을 다루겠죠. 하지만 정작 우리가 관심을 둬야 할 곳은 더욱 밋밋해지는 경기 사이클이 아니라 기술혁신이 야기하는 경제 구석구석의 실제적 변화라고 봅니다. 굳이 경기를 본다면 변별력이 약해지는 경제지표의 수치 변화보다는 기술 변화가 가져오는 이면의 소비나 투자의 변화에 주목해야 할 것입니다.

"이번만은 다르다?"

'이번만은 다르다(This time it's different).' 투자의 거장 존 템플턴John Templeton 경은 일찍이 이 말이 '세상에서 가장 값비싼 대가를 치를 말(The four most expensive words in the English language are, 'This time it's different')'이라고 했다. 역사가 매번 똑같이 반복되는 것은 아니지만 지금 겪는 일들이 과거 언젠가 경험했던 범주에서 크게 벗어나 있지는 않다는 뜻에서 한 말일 것이다.

자산시장은 언제나 복잡하게 돌아갔으며 결코 단순하지 않았다. 시장은 늘 예상 밖의 놀라운 일들로 가득 차 있었고, 얼핏 보면 처음 겪는 듯한 생소한 일들이 계속 일어나고 있지만 자세히 보면 예전에 다 겪었던 비슷한 일들의 연속이다. 경기 변동, 통화정책, 인플레와 디플레, 산업정책, 전쟁과 테러, 내전, 국가 간 분쟁, 선거와 각종 정치 이슈, 회계 부정, 주가의 거품과 붕괴, 고약한 금융위기와 깜짝 놀랄 만한 기술혁신까지 말이다.

코로나19 위기도 전혀 새로운 일은 아니다. 1918년 스페인 독감이 유행했을 때 전 인류의 3분의 1이 감염되고 1억 명이 사망한 것으로 추정되는데 당시에도 주가는 계속 올랐다. 2003년 중국과 홍콩을 중심으로 번진 사스SARS(중증 급성 호흡기 증후군)나 2005년 조류 독감도 당시엔 심각한 감염병이었지만, 지나고 보니 그 또한 스쳐 지나간 이벤트 중 하나였다.

물론 짧게 보면 모든 자산 가격은 늘 변동성이 컸고 다양한 레퍼토리로 부침을 겪었으며 투자자들은 혼란을 겪었다. 뉴스를 보면 다들 "이번엔 변동성이 큰 장세가 될 것 같다"라고 주장하지만, 단기 변동성은 자본시장의 평범한 속성 중 하나일 뿐이다. 약세론자들이 다 없어져야 강세장이 끝나고 강세론자들이 다 사라져야 약세장이 끝났던 것도 예나 지금이나 크게 다를 바 없다.

'이번만은 다르다'의 주제를 정책 관점에서 한번 살펴보자. 요즘 화두인 재정정책과 중앙은행의 유동성 공급은 과연 코로나19가 나은 이번만의 아주 특별한 사례일까? 그렇지 않다. 지난 100년간 위기 때마다 쏟아져 나온 재정투자로 선진국 전체 GDP 대비 일반 정부의 부채 비율은 2020년 현재 125%로 치솟아 있다. 이는 2차 세계대전 직후인 1946년과 비슷한 수준이며 근래 가장 낮았던 1974년의 29%와 비교하면 경악할 만한 수치다. 결국 지난 40~50년간 각국은 경제 규모 대비 많은 국가 부채를 거의 매년 쉬지 않고 늘려왔다는 얘기다. 지난 2008년 금융위기 이후부터는 신흥국 정부 부채도 덩달아 폭증하고 있다.

요즘 들어 재정과 통화정책의 각별한 밀월 관계가 자주 언급

선진국과 신흥국의 GDP 대비 정부 부채 비율

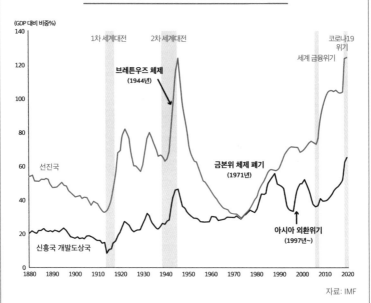

(GDP 대비 비중%)

1차 세계대전

2차 세계대전

코로나19 위기

세계 금융위기

브레튼우즈 체제
(1944년)

선진국

금본위 체제 폐기
(1971년)

신흥국 개발도상국

아시아 외환위기
(1997년~)

자료: IMF

되는데 이 또한 새로울 바 없다. 미국 본원통화는 1980년 1560억 달러에서 최근 5.2조 달러로 40년간 약 30배 넘게 늘었는데(GDP 대비로는 5.5%에서 25%로 4.5배 상승), 위 그림에서 보듯 같은 기간 선진국 전체 GDP 대비 정부 부채 비율도 약 4배 늘었다. 금융위기 이후 2008년부터 보면 선진국의 GDP 대비 총통화 비율은 약 2배 늘었고, GDP 대비 정부 부채 비율도 1.7배 높아졌는데 최근에 올수록 둘 다 증가세가 가팔라지고 있다. 아무튼 재정정책과 통화정책의 동반 추진은 어제오늘의 일이 아니다.

그렇다면 코로나19로 인한 중앙은행의 금리 인하도 이번만의 아주 예외적인 조치일까? 1950년 이후 지금까지 미국 연준은

12번이나 공격적으로 금리를 급하게 내렸다. 평균 5년에 한 번꼴로 돈을 파격적으로 풀었다는 뜻이다. 1980년대 말에서 1990년대 초 저축대부조합 위기 때 연준은 불과 2년 만에 정책금리를 10%에서 2%대로 낮췄다. 2000년 닷컴버블 붕괴 때도 연준은 금리를 6% 중반에서 1%까지 신속하게 내렸다. 2008년 금융위기 때도 1년 만에 5%대의 정책금리를 제로까지 낮췄다.

연준이 이런 서프라이즈를 연출할 때마다 사람들은 이렇게 외쳤다. "이런 초저금리는 예전에 본 적이 없고, 앞으로도 없을 것이다"라고. 연준은 금리를 천천히 내리면 별 효과가 없다는 것을 경험과 이론을 통해 잘 알고 있다. 무엇보다 통화승수(총통화/본원통화 비율)가 계속 떨어지고 있기 때문이다. 아무튼 중앙은행이 시중에 유동성을 뿌릴 때마다 위기가 기회로 바뀌는 '매직 쇼'가 반복해서 연출됐다. 금융위기는 멈췄고 경기는 회복됐으며 자산시장은 돈뭉치(유동성)를 땔감 삼아 치솟았다.

그중엔 짧은 랠리도 있었고 긴 랠리도 있었다. 대개 주가가 그 랠리의 중심에 있었지만, 어떤 때는 빌딩 값이나 집값이 슈퍼 랠리의 주연 자리를 차지했다. 1990년이나 2008년처럼 원자재가 돈 잔치에 가세한 경우도 있었다. 저금리와 통화량 증가로 자산 가격이 폭등할 때마다 사람들은 "이번 유동성 랠리는 ○○○ 때문에 절대로 무너지지 않을 거야!"라고 외쳤다.

사람들이 그렇게 보는 이유는 대략 이랬다. "이번엔 금리를 너무 빨리 내린 데다 예전에 비해 너무 저금리이며 돈이 실물로 가

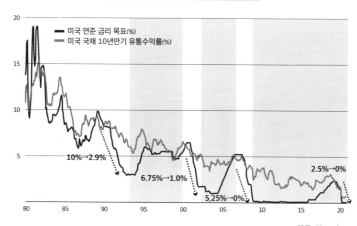

미국의 정책금리와 장기 국채금리

- 미국 연준 금리 목표(%)
- 미국 국채 10년만기 유통수익률(%)

10%→2.9%

6.75%→1.0%

5.25%→0%

2.5%→0%

자료: Bloomberg
주: 음영 기간은 대표 증시호황 기간

지 않고 자산시장에 머물고 있다. 유동성 때문에 시장 패러다임이 완전히 바뀌었다"라고. 하지만 영원 불멸일 것 같던 유동성 효과는 시간이 지나면서 약해졌고, 짧던 길던 유동성 효과로 올랐던 자산 가격은 역시 이런저런 이유로 조정을 보였다. 지금까지 유동성과 자산시장은 그렇게 순환해왔다.

이번엔 제로금리라서 '이번만은 다르다'라고 말할 수 있을지 모르겠다. 또한 물가가 낮아서 금리가 오른다 해도(중앙은행이 금리를 올린다 해도) 이번엔 예전처럼 크게는 못 오를(금리를 못 올릴) 것이니 '정말 이번엔 다르다'라고 주장할 수 있다. 하지만 제로금리도 2009년에 이어 두 번째다. 물가와 금리는 장기간 고점을 낮춰왔지만 각 국면마다 굴곡은 있었다. 앞으로도 마찬가지일 것이다.

중요한 것은 '초저금리하에서는 주가가 무조건 올라가는 것

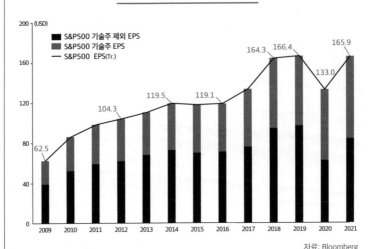

S&P500 주당순이익(EPS) 추이

■ S&P500 기술주 제외 EPS
■ S&P500 기술주 EPS
— S&P500 EPS(Tr.)

62.5
104.3
119.5
119.1
164.3 166.4
133.0
165.9

2009 2010 2011 2012 2013 2014 2015 2016 2017 2018 2019 2020 2021

자료: Bloomberg
주: 2019년까지는 실제치, 2020년과 2021년은 Bloomberg 컨센서스 추정치

일까'에 대한 답이다. 반드시 그렇지는 않을 것이다. 그간 세계 주가가 계속 오를 수 있었던 배경에는 저금리, 고유동성과 더불어 양호한 기업 이익이 있었다. 특히 성장성이 높은 기술주의 이익 증가와 저금리의 결합은 불에 기름을 부은 격이 됐다. 즉, 앞으로도 저금리가 지속되고 성장성이 높은 기업들의 놀라운 이익이 지속된다면 지난 10년간 그랬듯 '앞으로도 똑같이' 증시는 장기 강세장을 누릴 것이다. 결국 주가의 거울인 기업 이익 개선 여부가 제일 중요하다.

또 한 가지 중요한 점은 밸류에이션이 너무 비싸지 않을 때 저금리와 유동성은 강세장을 돕는 강한 조연 역할을 했다는 점이다. 기업 이익이 주춤했던 2015~2016년이나 2018~2019년에는 주가 역시 주춤했다. 일본의 경우도 1990년 이후 드라마틱한 금리

하락과 전인미답의 초금리 시대가 열렸지만 2010년까지는 경기와 기업 이익이 뒷받침되지 못해 증시는 잃어버린 20년 장세가 됐다. 이러한 패턴은 앞으로도 별반 '다르지 않을 것'이다.

새로운
불확실성의 시대

윤지호 경제학자인 존 케네스 갤브레이스John Kenneth Galbraith가 쓴 『불확실성의 시대』라는 책이 있는데, 1973년에 BBC에서 했던 내용을 바탕으로 77년에 출간된 책입니다. 경제학사에 관한 내용인데 제목을 잘 뽑은 것 같아요. 갤브레이스가 말한 확실성은 이런 거예요. 자본가는 자본주의 경제학에, 사회주의자는 사회주의 경제학에 각자 확실성을 지녔는데 1970년대에 드러난 복잡하고 풀기 어려운 숙제들 때문에 그런 확실성이 사라졌다는 거죠. 불확실하다는 시각에서 보면, 지금도 비슷한 시대인 것 같아요. 갤브레이스는 "확실성의 시대가 지나고 모든 게 애매모호하고 불확실해진 시대에 뭔가 탄생할 것"이라고 했고, 신자유주의가 탄생했거든요.

신자유주의는 1970년대에 등장했고 1980년대 레이건과 대처가 집권했을 때는 경제구조 자체를 바꾸는 구체적인 정책으로 나왔어요. 인플레이션을 잡으려고 고금리 드라이브를 걸고, 기업들의 구조조정에 속도를 내고, 불평등 완화를 위해 올리기만 했던 소득세를 내리고, 무엇보다 규제를 풀어 기업이 뛰어놀 수 있게 합니다. 이후에 우리가 다 아는 예로, 장기간의 호황과 짧은 불황, 부의 격차 심화, 금융의 실물 지배 그리고 무엇보다 낮은 물가와 굳건한 저금리 구조라는 신자유주의 시대가 열렸어요.

제가 보기에 이런 신자유주의의 승리는 중국이 세계 경제에 편입하는 이벤트를 만들었는데, 이를 설계한 주인공은 **헨리 키신저**

Henry Kissinger °라고 할 수 있을 것 같아요. 키신저는 이렇게 생각했죠. '지금은 세계화돼서 뭉쳐 있지만, 지난 사이클은 소련이 블록으로 떨어져 있고, 미국도 블록으로 떨어져 있고, 다 블록화돼서 떨어져 있었다'고요. 그래서 이를 어떻게 연결할까 고민했단 말이죠. 키신저는 소련을 고립시키려고 중국을 끌어들여야겠다고 생각했습니다. 세계 경제에 중국을 넣으면 중국에서 싸게 생산을 할 것이고, 그걸 수입하면 남는 잉여로 미국이 엄청난 혁신 경제로 갈 거라는 논리였어요.

저는 80년대 이후의 소위 글로벌 불균형, 즉 중국의 경제권이 들어오면서 있었던 변화가 세계 경제를 성장시킨 지난 금융위기 이전 30년간의 흐름이었다고 봐요. 결국 중국이 공급하는 값싼 공산품을 갖고 와서 그 남는 돈으로 미국은 계속해서 새로운 기업, 새로운 사업에 투자하고 혁신 경제로 왔는데, 중국이 큰 거죠. 머리가컸으니까 그 시스템이 결국 금융위기 때 터진 겁니다.

1970년대 갤브레이스가 언급했던 '불확실성' 이후에 탄생한 신자유주의 시대는 가고 새로운 시대가 열리긴 했지만, 아직 저는 그 실체를 잘 모르겠습니다. 우린 아직도 신자유주의가 남긴 유산인 불평등과 자산 거품의 세계에 살고 있거든요. 가계 소득보다 가계 부채가 가파르게 증가하는 상황에서 경제가 안정적으로 성장할 수는 없다고 생각해요. 그래서 새로운 정책이 나오고, 새로운 경제학이 대두될 시기라고 봅니다.

프랭크 나이트Frank Knight°는 『위험과 불확실성 및 이윤』에서 위험(Risk)은 예측이 가능한 변동성을, 불확실성(Uncertainty)은 예측이 불가능한 변동성을 의미한다고 했어요. 이 말이 맞다면, 위험은 예측 가능

프랭크 나이트 자유주의와 자유기업 체제의 강점과 한계를 객관적으로 분석함으로써 합리적인 경제적 사고를 촉진한 미국의 경제학자다.

하기 때문에 여기서 이윤이 창출될 수 없죠. 균형 상태에서 이윤의 여지는 없거든요. 이윤과 손실은 불확실성에 대한 보상일 뿐입니다. 불확실성이 축복인 거죠. 새로운 불확실성의 시대에서 미국과 중국 중에 누가 승자가 될지, 무엇보다 새로운 산업 생태계에서 누가 살아남을 건지에 집중해야 합니다.

저는 앞서 이야기한 지난 혁신 사이클이 재현되지 않을까 추적하고 있어요. 주식시장도 이를 반영해왔죠. 2008년 금융위기 이후 FAANG°의 어마어마한 상승은 혁신 사이클이 우리 삶에 침투해온 과정을 주가로 보여준 거예요. 세

FAANG 미국 IT 산업을 선도하는 페이스북Facebook, 애플Apple, 아마존Amazon, 넷플릭스Netflix, 구글Google을 일컫는다.

계화에서 탈세계화로 넘어가는 과정에서 혁신 기업이 탄생했는데, 그 기업들이 지속적으로 성장 가능할지, 얼마나 우리 삶에 들어올지 궁금할 뿐입니다.

위험과 불확실성의 차이

시카고학파의 창시자로 알려진 경제학자 프랭크 나이트는 '위험'과 '불확실성'이 다른 개념이라고 주장했다. 결과를 알 수 없다는 점에서는 동일하지만, 위험은 분포와 확률을 계산할 수 있는 반면 불확실성은 분포 자체를 알 수 없다는 의미다. 예를 들어 육면체에 1에서 6까지 숫자가 적힌 주사위가 있는데, 이를 던져 6이 나오면 상금을 받는 도박에 참여하는 것은 '위험'이다. 주사위에 속임수를 쓰지 않았다면 결괏값은 균등분포를 따르며, 6가지 면이 각각 나올 확률이 1/6이라는 점을 알고 있기 때문이다. 즉, 예측할 수 있는 것이 위험이다. 투자의 시각에서 볼 때 위험은 모두 예측할 수 있기에 차액이 생길 여지가 없다.

반면 '불확실성'은 주머니에 있는 숫자 카드를 뽑아 6이 나올 경우 상금을 받는 도박에 가깝다. 주머니 안에 카드가 몇 장 있는지, 카드에 적힌 숫자가 몇에서 몇 사이에 있는지 안다면 '위험'이지만, 아무 정보가 없다면 '불확실성'인 것이다. 주사위를 던지건, 몇 장이 있는지 모를 주머니에서 카드를 꺼내건, 우리는 모두 승리 여부를 확신할 수 없다. 다만 주사위를 던지는 경우는 주머니에서 카드를 꺼내는 것보다 예측이 가능하기 때문에 관리가 가능하다.

나이트는 불확실성이 바로 이윤의 원천이라 주장한다. 불확실성이 존재하는 않는다면, 다시 말해 예측 가능한 리스크만 존재한다면, 구매자와 판매자가 각각 완전한 정보를 갖고 있어 이윤이 창출될 수는 없다. 경제학자이자 투자 전문가인 피터 번스타인Peter L. Bernstein의 책 『리스크』에는 '불확실성이라는 축복'이라는 표현이 등장한다. 이 책은 나이트와 케인즈의 시각차를 흥미롭게 다루는데, 좀 더 알고 싶은 분들에게 추천한다.

번스타인의 시각을 빌리자면, 나이트는 '과거의 반복적인 사건에 대한 경험적 평가로 미래의 많은 사실을 알 수 있다'는 것이 의심스럽다고 했다. 매우 일리 있는 지적이다. 우리는 경험적으로 알고 있다. 과거 사례를 아무리 분석해도, 최악의 구간에서 벗어나는 시점과 최상의 구간에서 추락하는 시점, 즉 전환점을 알 수는 없다. 전환점을 알 수 없다는 불확실성 때문에 어떤 이는 돈을 벌고, 또 어떤 이는 파산하는 것이다.

나이트의 정의는 금융 투자에 유용하다. 각종 정보와 사례로 미래를 대비하지만 예기치 않은 상황도 주기적으로 발생하기 때문이다. 금융시장에는 의외의 사태가 자주 발생하고, 그때 출현하는 변동성 구간은 기회의 영역이다. 그런데 교과서에서 배우는 투자는 기댓값만이 아니라 리스크와 기대효용으로 결정된다. '상트페테르부르크의 역설'이라는 말을 들어보았는가? 이 말의 어원은 상트페테르부르크의 도박장에서 동전을 던져 뒷면이 나오면 한 번 더 던지고, n번째에 앞면이 나오면 게임이 종료되면서 2n-1의 상금을 지급한 데서 유래됐다. 이 게임의 기댓값은 다음과 같다.

$$\left(\tfrac{1}{2}\right)x + \left(\tfrac{1}{4}\right)x^2 + \left(\tfrac{1}{8}\right)x^2 + \left(\tfrac{1}{16}\right)x^4 + \cdots = \left(\tfrac{1}{2}\right) + \left(\tfrac{1}{2}\right) + \left(\tfrac{1}{2}\right) + \left(\tfrac{1}{2}\right) + \cdots = \infty$$

기댓값이 무한대이기 때문에 참가비가 얼마가 되건 도박에 참여하는 게 이익이다. 하지만 그 누구도 참가비 1만 루블을 내고 게임에 참여하지 않았는데, 바로 이러한 현상을 상트페테르부르크의 역설이라고 한다.

이런 현상이 나오는 이유는 두 가지로 설명할 수 있다. 첫 번째는 한계효용 체감이다. 더운 날 시원한 맥주를 마시면 첫 잔은 기분이 좋지만, 두 잔째는 첫 잔을 마실 때만큼 기분이 좋지는 않다. 이렇게 효용은 증가하지만 '증가하는 효용(한계효용)'은 감소하는 것을 한계효용 체감이라고 한다. 상트페테르부르크의 도박에 참가한다면 동전을 던질수록 상금은 늘어나지만, 상금이 늘어나는 속도에 비해 한계효용은 체감하기 때문에 도박 참가자들이 생각하는 기댓값은 무한대가 되지 않는다. 두 번째 이유는 리스크다. 재무적인 리스크는 분산/표준편차를 통해 측정되는데, 기댓값이 무한대라면 분산/표준편차 역시 값을 구할 수 없다. 상트페테르부르크 도박은 무한대의 기댓값을 가지지만, 실제 상금은 0에서 무한대 사이 어디에도 위치할 수 있을 정도로 측정이 어렵다. 변동성이 크다는 의미는 다양한 결괏값이 나올 가능성이 높다는 의미이며, 투자자들은 본능적으로 이러한 변동성을 꺼려 한다.

결론적으로 '위험'은 예측이 가능한 변동성을 의미하며, '불확실성'은 예측이 불가능한 변동성을 뜻한다. 만약 어떤 기업이 연구하는 기술이 상품화될 가능성을 시장에서 40%로 전망하고 있는데, 분석을 통해 상품화될 가능성이 70%라는 결론을 얻었다면 이

기업에 대한 투자는 타당하다. 시장이 생각하는 40%의 성공 확률과 내가 예측한 70%의 성공 확률의 차이라는 수치를 확인했고, 실패 확률은 30%라는 점에서 관리와 대응이 가능하기 때문이다.

반대로 1년 후 지구온난화로 인한 심각한 기후변화 때문에 자연재해가 발생할 것을 전망하고 인버스 상품에 투자한다고 생각해보자. 지구온난화는 심각하지만 진행 경로나 자연재해가 발생할 가능성까지는 예측이 어렵다. 당연히 자연재해가 발생하는 시점을 정확하게 전망하는 것은 불가능에 가깝다. 이러한 변동성에 대한 투자는 불확실성에 베팅을 한 것이며, 대응과 관리가 어렵다.

투자에는 당연히 위험이 따른다. 하지만 그만큼 성공 확률이 낮다고 알려진 분야에 투자한다면 얻을 수 있는 수익도 높다. 하이 리스크, 하이 리턴(High risk High return)은 바로 이를 의미한다. 그러나 하이 '불확실성', 하이 리턴(High Uncertainty High Return)이라는 말은 없다. 관리가 되지 않는 변동성에 베팅하는 것은 투자가 아니라 투기일 뿐이라는 게 교과서적인 답변일 것이다. 하지만 우리는 알고 있다. 코로나19처럼 전혀 알 수도 없고, 대비할 수도 없는 사건이 시간이 흐른 뒤에서야 큰 기회였음을 말이다. 미국 전 국방장관인 도널드 럼스펠드Donald Rumsfeld가 '모른다는 것을 모르는 것(Unknown unknowns)'라고 부른 '나이트의 불확실성'은 이후에도 출현할 수밖에 없다. 변동성 출현과 동반할 것이고 그때가 기회다. 우리는 불확실성의 시대에 살고 있다. 승자는 예측이 아닌 돌발 상황을 다루는 적응 능력에 달려 있다.

5장

—

지금,
우리가 주목해야 할
시그널

금리와 신용 사이클의
변동 위험과 불확실성

김한진 확률로 계산할 수 없는 위험을 불확실성이라고 한다면 앞으로 불확실성의 위력은 더 커질 것입니다. 위험을 단지 가격의 변동성으로 볼지, 불확실성의 결과물로 봐야 할지는 잘 모르겠습니다만, 고대나 중세시대에는 과연 세상에 불확실성이 없었을까요? 시대마다 그 불확실성의 원천이나 위험이 배양되는 숙주는 변해왔죠. 지금은 특히 기술변혁의 시기이고 금융환경이 급변하고 통화정책의 목적과 수단이 변하는 시기여서 불확실성도 앞으로 이런 쪽에서 더 나올 거라 봅니다. 경기 사이클이 밋밋해지면 금융환경이 시장을 지배하는 힘이 더욱 커지고, 이는 우리의 합리적 사고를 더 교란시킬 것입니다.

앞으로 금융환경의 변화는 불확실성의 가장 큰 온상이 될 거라고 봅니다. 부채가 곳곳에 켜켜이 쌓여 있고 유동성이 자산시장을 지배하고 있으니 금융환경의 변화는 가벼운 문제가 아니죠. 특히 지금은 경기가 금리를 결정하는 게 아니라 금리가 경기를 좌우하는 시대가 아닙니까? 길게 볼 때 글로벌 저물가, 저금리 구조가 굳어질 거라는 데는 이견이 없습니다만, 여기서는 단지 짧은 금리 변동을 말씀드리는 겁니다. 전쟁 같은 특수는 보통 인플레를 부르는데 세계 코로나19 대전으로 국채가 대량 발행됐고 통화가 증발됐으니 물가와 금리가 오르지 않는 게 오히려 신통한 일입니다.

물론 예전 같았으면 하이퍼 인플레가 벌써 왔겠죠. 이번 세계 통화 팽창과 재정 지출은 결코 작은 규모가 아닙니다. 단 1년 만에 미국과 유로존의 본원통화가 50% 늘었고, 전 세계 GDP 대비 정부 부채 비율은 20%p 증가했습니다. 선진국의 GDP 대비 재정수지 적자도 한 해에 11%p가 늘었습니다. 바이러스가 진정되는 시기에 시장금리의 반짝 상승이 우려되는 이유입니다. 만약 물가와 금리 상승이 있다면 디플레 압력이 큰 일본이나 유럽보다는 미국에서 나올 가능성이 커 보입니다. 금리 상승은 정도에 따라 다르겠으나 세계적으로 제로금리와 저물가를 전제로 형성된 높은 자산 가격을 빠르게 조정시키기에 충분할 것입니다.

시장금리가 크게 오르지 않더라도 국가나 기업이 발행한 일부 채권이 문제를 일으킬 수 있습니다. 코로나19로 세계의 빚쟁이들은 국가, 기업, 가계 모두 할 것 없이 저금리 혜택을 받고 있고 부채

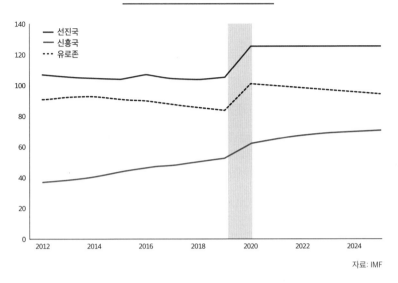

정부 부채/GDP 비율 추이와 전망

— 선진국
— 신흥국
··· 유로존

자료: IMF

상환을 잠정 유예받거나 유동성 지원을 받아 버티고 있습니다. 하지만 바이러스가 물러가고 경기가 정상화되면 정책 지원 명분은 약해집니다. 모든 부문에서 수요가 다 회복되는 건 아닌데 코로나19 전후로 크게 늘어난 과도한 부채는 그대로 남아 있으니까요.

특히 금리가 상승 압박을 받으면 신용 스프레드가 움직입니다. 한쪽에서는 신용 경련이 일어나고 또 다른 편에서는 돈 많은 기업들이 투자처를 찾지 못해 헤매는 자금시장의 양극화 현상이 예견됩니다. 이런 신용 차별화는 국가 단에서는 환율 차별화로도 이어지겠죠. 지금 사람들은 '이런 저금리에서는 자산 가격 추락이란 불가능해!'라고 굳게 믿고 있습니다. 하지만 부채의 둑 한편에 생긴 작은 균열은 일파만파 커질 수 있는 거죠. 다만 금리 상승과 신용 경색은 경제를 위축시키므로 그리 오래가지는 않을 겁니다. 금리와 자산 가격 변동이 허리케인처럼 한바탕 훑고 지나가는 정도일 겁니다.

윤지호 기대라는 게 그래요. 우리 생각대로 잘 움직이지 않더라고요. 2022년까지 놓고 보면, 금리가 우리 기대보다 더 빠른 속도로 올라가지 않을까 싶어요. 앞서 말한 대로 사이클의 위치가 그렇습니다. 그렇다고 연준이 금리 인상에 나선다는 건 아니고요. 기준금리가 아닌 시장금리가 움직일 수 있다는 정도입니다. 사실 2021년에 연준이 기준금리 인상에 나설 가능성은 0%에 가까워요. AIT 도입은 다른 말로, 물가상승률이 기존 목표치인 2%를 상회해도 긴축에 나서지 않겠다는 거니까요. 뉴스를 보면 코로나19가 이토록 난리고 고용 시장도 말이 아니니 물가가 좀 움직여도 연준은 고용과 실물 경제 회복에 더 무게중심을 둘 수밖에 없을 거예요. 상대적으로 단기금리는 안정적일 거란 이야기입니다.

하지만 장기금리는 다릅니다. 역설적으로 백신이 개발되었으니까요. 금리의 구성 요소인 경제성장률과 물가상승률이 올라올 것이기 때문이에요. 금리는 이를 미리 반영합니다. 할인율이 높아지니 채권 가격도 주식시장도 영향을 받게 되죠. 코로나19가 백신 투여로 어느 정도 컨트롤 가능하다는 게 느껴지면 경기 회복 기대는 더욱 높아집니다. 여기에 2분기까지 기저효과 영향으로 경제지표도 양호하게 발표된다면 경기 회복 기대는 가속화될 거예요. 주가는 이를 반영해왔지만, 채권시장은 아직이거든요. 미국 국채 10년이 상승할 수 있어요.

물론 금리 상승 속도가 빠르지는 않겠죠. 하지만 우리가 예상한 대로만 움직이지 않을 가능성도 감안해야 합니다. 아직도 코로나19 상황인데, 여러 요인으로 장기금리가 예상보다 빠르게 상승하고 일부 비우량 회사채 스프레드가 다시 확대되는 문제가 발생하면 또 다른 위기를 맞을 수도 있겠죠. 다만 이런 상황이 닥치더라도 연준이 자산매입 조정을 통해서 장기금리 상승을 어느 정도 컨트롤 해줄 거예요. 실제로도 미국을 비롯한 주요국들의 **CDS 프리미엄**°(5년물 기준)은 이미 코로나19 이전 수준으로 대부분 하향 안정화됐습니다. 코로나19로 인해 미국 CDS는 23.31%까지 상승했는데요, 최근에는 12%대로 하락해 오히려 코로나19 이전 수준(15%)보다도 낮아져 있죠. 한국 역시도 56.09%까지 상승했다가 최근 22%대로 코로나19 이전 수준으로 내려왔습니다.

CDS 프리미엄 Credit Default Swap(신용부도스와프)는 채권을 발행한 기업이나 국가가 부도날 경우 원금을 돌려받을 수 있는 금융파생상품이다. 부도 위험을 회피(헤지)하는 데 들어가는 보험료 성격의 수수료를 CDS 프리미엄이라고 한다.

문제는 약한 고리의 국가입니다. 2020년은 코로나19 충격으로 글로벌 주요 국가가 대규모로 경기부양과 통화 완화를 동시다발적으로 진행했기 때문에 국가별 경제나 금융시장 환경에 차별성이 나타나지 않았죠. 하지만 2021년에는 국가별, 지역별 경기나 금융 여건의 차별화가 진행될 것으로 봐요. 결국 국가별 CDS 프리미엄이나 산업별 회사채 스프레드의 확대로 나타날 겁니다. 그리고 금

테이퍼링 연준이 양적완화 정책의 규모를 점진적으로 축소해나가는 것을 말한다. 2013년 당시 벤 버냉키 연준 의장이 언급하면서 유명한 말이 됐다. 금리 인상을 의미하는 '타이트닝Tightening'과 달리 양적완화 정책 속에서 자산 매입 규모를 줄여나가는 방식으로 해석된다.

리를 당장 올리지 않더라도, 통화정책 정상화 가능성 얘기가 나올 때마다 과거 **테이퍼링**Tapering° 시기와 같이 주식시장에는 일시적 충격이 올 가능성이 높습니다. 다만 금리의 절대 수준이 크게 높아지기는 힘드니까 자산시장이 붕괴될 가능성은 매우 낮겠지만, 변동성은 커질 수 있겠죠.

잠복된 코로나19 경제 쇼크와 후유증

김한진 외견상 향후 세계 경제는 좋아 보입니다. 우선 백신 접종이 진행될수록 미뤄졌던 소비가 폭발할 가능성이 높습니다. 코로나19가 잡혀도 미국 등 주요국의 재정 지출은 지속되고 중앙은행은 완화적 스탠스를 이어갈 것입니다. 혁신기업들은 새로운 사업 모델에서 막대한 수익을 계속 창출하고, 앞서 얘기했듯이 역사적인 기술혁명이 진행되고 있는 만큼 바이러스 퇴조는 혁신 기업들의 성장성을 더욱 부각시켜줄 것입니다. 주가도 일부 기술주의 부분적 과열은 있지만 낮은 금리와 높은 기업 이익은 이 정도의 밸류에이션(PER)을 충분히 정당화시켜줄 수 있습니다. 여기까지는 밝은 쪽의 이야기입니다. 하지만 세상에 밝은 면만 있는 건 아닙니다. 그중 가장 부담스러운 현실은 코로나19가 가져온 경제 충격과 그 후유증입니다.

'아니! 백신이 접종되고, 경제는 회복되고, 주가는 이렇게 쌩쌩 잘 달리는데 충격은 무슨 충격?'이라고 반문하시겠지만, 저는 코로나19가 갖고 온 충격이 생각보다 컸다고 봅니다. 2020년 세계 192개국 가운데 마이너스 성장에 빠진 국가는 87%에 달했는데요, 이는 2009년 세계 금융위기 당시 47%의 두 배에 가깝습니다. 물론 그때는 금융기관이 타격을 입어 지금과는 좀 성격이 다르지만, 당시에도 기저효과로 이듬해 경기가 바로 크게 뛰었다가 안정됐습니다. 안정된 성장률(1%~3%)의 국가가 본격적으로 증가한 건 위기 후 무려 5년이 지난 2013년부터였습니다.

물론 모든 경제 쇼크는 단기로는 'V자 커브'를 보장합니다. 하락 폭이 클수록 반등 폭도 큰 건 산수입니다. 문제는 그렇게 한 번 크게 꺾인 소비나 투자 활동은 회복에 적잖은 시간이 필요하다는 점이죠. 성장률이 급등해도 수요가 공급을 압도하지 못하는 저압 경제가 지속되면 몇몇 잘나가는 기업을 빼고 주변의 많은 기업은 여전히 어렵습니다. 소비가 잠시 폭증할 수는 있지만 장기 추세는 결국 약해지고 기업들의 투자 활동은 조심스러워지고 현금 흐름이 좋지 않은 많은 기업은 부채 상환 압력에 시달립니다.

기저효과가 만든 눈에 보이는 퍼센트 숫자와 실질 수요 차이에서 나오는 혼돈이 있을 겁니다. 자산시장이 지금까지는 증가율 수치에만 집중했다면 포스트 코로나 시대에는 '레벨과 지속성'에 초점을 둘 겁니다. 코로나19로 인한 또 다른 부담은 2차, 3차 팬데

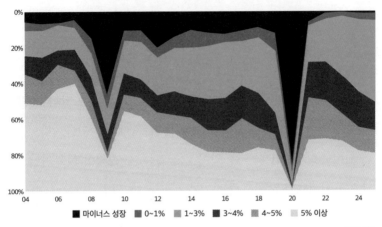

쇼크 후 정상 회귀하는 세계 경제 (경제성장률 분포)

■ 마이너스 성장　■ 0~1%　■ 1~3%　■ 3~4%　■ 4~5%　■ 5% 이상

자료: IMF

믹입니다. 특히 유럽과 일부 신흥국의 경우 경기 회복이 더딜 수 있고, 이는 다른 경제권에도 부담이 될 겁니다. 그 밖에 정책 수단의 고갈이나 여력의 제한, 고용의 질적 개선 한계 등도 숨겨진 경기 약점입니다.

결국 지금 세계 경제를 보는 시각은 두 가지인 것 같습니다. 코로나19 때문에 상황이 더 좋아질 것으로 보는 견해와 코로나19로 인해 경기의 극적인 변동은 있었지만 경제의 본질은 그대로이고 자산 가격에 거품만 생겼다고 보는 의견. 저는 둘 다 일리가 있다고 봅니다. 코로나19는 세계 경기 과열 끝자락에서 찾아왔고, 결과적으로 경기 조정 기간을 단축시키는 데 기여했습니다. 더 나아가 전시를 방불케 하는 재정 지출과 금리 인하, 양적완화를 아무 저항 없이 시행토록 도와 빠른 경기 회복을 가능케 했습니다.

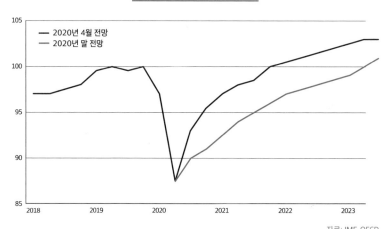

세계 GDP 전망 (2019년=100)

자료: IMF, OECD
주: 주황색 선은 2차 팬데믹으로 수정된 낮아진 실제 예상 경로를 표시

코로나19가 없었더라면 경기 사이클은 지루하게 흘러내렸을지도 모르죠. 사실 각국 성장률은 2018년부터 살짝 둔화됐고 일자리는 완전고용 상태였으며 부채는 꽉 차 있었습니다. 돌파구가 필요했는데 마침 바이러스가 지구를 공격했죠. 세계대전이 일어난 겁니다. 덕분에 재정과 부채와 유동성은 크게 늘었고 제로금리는 자산시장을 과열로 이끌었습니다.

하지만 세계 경제는 여전히 인위적인 정책에 의존하고 있고 기술혁신은 소수 기업에 편중돼 경기 사각지대는 더 광범위해지고 있습니다. 이른바 'K자 경기 회복'입니다. 국가 간 또는 기업 간 격차, 실물과 금융의 격차, 공급과잉 산업과 부족 산업의 격차는 더 벌어질 것 같습니다. 재정과 통화정책의 격차도 국가별로 더 커질 듯하고요. 가령 일부 국가는 재정 곳간이 바닥나고 환율 방어를 위해 금리를 오히려 올려야 하는 반면 어떤 국가는 유동성을 더 공급하고 마이너스 금리로 더 깊이 들어가겠죠. 이러한 K자 경기는 앞으로 더 지속될 것 같습니다.

K자 경기 회복

코로나19가 몰고 온 상처와 혼란, 그리고 충격은 대략 3단계의 회복 과정을 거칠 것 같다.

1단계는 백신접종 확대와 지구촌의 부분적인 도시 기능 회복, 그리고 생산과 소비의 정상화 국면이다. 바이러스가 아직 인류의 방역 조치에 완전히 굴복한 상태는 아니지만 백신 투입으로 점차 통제되어가는 국면이다. 경제가 완전히 제자리를 잡은 건 아니기에 재정정책과 통화정책도 아직 경기부양적인 스탠스에 머물고 있는 단계다.

거의 모든 산업에서 V자형 경기 회복이 나타나는 국면이며, 각국 GDP가 코로나19 이전 수준에 다가서는 국면이다. 한쪽에서는 바이러스 감염이 지속되지만 또 다른 한쪽에서는 집단 면역이 이루어지는 과정이다. 다만 코로나19 이전에 비해 총수요가 낮고 인위적인 경기부양책에 의존하고 있어 아직 산업별 경기 회복에 차이가 크고 기업 이익 개선 폭도 차이가 큰 단계다. 코로나19 후유증으로 한계기업의 도산이 뒤늦게 늘 수도 있는 구간이다. 아마도 2021년이 이에 해당할 것이다.

다음 2단계는 코로나19 영향을 매듭짓고 모든 경제활동이 그 이전 상황으로 되돌아가는 포스트 코로나 국면이다. 거의 완벽한 집단 면역이 형성되든, 부분적 감염은 지속되나 경제에 거의 영향을 줄 정도는 아닌 수준이든 사람들의 머릿속에서 코로나19가 잊혀져가는 단계다. 하지만 아직 세계 경제가 코로나19 이전 수준에 완전히 도달한 것은 아니므로 국가별 또는 국가 내 계층 간 경기 회복의 차이가 여전히 큰 국면이다. 재정 및 통화정책이 서서히 출구 전략을 모색하는 단계이며 이에 따라 자산시장이 영향을 받는 구간이다. 코로나19로 인해 바뀐 여러 라이프스타일이 보다 자리를 잡고 굳어지는 단계다. 코로나19 이전부터 진행돼온 혁신 성장과 생산성 위주의 경영 방식이 더욱 속도를 내는 국면이다. 2022년부터 이 2단계가 진행될 듯하다.

3단계는 코로나19의 흔적이 거의 사라지고 세계 경제도 코로나19 이전 수준을 상향 돌파하는 국면이다. 물가와 금리가 더 들썩이고 재정 및 통화정책이 거의 정상으로 되돌아가는 국면이다. 특히 코로나19 전쟁을 치르느라 소진된 정책 연료를 다시 보충하느라 각국의 증세가 예상되는 구간이다. 이 단계에서는 미뤘던 독과점 규제나 환경 규제도 불거질 수 있고 자본소득 과세나 국경 간 디지털세, 탄소세 등 기업비용 요인이 올라갈 수 있는 국면이다.

3단계에서는 총수요 관리 주체가 중앙은행에서 정부로 이동하는 국가가 늘 것이다. 또한 앞선 2단계에서 정착된 소비 스타일

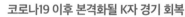

코로나19 이후 본격화될 K자 경기 회복

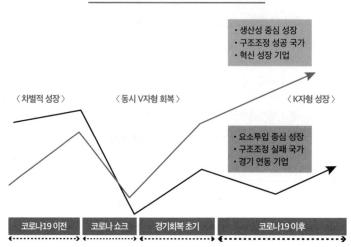

이 새로운 아이템을 파생시키고 기술과 생산성에 따라 기업 경쟁력이 더 벌어지는 국면이다. 소비 트렌드의 변화, 이커머스의 혁신, 보다 지식 집약적인 산업 구조에 진전이 있는 국면이다.

　　이상의 과정에서 공통적인 키워드는 '차별화'다. 우선 1단계에서는 백신 접종의 차별화와 정부 정책의 차별화가 두드러질 것이다. 또한 선진국과 신흥국, 대면 서비스업과 비대면 전자상거래 산업, 정보통신 산업과 전통 제조업, 소비재와 산업재, 대기업과 중소기업의 차별화도 커질 것 같다. 한편 다음 2단계에서는 국가별 면역의 차별화부터 경기 회복의 국가별, 계층별, 산업별, 기업별 차별화가 특징을 이룰 것이다. 그리고 마지막 3단계에서는 앞 단계의 차별화가 계속되면서 부양 정책의 퇴조와 증세 등에 대한 정책 반응의 차별화가 나타날 것이다. 또한 소비패턴 변화로 세부 업종 간

명암이 더 커지고 성장 역량에 차이가 커질 것이다.

한편 재정 조절 능력과 금융정책과의 연계성, 통화의 기축성, 부채 조정 능력도 국가 위상에 영향을 줄 것이다. 혹시 자산 가격이 큰 폭으로 조정을 보일 경우엔 국가, 기업, 가계부채의 수위에 따라 위기의 정도와 기간에 차별화가 있을 것이다. 자본과 기술을 누가 더 많이 쥐고 있느냐, 데이터를 누가 지배하느냐, 기술의 응용과 융합을 누가 더 잘 하느냐가 이러한 K자 경기 회복의 상단과 하단 궤적의 주인을 결정하는 요인일 것이라고 본다.

차별화로 상징되는 K자형 경기 회복은 어쩌면 코로나19 이전부터 있었던 일이지만, 코로나19로 인해 그 추세가 더욱 굳어지는 현상으로 봐야 할 것이다. 생산성 중심의 성장이냐 여전히 요소 투입 중심의 성장이냐, 구조조정에 성공한 국가냐 실패한 국가냐, 혁신 성장에 의존하는 능동형 기업이냐 단지 경기 변동에 의존하는 수동형 기업이냐에 따라 K자형 경기의 운명이 달라질 것으로 보인다.

무거워진 주식시장,
그러나 위기는 아니다

김동환 경기를 감안해서 보면 지금 주가는 정상적인 주가가 아니라는 컨센서스가 있잖아요? 지금은 코로나19로 인한 동시다발적 유동성 진작이 만들어낸 기형적인 시장이라고 보는 시각이죠. 그래서 오히려 백신 접종이 시작되고 치료제가 나와 정상적인 경제 활동이 재개되고 유동성 공급이 줄거나 중단되는 상황이 되면 역설적이게도 주가는 정상 수준으로 복귀할 것이라는 얘깁니다. 하락할 것이라는 얘기죠. 재무적으로 건강치 못하거나 비즈니스 모델이 확고하지 못한 나라나 기업의 하락세가 거칠게 나오면서 다른 의미의 위기가 올 수도 있다는 주장도 꽤 힘을 얻고 있고요.

일리가 있습니다. 그런데 2020년의 활황장을 예상하지 못한 이유도 사실은 그러한 전통적인 거시경제의 분석 틀에 넣어 증시를 풀어냈기 때문이었습니다. 3월 중에 바닥을 찍은 후 증시의 반등이 가파르게 나오자 5월경에는 '경제는 회복세를 보이지 못할 것이고 늦가을 무렵부터는 이른바 2차 웨이브가 올 것이기 때문에 증시는 다시 빠질 것이다, 너그럽게 봐줘도 이른바 W자 회복(한 번 더 하락한 후에 회복)의 모습을 보일 것'이라고 했습니다.

매우 설득력이 있는 논리였고 이를 받아들인 많은 사람이 부분적으로 이익 실현을 하기도 했죠. 어떤 분들은 **인버스 ETF°**, 그것도 인버스 2X ETF인 이른바 **곱버스°**에 대한 투자를 늘리기도 했습니다. 그런데 어떻게 됐습니까? 기간 조정을 겪던 증시는 정확히 11월 4일 미 대선을 전후로 다시 오르기 시작해서 결국 사상 최고치를 훌쩍 뛰어넘는 2873포인트로 2020년 장을 마감을 했습니다. 두 분이나 저나

인버스 ETF ETF와는 반대로 해당 지수가 하락할 때 이익을 거두는 상품으로 주식시장의 하락에 대비하기 위한 헤지 수단이다.

곱버스 '곱하기+인버스'를 줄인말로, 인버스의 가격 변동폭의 2배로 움직이는 상품(수익도 2배, 손실도 2배)이다.

30년 가깝게 시장을 봐오고 있습니다만, 경기가 좋지 않은 상황에서 유동성만으로 이 정도 상승세가 가능하다고 보시나요? 유동성 증가가 줄거나 중단되면 우리 주식시장은 다시 박스피로 복귀하거나 추락할까요?

유동성이 만든 상승세인 것은 사실입니다만, 이 상승세의 근저에는 코로나19에 대한 인류의 대응과 그 결과에 대한 긍정적이고 낙관적인 태도가 있다고 봅니다. 투자를 늘리고 있고, 그 투자의 확대가 저금리와 더불어 위험자산에 집중되고 있는 것이 현재의 글로벌 주식시장의 상승세를 정당화하고 있다는 거죠. 인류는 100년 만의 재앙에 맞서 6개월이라는 짧은 시간에 다섯 종이 넘는 백신을 만들었습니다. 아직 그 효과와 부작용에 대해 안심할 수는 없지만, 적어도 임상 실험에서 90% 이상의 예방 효과를 입증한 결과물이 동시다발적으로 개발되어 나왔고, 치료제 또한 곧 나올 것으로 보입니다.

투자는 언제 이루어지나요? 죽지 않을 것이라는, 망하지 않을 것이라는 신뢰가 생길 때 우리의 투자는 장기적인 리스크를 감수하려는 경향을 나타냅니다. 코로나19와 같은 전염병은 락다운Lock down 같은 극단적인 거리두기에 의해 제거될 수 있지만 또 다른 측면에서 이러한 극단적인 전염병에 대한 대책은 국내외적인 연대를 전제로 합니다. 우리만 코로나19에서 해방된다고 잘살 수 있을까요? 이웃 나라들은 여전히 재앙 가운데에 있는데 우리만 방역에 성공했다고 번영할 수 있을까요? 건물주인 누군가는 코로나19 때문에 직업

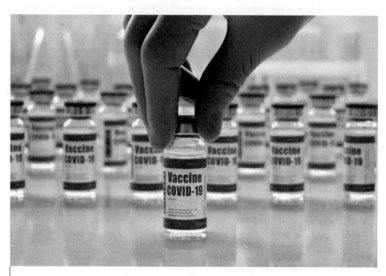

세계는 코로나19라는 전염병을 예방하기 위한 백신 개발과 도입을 빠르게 이뤄내고 있고, 치료제도 곧 나올 것으로 전망되고 있다.

을 잃지도 않았고 저축으로 충분히 견딜 수 있었지만 임차인인 자영업자 소상공인들이 망해가는 상황이 계속된다면 혼자서 부를 키우고 유지할 수 있을까요? 불가능합니다.

코로나19는 표면적으로 세계의 이동과 교역을 줄였습니다만 역설적으로 함께 살아야 한다는 자각을 주기도 했습니다. 중국을 비롯한 신흥국의 마스크가 없었다면 미국과 유럽은 어떻게 됐을까요? 지난 미국 대선에서 바이든의 승리가 가시화되면서 글로벌 증시가 상승세를 다시 보여준 것도 그 이유라고 봅니다. 트럼프의 고립주의는 국제적인 연대를 지연시킵니다. 이는 글로벌 경제 회복에 치명적입니다. 더구나 수출 비중이 큰 우리 경제에는 더욱 불리한 상황을 만듭니다.

우리 증시에 외국인 투자가 11월 4일 이후에 확실히 증가한 것을 저는 그 맥락에서 이해합니다. 바이든 시대, 즉 국제적 연대가 강조될 시대에 우리 경제는 훨씬 좋은 기회를 맞게 될 겁니다. 다만 단기간의 급한 상승의 부담과 경기 회복에 대한 기대가 금리의 상승으로 이어져 주식의 상대 투자 매력도가 저하되고 미국 주식시장의 주도주가 조정될 가능성 등으로 인해서 2021년 중 비교적 큰 폭의 조정이 올 수도 있을 겁니다. 다만 조정이 위기로 나타나지는 않을 겁니다. 저는 '2021년에 새로운 위기가 올 수 있고 시장은 대세하락으로 접어들 것'이라는 과격한 비관론은 낙관론보다 더 위험하다고 생각합니다. 많이 올라서 주가 스스로의 무게가 부담이 되는 것은 사실이지만, 그렇다고 파괴적 하락세를 걱정할 정도로 펀더멘털의 변화를 찾아보기도 힘듭니다.

윤지호 코로나19가 참 그런 게, 실제로 뭔가 망가지고 망하고 하는 게 없어요. 봉쇄냐 거리두기냐의 차이가 있었지만, 어느 나라건 주가는 올랐습니다. 이유는 금융기관이 망하지 않았고, 기업들의 연쇄 도산도 없었기 때문입니다. 오히려 일하는 방식이 온라인으로 진화하는 과정에서 디지털 시대에 보폭을 맞춘 기업들은 시장을 잠식해가고 있습니다. 주가는 여기에 프리미엄으로 답해주고 있고요. 주가가 실적에 비해 비싼 것은 분명하지만, 다른 자산과 비교해보면 일정 부분 납득이 가기도 합니다.

경제학에서 위기를 다룰 때, 외생적이냐 내생적이냐를 따집니다. 실제 내생적 위기는 극복에 더 고통이 뒤따르죠. 경제 내부의 다양한 문제로 시스템 자체에 균열이 올 때 출현하니까요. 코로나19가 내생적이지 않은 건 분명한데, 그렇다고 외생적 위기로 보기도 좀 그래요. 간결하게 말하면, 전시 경제와도 다른 점이 많죠. 그래서 앞서 언급했던 '불확실성'이란 단어가 적절하지 않나 싶어요.

오히려 저는 코로나19가 경제에 충격을 줬지만, 그만큼 기술 혁신이 우리 삶에 더 빨리 침투해 들어오는 계기도 되었다는 게 중요하다고 봅니다, 투자 시각에서요. 분명한 것은 지금은 금융위기와는 거리가 멀다는 겁니다. 2008년 금융위기는 부동산이 터져서 금융기관이 망한 거죠. 물론 코로나19가 장기화되면서 자영업자가 무너지고, 가계 부채가 터지고, 그래서 상업용 부동산이 망가져서 신용 위험이 출현한다면 또 모르겠습니다. 그런데 이런 시나리오는 딱 보기에도 가능성이 낮지 않나요?

한마디로 코로나19를 과거 금융위기와 비교하는 것에 대해서는 잘 모르겠어요. 코로나19 때문에 새로운 문제가 생긴 게 아니라 이미 있었던 것들이 곪아 터진다면 모를까? 저는 코로나19 때문에 더 최악의 상황으로 간다기보다는 앞서간 주가가 펀더멘털과 보폭을 맞추는 과정에서 오는 변동성으로 인한 출렁임 정도를 예상 시나리오에 넣고 있습니다.

김동환 저도 비슷한 의견입니다. 이번 위기 국면에서 시장이 급하게 회복하고 전 고점을 넘어선 것은, 2008년도 같은 금융위기가 없을 거라는 컨센서스가 있어서였습니다. 금융위기가 없는 상황에서 일사불란한 유동성 확대는 시장의 상승으로 귀결됩니다.

2008년도 이후에 벤 버냉키Ben Bernanke와 재닛 옐런Janet Yellen 의장을 거치면서, 현재의 제롬 파월Jerome Powell도 마찬가지지만, 연준의 통화정책은 큰 맥락에서 시장의 거친 하락을 막고 유지시키는 게 제1의 목표가 됐습니다. 물가와 고용의 안정이라는 전통적인 과제가 제1의 목표가 아니고요. 초저금리 상황에서도 물가가 오르지 않고 완전고용 상태에서도 빈부의 격차는 더 벌어지는 상황을 알고는 있으나 그렇다고 금리를 올려서 이 구조를 깨보려 하기에는 2008년 금융위기의 상흔이 너무 커서 누구도 용기를 낼 수 없는 상태가 된 겁니다. 그래서 MMT 같은 비전통적인 논리도 힘을 얻고 있는 거 아니겠습니까?

김한진 중앙은행의 기술 혁신이라고 해야 할까요? 단순한 정책금리 결정에서 대출과 양적완화를 거쳐, 지금은 마이너스 정책금리에 수익률 곡선(단기금리와 장기금리 목표) 통제까지 중앙은행의 정책 수단이 참으로 다양해졌습니다. 중앙은행은 이제 독립적이지 않습니다. 이미 정부(재정)와 함께 총수요를 관리하고 자산시장을 부양하는 기술자가 되어 있습니다. 자산시장은 점점 더 중앙은행의 관리 보호 아래 들어가고 길들여져 있습니다. 그리고 경제는 늘 유동성 과잉에 빠져 있죠.

중앙은행이 그동안 경제와 금융시장의 불확실성 제거에 앞장

서온 건 맞습니다. 덕분에 매번 수월하게 위기를 넘길 수 있었죠. 하지만 통화정책의 기술 발전은 오히려 더 큰 금융위기를 부르고 더 큰 규모의 자산 거품을 잉태하고, 이를 처리하는 데 헬리콥터 머니로도 부족한 게 현실입니다. 실물과 자산 가격의 괴리는 결국 더 큰 변동성을 낳습니다. 또 시장 대신 중앙은행이 자원 배분을 감당함으로써 경제는 더 비효율의 늪으로 빠져들 것입니다. 가계보다 기업 쪽의 분배 몫이 더 커지고 계층 간 불평등이 심해지고 더 많은 사람이 자본소득에 의존하면서 사회는 점점 더 기울어진 운동장이 되어갑니다. 또한 슈퍼 윤전기를 보유한 기축통화국의 돈 잔치는 글로벌 불균형을 더 키울 것 같습니다.

윤지호 저는 경제가 좋아진다기보다 다시 위기로는 안 간다? 백신으로 방역에 성공하고, 경기부양 정책이 신속하고 과감하게 실행되었으니까요. 그렇다고 마냥 좋게만 볼 수도 없어요. 코로나19가 진정된다고 해서 경기 회복이 빠를 것 같지도 않거든요. 예를 들어 대외적으로 글로벌 공급 과잉 문제도 그렇고, 대내적으로는 자영업자들의 위기도 그렇고요. 우리 앞에 놓인 길은 길게 뻗은 포장도로라기보다 변동성이 수반되는 울퉁불퉁한 길 정도 아닐까 싶은데요.

김동환 결국 시장의 주도권은 연준에 의해 좌우될 겁니다. 주식 자체의 무게가 무거워져 있는 것도 사실이고 연준이 추가로 시장에 해줄 것도 한계가 있다는 주장도 맞습니다. 하지만 무엇보다도 2008년 이후의 연준의 스탠스, 적어도 연준 의장의 입장이 시장을 죽이는 정책으로 일관되지 않을 것이라는 확신을 당장 깰 이유는 없을 겁니다.

우리가 흔히 '샤워실의 바보'라는 얘기를 하지 않습니까? 샤워를 할 때 처음에 너무 차가운 물이 나와서 확 돌리면 또 갑자기 너무 뜨거운 물이 나와 화들짝 놀라지만 조금 지나면 최적의 온수가 만들어져 나오죠. 그런데 2008년 금융위기 이후에 우리는 너무나 따뜻한 온도에 익숙해져버렸습니다. 조금만 온도를 낮춰도 차갑다고 난리를 치고 실제로 감기에 걸리기도 하다 보니 어쩌면 냉수를 트는 수도꼭지를 합의하에 한동안 틀지 못하게 묶어버린 것 같아요. 더 이상 샤워실의 바보는 없는 거지요. 그저 조금 더 따뜻한지, 아니면 더 뜨거운지의 차이만 있는 샤워실이라는 얘깁니다.

연준이 뜨거운 혹은 따뜻한 물을 계속 틀어줄 거라는 신뢰가 깨지지 않는 이상 위기로 갈까요? 그러려면 누가 봐도 완벽한 버블이어야 할 거예요. 예를 들면 IT 버블 때처럼 말이죠. 그런데 지금은 사실 그 정도는 아닙니다. 주가가 비싸다는 건 인정하는데, 이게 완전히 통 치면 터질 만큼은 아니라는 거죠. 물론 무거운 건 맞습니다. 김한진 박사님이 '천칭 저울의 오른쪽에 주식이 있고, 왼쪽에 실물 경기가 있다'는 말을 한 적이 있는데, 저도 그게 적합한 표현 같아요. 주식 자체가 무거워져서 저울이 기울어질 수는 있죠. 어느 시점에 그 하방이 열려서 하락장이 올 수도 있을 거고, 2020년 상반기에 대거 들어왔던 개인투자자들은 빠져나갈 수도 있겠죠. 그런데 일부 현명한 투자자들을 잔류시키면서 또다시 올라가지 않을까요?

앞당겨 반영된 기업 이익과 유동성의 피크아웃

윤지호 켄 피셔(Ken Fisher)°가 이런 멋진 말을 했어요. "주가는 3개월 뒤나 12개월 뒤를 반영하는 거지, 지금 당장이나 너무 먼 미래를 '프라이싱(Pricing)'하지는 않는다"고요. 이를 '백미러 효과'라고도 합니다. 투자자들이 앞으로 일어날 일에 영향을 받기보다 방금 일어난 일에 더 큰 영향을 받는다는 거죠. 그래서는 안 되는데, 그런 경향이 다들 있는 거예요.

켄 피셔 피셔 인베스트먼트를 설립한 투자 전문가로, 성장주 투자의 대가인 필립 피셔의 아들이기도 하다. 켄 피셔는 전통적인 투자 기법에서 탈피해 자신만의 시장 예측 방법을 개발하는 것으로 잘 알려져 있으며, 그중 하나가 유명한 PSR(주가매출액비율)이다.

그래서 저는 방송이나 세미나에서 "반보 앞만 보고 가자"라는 말을 자주 합니다. 너무 먼 미래를 너무 빨리 프라이싱하는 것도 그렇고, 지금 당장 일어난 일에 일희일비하기도 그렇고, 1분기나 2분기 정도 앞을 가늠하면서 포트폴리오를 조정해가는 게 적절하다고 보죠.

여하튼 이런 단순한 방법을 적용해도 2020년 하반기는 쉬웠습니다. 3개월 뒤나 12개월 뒤를 놓고 보면 기저효과 때문에 실적이든 경제지표든 좋아질 수밖에 없었으니까요. 정확한 숫자는 아니지만 2020년 기업 이익은 90조, 2021년은 120조 정도가 컨센서스인 듯합니다. 증가율로 보면 엄청 좋아지는 거죠. 그런데 좋아진다는 것은 다 알고 있고, 그 의미는 좀 더 들여다봐야 합니다.

무엇보다 실제 경기 회복은 느린데, 전년 동월 대비라든지 전분기 대비 증가율은 좋죠. 보통 전년 동월 대비나 전분기 대비 증가율은 경기가 안정적인 상황에서 지난해의 동일한 시점이나 전분기에 비해서 얼마나 경기가 성장을 했는지 측정하는 데 사용하죠. 경기가 지속적으로 우상향하는 흐름에서 단순히 레벨을 보는 것은 가시적인 성장을 파악하기 어렵기 때문이에요. 다만 경기의 변동성이 높은 구간에서는 전년 동월 대비를 보는 것보다 우상향 추세가 얼마나 깨졌고, 얼마나 회복했는지를 보는 것이 더 효과적이라 할 수 있죠.

특히 코로나19 같은 충격을 비교 대상으로 놓기는 어려워요. 예를 들어서 매년 5000만 원의 연봉을 받는다고 했을 때 10년간 해마다 500만 원씩 올랐다면 임금 인상률로 계산이 되죠. 하지만 일시적으로 실직을 해서 500만 원만 벌다가 다음 해 재취직해서 3000만 원을 번다면 연봉이 600% 올랐다고 기뻐해야 하는 건지 의구심이 들지 않나요? 2021년이 그러합니다.

정상화 키워드가 백신과 바이든이었는데, 이제 둘 다 현실화됐어요. 바이든이 대통령이 됐으니 대외관계 정상화를 기대하겠죠. 하지만 보호무역주의와 자국우선주의가 모두 예상하는 것처럼 되돌려질지는 불확실하죠. 바이든 취임 이후에 재정 부양 기대가 높아지면서 국채 수익률이 높아진다고 해도 고밸류 업종 주식들이 버틸 수 있을지, 미국 주택시장의 하방 압력은 얼마나 높을지 알 수 없어요. 연준의 2023년까지 금리동결 기조와 자산매입 확대 유지는 백신과 재정지출 이후에도 담보되는 스탠스일지 불확실해요. 나열한 얘기 모두 아이러니하게도 정상화가 불러올 수 있는 리스크들입니다. 상반기 이후 정상화가 될수록 변동성이 커질 수 있는 변수들이에요.

투자의 거장 앙드레 코스톨라니André Kostolany가 주가와 이익을 주인과 개의 관계로 묘사한 것처럼, 이익과 주가는 서로 앞서거나 뒤처지는 경우는 있지만 결국 유사한 방향으로 움직입니다. 그런데 지금은 이익의 기댓값을 너무 당겨왔어요. 물론 이유는 있어요. '코로나19는 지나가는 바람일 뿐이다'라고 생각한 거죠. 유동성 장세가 마무리되고 실적으로 글로벌 경기가 다 같이 잘 돌아가는 흐름으로 나올 거라고 지금 시점에서는 속단할 수 없을 것 같습니다.

김한진 저도 지금 주가가 미래를 심할 정도로 앞당겨 반영했다고 봅니다. 기술주의 놀라운 성장 역량과 비즈니스 모델을 폄하할 생각은 없습니다. 하지만 모든 주가 조정의 근원은 주가가 '비싸다는 현상 자체'에 있죠. 지금 기술주 중심의 나스닥 기대수익률은 2.5%(PER의 역수) 정도입니다. 안전자산(국채 10년물) 수익률과의 격차는 고작 1%대죠. 주가가 좀 더 오르거나 실제 기업 이익이 전망치에 못 미치면 주가 매력은 더 약해집니다.

지금 우리가 얘기를 나누고 있는 2020년 말 현재, S&P500 기업의 2021년 주당순이익 컨센서스는 2019년 수준을 가리키고 있습니다. 코로나19가 없었다면 실적은 3년째 정체 상황입니다. 앞서 얘기했지만 세계 GDP가 2019년 수준에 이르는 시기가 2023년 정도로 예상되니 기업 이익은 이보다 2년이나 빠른 셈이네요. 눈이 9개 달린 증시는 이를 알기에 유동성을 지원군 삼아 PER를 높여 주가를 코로나19 이전 수준 위로 밀어 올렸습니다. 2020년 글로벌 주가 상승의 절반 이상은 유동성이 기여했습니다. 2021년 기업 이익은 2019년 수준에 불과한데 PER는 70%~100%가 비싸졌습니다. 2019년 초 S&P500 PER는 15배였고, 그때는 기술주 PER도 시장과 비슷했습니다. 지금은 시장 전체가 25배, IT 섹터는 30배에 달합니다.

저는 지금 '주가 상승 속도'에 대해 얘기하고 있습니다. 물론 잘못된 건 하나도 없습니다. '그분(주식시장)'은 원래 성격이 좀 급하니까요. 문제는 주가가 2021년 기업 이익 회복을 앞당겨 반영한 상태에서 앞으로 PER의 추가 상승(이익 증가보다 빠른 주가 상승)이 나오려면 유동성 증가율이 지금처럼 유지돼야 합니다. 하지만 통화 증가율이 2020년처럼 높기는 어렵죠. 물론 기업 이익이 계속 크게 늘면 강세장이 가능합니다만, 이 또한 쉽지 않은 게 기저효과가 긴 2021년 25%의 높은 이익 증가율이 2022년이나 이후에도 계속되기는 쉽지 않아 보입니다.

제가 혁신 기업들의 성장성을 너무 과소평가하고 있는지도 모르죠. 그게 아니라면 주가는 결국 2021년 어느 지점에선가 방향성을 잃고 제자리를 맴돌거나 프리미엄(PER) 축소로 일정 기간 조정을 보일 가능성이 커 보입니다. 물론 이런 고지식한 접근을 비웃고 주가가 거품 영역으로 더 달려갈 수도 있죠. 나중에 치러야 할 비용이 크더라도 투자자들은 지금 그걸 원하고 있을 거고요.

윤지호 2021년 경기나 기업 이익이, 현재의 기대치보다 더 높고 빠르게 개선된다면 두말할 것 없는 강세장이 될 수 있겠죠. 하지만 기업 이익에 대한 기대치가 다소 과하다는 생각입니다. 숫자를 찾아보니 2020년 말 현재 코스피 기업의 2021년 영업이익 컨센서스는 202.6조 원(36.7% YoY) 정도 됩니다. 2019년 138조 원 대비로는 46.8% 증가한다는 건데, 아무리 봐도 컨센서스가 좀 과한 느낌이에요. 2000년 이후 일반적으로 영업이익 컨센서스가 전년 말 대비 얼마나 하향됐느냐를 보니까 평균적으로 -12.3% 하향됐어요. 물론 더 큰 폭으로 하향이 나타날 수도 있지만, 평균치를 적용한다면 2021년 영업이익은 177.7조 원이 되고, 이는 2019년 대비 28.8%, 2020년 대비 19.9% 증가로 그래도 높은 수준이에요. 물론 과거의 평균치는 어디까지나 참고 대상이긴 하죠. 여하튼 이익의 방향성만 본다면 긍정적인 건 분명합니다.

어찌 보면 제가 너무 고루한 것일 수 있죠. 가까운 사례로 2019년 미국 증시를 볼 수 있는데, 당시 분기별 실적을 보면 1분기부터 4분기까지 매분기마다 증익을 기대했던 상황이었지만 실제 2019년 이익은 거의 플랫한 수준에 그쳤어요. 그런데 놀랍게도 지수는 거의 29% 상승했거든요. 실제로 기대했던 이익 레벨에 못 미치더라도 개선의 방향성이 유지되니까 주가는 하방을 지지하면서 상승할 수 있었죠. 저는 2021년 증시가 올라간다면 이런 모습이 아닐까 싶어요. 아니면 실적 시즌마다 다소 실망하면서 변동성 구간이 출현할 수도 있죠.

어떤 경우든 제 생각은 이렇습니다. 주가가 너무 빨리 올라왔고, 경기가 회복되는 속도와 주가 간 눈높이를 맞춰가는 과정이 불가피해 보여요. 실적 장세로 넘어가려면 숫자가 좋아져야 하고, 그래야 PER가 올라갈 수 있어요. 성급하게 단정 지을 시기는 아닙니다. 숫자를 확인하는 시간이 불가피합니다.

유동성 효과의 진실

유동성(Liquidity)의 사전적 정의는 자산을 현금으로 바꿀 수 있는 정도를 뜻하나 보통 자산시장에서는 화폐 또는 통화량을 유동성이라 부른다. 돈(화폐)은 사회에서 통용되는 가장 보편적 교환 수단이며 구매력이 가장 강한 지불수단이기 때문이다. 화폐는 중앙은행이 찍어낸 지폐와 동전을 뜻한다. 중앙은행이 법이 정한 독점 권한으로 찍어낸 화폐와 예금은행이 중앙은행에 맡긴 지급준비금을 합쳐서 본원통화라고 부른다. 총통화(M2)란 M1(현금과 은행요구불예금 등)에 정기 예·적금이나 단기 저축성예금, 실적배당형 금융상품 등을 포함한 보다 넓은 개념의 통화량이다. 총통화는 약간의 이자소득만 포기하면 언제라도 유동성으로 바꿀 수 있는 모든 저축을 포괄하므로 이를 시중 유동성으로 보는 데는 큰 무리가 없어 보인다.

그런데 사실 지금 주식시장에서 유동성 효과를 의심하는 사람은 거의 없다. 금리가 제로에 가깝기 때문에 그 자체만으로 영향이 크기 때문이다. '금리가 이렇게 낮은데 도대체 뭐 할 게 없어'라는 말에 모든 의미가 함축돼 있다. '돈을 많이 풀었으니 그만큼 자산 가격이 오르는 건 당연하지'라고 믿는 것도 당연하다. 사람들은 돈을 엄청나게 풀었으니 자산 가격도 '엄청나게' 올라야 한다는 식으로 말한다. 화폐 증발이 인플레이션으로 바로 이어지지 않는데도 통화 팽창은 어느새 자산의 화폐가격 상승과 동의어가 되어 있다. 예전에 비해 실질 유동성이 얼마나 늘었고 실물경제 규모나 자산시장 규모에 비해 풀린 돈의 크기가 어느 정도인지, 그리고 그 유동성이 자산시장에 미치는 힘은 앞으로도 동일할 것인지를 살펴보는 것은 한낱 쓸모없는 일일까.

2008년 금융위기 이후 최근까지 미국 연준(Fed)과 유럽중앙은행(ECB)이 찍어낸 본원통화는 약 5배가 늘었고 총통화는 2배 늘었다(2007년 말 대비 2020년 말까지). 같은 기간 경제 규모도 함께 커졌으므로 총통화의 크기를 GDP 대비로도 함께 살펴볼 필요가 있

미국과 유로존 본원통화와 총통화 추이

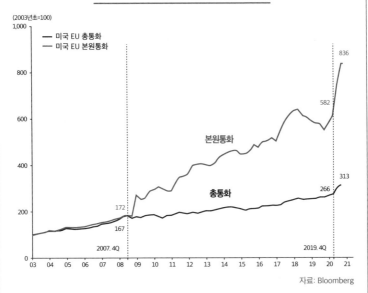

(2003년초=100)

- 미국 EU 총통화
- 미국 EU 본원통화

본원통화

총통화

172
167
2007. 4Q

582
266
2019. 4Q

836
313

자료: Bloomberg

다. 양 대륙의 M2/GDP 비율은 금융위기 직전 60%에서 지금은 112%로 2배 정도 높아졌다. 실물 경제에 비해 총통화가 약 2배로 더 불어났다는 뜻이다.

그렇다면 코로나19 이후로는 총통화가 얼마나 늘어났을까? 2019년 말 대비 최근 1년간 미국과 유로존 두 지역의 총통화는 5조 달러 늘었다. 코로나19 이전 대비 증가율로는 약 20%, GDP 대비로도 약 20%p 증가했다. 단기에 놀라운 증가세이며 양대 증시 시가총액의 10%에 달하는 유동성 증가다. 이런 금융완화 정책의 효과는 직간접적으로 작지 않다. 미국의 경우 총통화는 현재 19.5조 달러로 연간 GDP 규모와 맞먹는데 어찌 그 영향이 적겠는가.

하지만 강조하고 싶은 것은 앞으로 유동성 효과가 사라진다

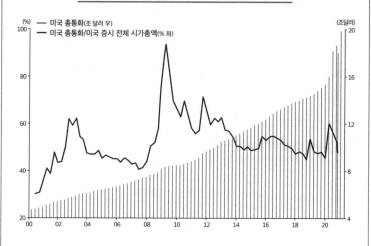

미국 총통화와 총통화/주식 시가총액 비중 추이

는 게 아니라 코로나19가 찾아온 2020년에 비해서는 유동성의 힘이 약해질 수 있다는 점이다. 본원통화가 총통화로 이어지는 승수가 경기 회복에도 불구하고 제한적이고, Fed와 ECB가 금리를 더 낮추고 돈을 더 찍어내는 데 한계가 있어 보이기 때문이다. 또한 중앙은행의 정부발행 채권 매입 규모도 2020년에 비해서는 줄 것 같다. 즉, 앞으로 중앙은행이 바이러스가 처음 몰아쳤던 2020년처럼 공격적으로 행동하기는 아무래도 명분이나 수단 모두 약해 보인다.

시중 유동성이 자산시장에 미치는 영향도 자산시장(주택 및 주식 시가총액) 규모가 계속 커져왔으므로 시장 규모 대비로 봐야 할 것이다. 코로나19로 미국에서만 1년간 총통화가 3.6조 달러 늘어 미국 전체 주식 시가총액 대비 총통화는 현재 50%다. 여전히 주식시장을 강하게 이끌 만큼 큰 규모다. 하지만 지난 2009년 3월(리먼

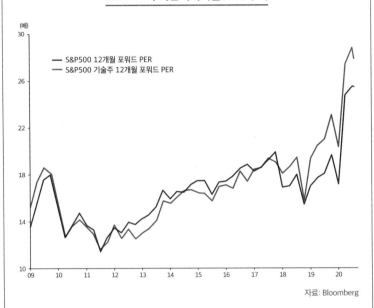

S&P500 주가순이익비율(PER) 추이

(배)

— S&P500 12개월 포워드 PER
— S&P500 기술주 12개월 포워드 PER

자료: Bloomberg

사태를 딛고 주가가 반등한 시점) 미국 총통화는 전체 주식 시가총액과 엇비슷한 수준이었다. 즉, 지금의 2배다. 지난 10여 년간 유동성도 급증했지만, 그 사이 주식시장의 무게도 커졌기 때문이다.

중요한 사실은 총통화의 크기가 주식 시가총액과 비슷할 정도로 증시에서 돈의 힘이 최고조에 달했던 2009년 초부터 강세장이 열린 건 맞지만 그 배경에 제로금리와 유동성만 있던 건 아니란 점이다. 2009년부터 2019년까지 미국 기업 이익은(S&P500 기업 주당순이익 기준) 약 3배 늘었고, 실물 경기는 10년 넘게 확장했다. 특히 2018년 중반부터는 각국 증시의 PER가 본격 상승했다. 기업 이익 추세가 워낙 좋다 보니 실적보다 더 빠른 주가 상승으로 미래

미국 장단기금리 스프레드와 주가 추이

주: 장단기 금리 스프레드는 미국 국채 10년물과 Fed Fund Rate 차이
bp=0.01%

이익을 앞당겨 사용한 셈이다. PER 상승은 주식이익률(PER의 역수)의 저하를 뜻한다. 장기금리는 기준금리 인상 없이도 유통시장에서 일정 폭 오를 수 있다. 연준의 기준금리 목표 상단(0.25%)보다 2%p 정도 높은 장기금리는 백신이 보급되고 물가가 조금만 높아져도 언제든 도달 가능한 레벨이다.

아무튼 지금은 증시가 10년 전보다 훨씬 낮은 출력의 유동성 엔진을 달고 비행해야 한다. 돈의 힘만으로 자산시장이 더 높게 날아오르려면 더 큰 유동성 지원이 필요하다. 비행기 동체가 무거워질수록 보다 큰 엔진이 요구되는 것과 같은 이치다. 돈이 정말 많이 풀렸고, 그 유동성의 주가 부양 효과가 지금도 결코 작은 수준은 아니다. 다만 앞서 강조했듯이 그 사이 경제와 자산시장 체격이 커져 증시 순항을 위해서는 유동성 말고 다른 게 더 필요하다. 더 빠른 경기 회복이나 더 놀라운 기업 이익 증가세가 바로 그것이다.

아! 물론 다른 방법이 하나 있기는 하다. 나중에 거품이라고 기록될 정도로 일제히 더 무리한 가격을 연출하는 방법이다. 증시가 남아 있는 유동성 효과와 코로나19 극복을 재료로 강세를 좀 더 이어갈지, 아니면 더 높은 고지를 향한 베이스캠프를 차리는 데 만족할지는 앞으로 시장이 더 비싼 밸류에이션을 수용할지 여부에 달려 있다.

부채 의존 경제,
순항할 수 있을까?

김한진 시장금리 상승은 경기 회복을 근간으로 한 좋은 금리 상승과 단지 채권 공급 증가에 따른 나쁜 금리 상승이 있습니다. 지금은 둘 다 가능성이 있습니다.

연준이 금리에 손을 대지 않더라도, 희미한 금리 인상 가능성만으로도 마켓은 딸꾹질을 할 수 있습니다. 거창한 인플레나 스태그플레이션을 말하는 게 아니고요. 코로나19가 물러가는 시점부터는 경기 확장에 대한 기대가 커질 테고, 중앙은행의 긴축 전환 시기가 다가오면 유동성 장세가 부담을 받을 수 있겠죠. 저는 금리 상승이나 유동성 위축이 세상의 종말을 가져온다고 보지 않습니다. 다만 주가나 집값 등 위험자산 가격이 펀더멘털에서 너무 벗어나 있을 때 그 가격 조정의 빌미로 작용할 뿐입니다.

사실 전 세계는 최근 '건전성 또는 적정성'과는 거리가 더욱 멀어졌습니다. 코로나19는 이를 더 키웠죠. 기업 재무구조, 재정 건전성이나 금융기관의 건전성(특히 일부 신흥국), 위험자산 비중, 중앙은행의 대차대조표 적정성 등이 무시되는 세상입니다. 저금리로 도를 넘은 부채가 묻지도 따지지도 않고 계속 늘고 있고, 제로금리하에서 모든 부채는 정당화되고 있습니다. 그 부채의 상당량은 위험자산 투자에 몰리고 있습니다. 코로나19 퇴치를 위한 막바지 과정은 '희망은 높지만 현실은 아직 어두운 시기'입니다. 더딘 경기 회복은 그 '적정성'에서 너무 멀리 가 있는 기업과 가계, 국가를 시험할 수 있습니다. 공실률이 높아진 쇼핑몰 등 상업용 부동산이나 모기지 대출, 한계기업의 신용등급 강등이나 외화채권 만기로 인한 신용 압박 등이 그 타깃이 될 수 있습니다.

윤지호 부채 의존 경제를 다들 걱정하면서도 여전히 부채를 늘려서 위기를 벗어나려고 하지 않나요? 새로운 시스템이 아직 출현하지 않았고, 기존의 부채에 의존한 시스템이 작동되고 있습니다. 미래에 '부채 의존 경제'가 순항할지, 무너질지 잘 모르겠어요. 제가 여의도에 있지 않고 사회단체에서 일하고 있다면 아마도 신용은 무한히 창출될 수 없다고 외치겠죠. 금융 자본주의의 종말? 그런 스토리로요. 2008년 금융위기 이후 자본주의는 무너지지도 않았고, 그 구조는 변화도 없어요. 바로 일상의 금융화입니다.

2020년 제 완독 리스트에 이에 관한 책 한 권이 있어요. 런던 대학교 경제학과 교수인 코스타스 라파비챠스 Costas Lapavitsas 의 『생산 없는 이윤』입니다. 금융화의 힘이 무엇인지 말하면서 금융화에 맞서야 한다는 논리를 반복 또 반복하는 지루한 책이에요. 그런데 묘한 흡인력이 있죠. 금융화에 맞서기 위해서는 공적 이익이 우선시 되어야 한다는 내용인데, 이 논리가 적용되면 세금 확대와 기본 소득, 그리고 결국 사회주의 아닌가요? 그런데 코로나19가 닥치니 정부가 돈을 직접 나눠주거나 돈을 써야만 하는 상황에 내몰려 있고, 실제 그런 정책이 실행되고 있습니다.

그런데 정부가 돈을 점점 더 많이 쓰다 보니 GDP 대비 정부 부채 비율도 올라갈 수밖에 없게 된 거예요. 비율을 낮추려면 분자인 정부 부채를 줄이거나 분모인 GDP를 확대하면 되는데, 이게 참 만만치 않아요. 일단 각국 정부가 코로나19발 경제 위축을 확실하게 회복하기 위해서 디레버리징 Deleveraging (부채 정리)에 신속하게 나서지는 않을 겁니다. 오히려 정부 지출을 확장하고 공공 부문 투자를 확대하면서 GDP를 확장시킬 가능성이 높아요. 코로나19 위기는 재정 건전화를 뒤로 미루고, 일단 경제를 살리고 난 뒤 고민하자라고 할 수 있죠.

예를 들어서, 중국 부채 위기설은 2013년 **그림자 금융**Shadow banking system ° 확대를 시작으로 해마다 계

그림자 금융 은행과 유사한 기능을 하지만 은행처럼 엄격한 건전성 규제를 받지 않는 금융기관이나 상품을 이른다. 중앙은행의 유동성 지원이나 예금자 보호를 원활하게 받을 수 없어 시스템적 위험을 유발할 가능성이 높다. '그림자'라는 말은 일반적인 금융시장과 달리 투자 대상의 구조가 복잡해 손익이 투명하게 드러나지 않는다는 점에서 붙은 것이다.

절 독감처럼 찾아오지만, 실제 부채 위기가 터지지는 않았죠. 생각해보면 우리만 걱정했지 시장이 과연 중국의 국가 부도 위기를 심각하게 고민을 하고 있는지 의문이 들 정도예요. 중국에 대한 걱정은 한국 투자자들이 더 하죠. 외환위기 트라우마에서 아직 벗어나지 못한 건지, 아니면 중국 부채 위기가 터지면 그때 주식을 사고 싶어서인지 여전히 중국의 국가 부도를 이야기하는 분들이 있죠.

근데 중국에 왜 위기가 발생하지 않았을까요? 일단 정책당국이 잘 관리해서겠죠. 또 현실적으로는 위안화로 국채 발행했으니까, 그러면 부채 문제는 안 터지는 것 아닐까요? 여기서 MMT가 떠오릅니다. 화폐란 교환의 매개 수단으로 쓰는 귀금속 같은 상품이 아니라 국가에 조세를 지불하려고 국가 스스로가 발행한 차용증서(IOU)일 뿐이라는 거예요. 조세를 징수하기 위해서 화폐를 발행한 게 먼저지, 조세를 징수해서 정부가 화폐를 획득하는 것이 아니라는 견해입니다.

넷플릭스에 「세상을 바꾸는 사람들」이라는 다큐 영화가 있는데요, 2018년에 미국 민주당 하원의원에 당선된 알렉산드리아 오카시오코르테스Alexandria OcasioCortez라는 정치인이 나옵니다. 당시 28세 히스패닉 여성 정치인으로 화제가 됐고, 그린뉴딜의 재원으로 적자 국채를 주장한 인물이죠. 이때가 소위 주류 경제학에서 말도 안 되는 **미신경제학**Voodoo economics°으로 취급되는 MMT가 많은 이들의 입방아에 오르게 된 계기 중 하나였던 때일 거예요. 말이

미신경제학 부두 voodoo는 미국 남부에서 행해졌던 일종의 주술적 종교를 말한다. 미신경제학은 정부가 공약과 정책을 내걸지만 실제로 효과가 나타나지 않을 경우 '국민을 상대로 한 일종의 기만행위나 마찬가지'라는 의미에서 사용된다.

되든 안 되든, 재정적인 예산 제약 자체를 부정하는 시각이 이미 많이 논의되기 시작했죠.

그런 이론으로는 재정정책과 통화정책은 원래가 하나라는 결론이 납니다. 정부 지출은 조세 수취와 독립된 행위니까 정부 지출이 세수에 따라서 제약될 이유가 없다는 논리도 가능하고요. 정부의 조세는 정부 재원 마련이 목적이 아닌 거죠. 정부가 균형 재정이라는 단어를 신경 쓸 필요도 없고, 경제적 목적을 위해 어떻게 지출해야 하는가를 고민하기만 하면 됩니다. 현실에서 가능한 정책은 아니겠죠.

여하튼 이러한 논리가 회자되는 이유는 앞으로 통화정책보다 재정정책을 통한 직접적인 경기부양이 불가피해서입니다. 국채 공급이 늘고, 이로 인한 금리 상승을 막기 위해 중앙은행이 국채를 사주고, 이런 전개를 누구나 예상하고 있으니까요. 여기서 '만약'이 등장하죠. 가계는 부채가 많고, 어느 나라나 결국 남은 것은 정부가 부채를 지는 방법밖에는 없는 상황에서 재정정책과 통화정책이 조화롭게 작동되지 않고 다소 균열이 나온다면 약한 고리의 개인, 약한 고리의 기업, 무엇보다 재정을 쓰기에는 체력이 약해 오히려 금리를 올려야 하는 이머징 마켓Emerging market 내 일부 국가들이 흔들릴 수 있겠죠. 그게 변동성을 키울 수 있습니다.

김한진 저도 그렇게 생각합니다. 정부가 돈을 찍는 주체가 되어 재정정책으로 완전고용을 이루고 세금 징수와 국채발행으로

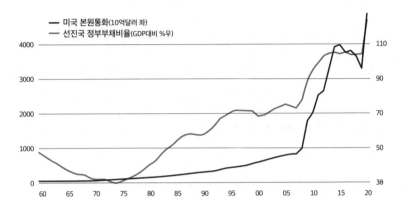

통화정책과 재정정책의 동반 확대 추이

— 미국 본원통화(10억달러 좌)
— 선진국 정부부채비율(GDP대비 %우)

자료: Bloomberg, FRB

시중의 과한 유동을 흡수하는 MMT는 일본의 경우 이미 실제 상황입니다. 그리고 인정하든 안 하든 모든 나라가 이에 점점 가까워지고 있습니다.

　적자 재정은 필수이고 화폐 발권은 금리 하락으로 이어져 구축 효과 같은 재정정책의 부작용도 막을 수 있다는 건데요. 문제는 이론처럼 그렇게 잘 돌아갈 거냐는 거죠. 선진국 중앙은행은 지금 모두 일본중앙은행BOJ을 닮아가고 있는데 아베노믹스(2013년부터 시작된 일본의 경기부양 정책)라는 강력한 정책은 결국 그리 성공적이지 못했습니다. 인구구조 개선과 엔화 약세 덕택에 초기 성과가 없었던 건 아니지만 정책의 장기 지속성에는 의문만 남기고 있습니다. 그것도 일본의 경우는 BOJ와 일본 금융기관이 전체 일본 국채의 85%를 보유하고 있어 국채의 무제한 발행이 쉬웠습니다. 기축통화국은 그렇다고 쳐도 신흥국은 재정 적자 확대를 어떻게 감당할지 모르겠습니다. 아무튼 통화정책과 재정정책의 경계는 더욱 모호해질 것 같습니다. 선언적으로 MMT를 도입하느냐 마느냐의 문제가 아니라 두 정책이 현실에서 이미 가까이 붙어 있다는 겁니다.

중국의 부채 문제

중국 부채 위기설은 생각보다 역사가 길다. 특히 2013년 그림자 금융을 시작으로 한 중국의 부도 위기설은 매년 끊임없이 제기돼왔다. 재밌는 점은 중국에 대한 기대감이 높은 시점에는 중국의 부채 위기와는 상관없이 주가가 상승세를 보였다는 점이다. 지금 와서 판단해보면 시장이 과연 중국의 국가 부도 위기에 대해서 심각하게 고민을 하고 있는지도 의문이 든다.

최근 중국 회사채 부도 우려가 확대되고 있다. 우려의 중심에는 칭화유니그룹이라는, 우리가 이름을 아는 기업도 회사채에 대해 디폴트Default(채무불이행) 선언을 했다는 점에 있다. 칭화유니그룹은 2020년 11월 6일 13억 위안 규모의 회사채 지급 불능을 선언한 데 이어 12월 10일 50억 위안에 대한 디폴트를, 자회사인 자광국제가 발행한 4.5억 달러 규모의 회사채 상환 불능을 선언했다.

칭화유니그룹의 회사채 디폴트 선언의 성격을 보면 중국 회사채 문제에 대해 좀 더 이해할 수 있다. 칭화유니그룹은 중국 반도체굴기의 대표 그룹으로 불린다. 중국 교육부가 칭화유니그룹의 대주주다. 교육부 아래 칭화대학이 있고, 칭화대학은 칭화홀딩스를 통해 칭화동방그룹, 치디그룹, 칭화유니그룹이라는 3개의 자회사 그룹을 소유하고 있다. 칭화홀딩스가 칭화유니그룹의 지분 51%를 소유하고 있고, 49%는 북경지앤쿤그룹이 소유하고 있다. 칭화유니그룹을 북경지앤쿤그룹의 회장인 자오웨이궈가 소유하고 있기 때문에 민간기업으로 판단할 수 있지만, 칭화유니그룹의 실질적인 대주주는 칭화홀딩스다. 즉, 교육부가 칭화유니그룹의 지분 51%를 소유하고 있어 본질적으로 칭화유니그룹은 정부가 소유한 국유기업으로 판단할 수 있다.

그렇다면 여기서 질문이 시작된다. '정부가 대주주로 있는 기업이 회사채 상환을 막지 못했을까?'라는 것이다. 이러한 질문은 지속적으로 제기되는 다음의 질문과도 유사한 성격을 가진다. '중국의 GDP 대비 정부 부채 비중은 매우 낮은 반면 회사채와 지방채 비중은 높다. 회사채와 지방채의 디폴트를 중국 정부가 방치할 것인가?' 하는 질문이다.

중국 정부의 입장에서 방만한 경영이 지속되는 기업이나 구조조정 필요성이 있는 기업군에 대해서 굳이 정부의 돈을 써가며 존속시킬 이유는 없다. 2016년 혹은 그 이전부터 지속돼오던 중국의 제조업 구조조정은 효율성이 떨어지는 기업을 굳이 정부의 힘으로 살리지 않겠다는 의미와 같다. 그래서 중국에서 말한 '쌍순환 전략[외적으로 수출·개혁 개방을 지속하면서 대내적으로는 내수를 키우고 활성화시켜 내순환(국내 시장)과 외순환(국제 시장)이 유기적으로 돌아가게 만들자는 중국의 전략]'이 제조업 부문에서도 중요한 의미를 가진다는 판단이다.

지금까지 중국 정부의 태도가 '소비확대 정책 + 제조업 구조조정'이었다면 쌍순환 전략은 '소비확대 + 제조업 유지'라는 측면에서 구조조정 작업이 슬로우해질 수 있다는 기대감을 갖게 한다. 중국 정부가 구조조정이 어느 정도 마무리 국면에 들어선 것으로 판단하고 있다는 의미이다.

쌍순환 전략과 함께 12월 11일 중국에는 새로운 단어가 등장한다. 바로 '수요측 개혁'이다. 시진핑 집권 이후 핵심 정책으로 제시되어 오던 '공급측 구조 개혁'과 대응되는 개념이다. 지금까지 중국은 과잉 생산 산업 해고, 부채 감축, 산업 구조 고도화를 통한 공급 측면에서의 개혁을 지속해왔다면 이제부터는 수요가 공급을 견인하고 공급이 수요를 창출하는 동태적인 균형을 생산하겠다고 선언했다. 성공할 수 있을지 여부에 대한 논쟁을 제외하더라도 중국이 공급측의 구조조정과 부채 감소에만 매달리지 않겠다는 의미는 충분히 전달한 셈이다. 앞으로의 경제성장 및 정책 방향은 구조조정보다 수요 확대에 더 크게 초점을 맞추겠다는 의미이고, 이는 정부가 판단했을 때 과잉 산업이나 부채의 위기 요인이 상당 부분 감소했음을 의미한다.

최근 중국이 시행하고 있는 금융시장 개방도 부채 문제에 있어서 단기적으로 긍정적 요인이다. 중국 내부로 유입된 자금이 많지 않은 상황이다 보니 금융시장의 개방을 따라 중국 내부로의 자금 유입은 지속적으로 이뤄질 수밖에 없다. 주식이든 채권시장이든 외부의 새로운 자금 유입은 자금 조달 문제에는 긍정적으로 작용할 것이다. 여기에 더해 위안화 강세 현상은 중국 내 투자에 대한 매력 증가 및 달러 표시 채권에 대한 비용 감소 요인으로 작용하게 된다. 현재의 상황이 중국의 위기를 우려할 상황은 아니다.

물론 5년에서 10년 뒤의 미래에 중국에 대한 외부 투자가 충분히 많아지고, 회사채 규모의 지속적인 확대, 달러화의 장기 강세 구간 전환 등이 나타나면서 중국 정부가 컨트롤할 수 없을 정도의 규모로 확대될 수는 있다. 장기적인 우려 요인으로 성장하는 해를 부정적으로 판단할 필요는 없다. 적어도 2021년 중국의 부채 위기가 국가 위기로 전이될 가능성은 없다는 판단이다.

통화정책에서 재정정책으로

2020년은 경제 전체가 큰 타격을 받은 한 해였지만, 정부 정책 측면에서는 그동안 머뭇거렸던 정책을 가속화할 계기를 마련한 해였다. 2015년 이후 긴축으로 전환하던 통화정책이 완화적으로 돌아섰으며 이제 시장은 통화정책을 이어받은 재정정책을 기다리고 있다. 2015년 이후 재정정책의 확대라는 기대감이 한 차례 배신을 당하기는 했지만, 현재의 경제 상황으로 봤을 때 이번에는 기대를 가질 이유가 충분하다.

일반적으로 2008년 금융위기 이후의 시대를 '뉴노멀'이라고 부른다. 단순히 경기적인 측면에서 말하자면 '저성장, 저금리, 저물가' 기조가 나타나는 현상을 의미하지만, 정책적 측면에서는 통화량의 급격한 증가로 새로운 정책이 출현하는 시대를 의미한다. 2008년 이후 금융시장에 대한 판단을 금융위기 이전의 정책과 경기를 바탕으로 하는 것이 어려워진 이유다.

금융위기 이후 정부는 1차 양적완화(QE1), 2차 양적완화(QE2), 3차 양적완화(QE3)를 통해 지속적으로 통화정책을 완화적인 방향으로 끌어왔다. 최근 시장에서 YCC~Yield curve control~(수익률곡선 통제)에 대한 논의가 많이 나오고 있는데 QE3 이전 연준은 오퍼레이션 트위스트~Operation Twist~(연준이 보유한 국채 중 단기 국채를 팔고 장기 국채를 매수해 전체 자산은 늘리지 않지만 보유한 국채의 만기를 재조정하는 것)를 통해서 이미 시장금리에 대해 개입을 시작했다. QE는 두 가지 새로운 움직임을 만들었다. 첫 번째는 연준의 자산을 급격히 끌어올려 중앙은행 자산(지급준비금)을 통한 기준금리의 조정이 불가능하게 됐다는 것이고, 두 번째는 통화량이라는 개념에서 기존의 전통적인 화폐통화 대비 지급준비금이라는 컴퓨터 계정상의 통화를 급격히 증가시켰다는 것이다.

전통적인 화폐 통화의 비중 감소와 기준금리 결정 방식의 변화는 결국 전통적인 통화정책의 시대가 마무리된다는 것을 의미한다. 세계 최대 헤지펀드 운용사인 브릿지워터 어소시에이츠를 이

끌고 있는 레이 달리오Ray Dalio는 아직 출간 전인 저서 『변화하는 세계 질서The Change World Order』에서 이와 유사한 변화를 언급했다고 알려졌다. 통화는 금과 같은 하드 머니Hard money에서 정부채나 달러화와 같은 피아트 머니Fiat money(법정화폐)'로 전환된다. 레이 달리오는 부채가 급격히 증가하면서 하이퍼인플레이션 등 자산 가격 상승이 나타나고, 피아트 머니는 다시 하드 머니로 전환되는 역사적 변화를 설명한다. 역사적으로 미국은 이러한 정책을 위기 때마다 사용해오고 있다.

1933년 미국은 통화량 확대를 위해 금본위제를 이탈했고, 1934년 달러의 평가절하를 공식적으로 단행했다. 1971년 닉슨 대통령은 금태환(달러와 금의 교환) 정지를 선언해 브레튼우즈 체제의 종료를 공식화했다. 금태환 정지로 인해 결국 달러화가 기축통화의 지위를 차지했고, 글로벌 화폐 체제는 금본위제에서 달러 본위제로 변화하는 모습을 보였다.

1985년의 플라자합의는 금본위제를 정지할 수 없던 미국이 자신의 통화를 자체적으로 약세로 만든 합의다. 이전의 통화정책이 기축통화인 금을 이용해 달러의 가치를 내렸다면, 플라자합의는 기축통화인 달러 자체의 가치를 하락시킨 것으로 해석할 수 있다. 2008년은 이러한 정책을 펼치기에 어려운 상황이었다. 1985년과 달리 모든 국가들이 고통을 받고 있었기 때문에 달러 가치를 빠르게 하락시키는 정책에 동조해줄 국가가 없었다. 미국은 달러화의 가치를 인하하기 위해 새로운 정책을 찾을 수밖에 없었고, 이러한 변화가 QE라는 새로운 정책을 가져오는 계기가 되었다. 실물통화로서의 달러 가치를 내릴 수 없다면, 가상세계의 계좌 확대(지급준비금 확대)를 통해서 달러의 가치를 하락시키거나 부채를 늘릴 수 있는 여지를 만들면 된다는 것이 QE의 핵심이다.

새로운 정책의 시대를 위한 이론적 준비는 서서히 이루어져 왔다. QE 이후 2012년을 지나면서 시장에서는 MMT라는 새로운 화폐이론이 조명을 받기 시작한다. 지급준비금 계정을 통한 정부의 통화 확대와 부채 증가를 용인해줄 수 있는 이론적 배경을 찾아낸 것이다. 여기에 추가적인 화폐 발행을 위해 CBDC(중앙은행 디지털화폐)라는 개념을 갖고 오게 된다.

과거에는 달러화의 가치가 급격히 하락하면 다시 금본위로 회귀하는 성격을 보였다면, 이제는 달러 이후 디지털화폐라는 새로운 통화 개념을 만들어내는 과정이 시작됐다. 시장을 예상하고 분석하는 입장에서 우리가 이러한 변화에 영향을 미칠 수 있는 방법은 극히 제한적이다. 결국 큰 흐름은 유동성이 증가하는 방향으로 갈 것이고, 우리가 할 수 있는 것은 이에 대해 적절히 대처해나가는 것이다.

2010년에서 2014년은 특이한 기간이었다. 정부가 늘려놓은 유동성을 시장으로 유입하기 위해 재정정책의 집행이 필요했다. 하지만 정부는 은행 계정에 돈을 집어넣은 상태에서 민간 기업이 은행을 통해 시장에 자금을 유입하기를 원했다. 이는 2010년 토론토 정상회의에서 재정 건전화를 논의하기 시작하면서 나타난 정부

지출의 제동이었다. 국제사회는 늘어난 정부 재정과 PIIGS(포르투갈 · 이탈리아 · 아일랜드 · 그리스 · 스페인 등 유럽 5개국)의 재정위기 때문에 재정 적자에 대해 두려움을 가지기 시작했고, 이머징 국가도 '취약 8개국Fragile 8(남아공 · 터키 · 인도네시아 · 콜롬비아 · 멕시코 · 헝가리 · 칠레 · 폴란드)'과 같이 재정에 부담을 가진 국가가 늘어났다. 물론 2009년 이후 회복세를 보인 경제도 정부의 추가적 지출을 제한하는 요인으로 작용했다.

결국 정부는 유동성을 늘려놓은 상황에서 민간 혹은 정부의 역할을 축소한 PPPPublic-private partnership(민관합작투자)를 통해 시장으로의 유입을 대신 시행하게 된다. 2016년 이후 우리는 인프라투자와 인플레이션에 대한 기대감을 높여왔지만 각국 정부의 입장은 조금 달랐다는 것이 시간이 지난 이후에 알 수 있는 사실들이다. 결국 경제성장률은 서서히 하락하는 모습을 보일 수밖에 없었다.

코로나19 사태는 이러한 현상에 대한 '게임 체인저'로 작용했다. 급격히 하락하는 경제를 두고 재정 건전화를 고민할 수 없는 환경, 혹은 핑곗거리가 만들어졌다. 시장은 과거 금융위기의 교훈을 통해 선제적이고 강력한 금융정책을 집행했다. 추가적인 자본 지출을 위해 기축통화를 갖지 않은 국가들은 중앙은행 디지털화폐를 개발하기 시작했다.

금융위기 당시의 교훈을 충분히 적용한다면 2021년은 미국 정부가 직접적으로 통화를 시장에 공급할 가능성이 높다. 이러한 과정을 위해서 필요한 것이 재정 지출이다. 정부가 사용하는 돈은 결국 시장에 직접적인 유동성 공급으로 작용하기 때문이다. 실제로 미국 연준의 자산 계정을 보면 정부 계정, 즉 정부가 사용하기 위해 중앙은행에 예금해놓은 자금이 급격히 늘어나 있다. 정부 계정은 2019년 말 3519억 달러에서 2020년 6월 1조 5865억 달러로 확대됐다. 5배에 달하는 수치가 상승한 것과 동시에 연준 자산 계정의 8%에서 22%로 늘어난 수치다. 이는 2008년 이후 연준의 자산 계정 상승이 지급준비금으로 이루어졌다는 것과는 대조적이다.

정부가 재정정책 집행을 통해서 자금을 늘리려는 의도는 분명히 확인되고 있다. 2021년 정부는 재정 집행을 할 것이고, 시장에는 연준 계정의 숫자가 아닌 실질적인 수치로 유동성이 늘어날 것이고, 인플레이션과 화폐 평가절하가 발생할 것이다. 우리에게 필요한 것은 이러한 변화에 어떤 방식으로 대응할지 결정하는 것이다.

금리라는 변수와
자산시장의 향방

김동환 시중금리가 다소 오를 수는 있을 겁니다. 단기적으로 금리에 가장 크게 영향을 주는 건 수급인데, 공급은 재정정책으로 늘겠죠. 그런데 저는 공급 측면보다 더 중요한 게 장기 채권에 대한 수요가 어떨지가 더 관심입니다.

실제로 시중금리가 튀어 오르려면 수요가 줄어야 합니다. 그런데 연준에서 유동성을 계속 풀고 있는데 갑자기 장기 채권에 대한 수요를 줄일 수 있을까요? 국부펀드와 각국의 연기금 그리고 민간 보험회사에 이르기까지 채권의 대기 매수세도 만만치 않습니다. 더구나 연준이 공식적으로 인플레이션 타깃팅을 평균으로 해준다고 했는데, 채권을 사는 입장에서 그것보다 확실한 버팀목이 없잖아요? 장기 금리의 상승은 제한적일 것이라고 보는 겁니다. 결국 금리의 상승이 위험자산 시장에 큰 부담을 줄 것 같지는 않습니다. 금리가 주식시장에 부담을 줄 때는 단기간에 급등해줘야 되거든요.

반대로 금리가 조금씩 길게 오르면 오히려 경기가 좋아진다는 신호로 해석할 여지도 있을 겁니다. 우리가 2019년에 제일 많이 걱정했던 게 장단기 금리역전 아니었나요? 장단기 금리가 역전되면 리세션Recession, 즉 경기 침체가 온다고 했습니다. 사실 주식시장이 리세션을 전망하면서 오를 수는 없는 거잖습니까? 차라리 어느 정도 범위 안에서 장단기 금리가 정배열 된 상태가 주가 상승의 전제조건이 됩니다. 이걸 연준에서도 충분히 인식하고 있기 때문에 AIT란 개념을 내세우면서 '2022년까지는 금리 인상을 안 할 것'이라는 가이드라인도 주는 거 아니겠습니까? 물론 시장의 기대에는 못 미치지만 그렇다고 시장의 폭락을 용인하지도 않을 거라는 강한 믿음이 사라진 것도 아니라는 점에서 금리가 2021년 미국 주식시장의 발목을 잡을 거라는 전망은 조금 과한 것이라고 생각합니다.

윤지호 구조적 저금리가 장기적으로 지속될 것이라는 컨센서스 속에서 자산이 계속 유지되어왔기 때문에 백신이 개발되고 경기 회복에 대한 기대가 생기면 제 생각에는 장기물 금리는 일단 움직일 거라고 봅니다.

김동환 그 순서로 따지면 주식은 더 오른 상태겠죠.

김한진 저는 전 세계 중앙은행이 이번에 금리를 내리지 않고 자산 매입도 일체 하지 않았다면 어땠을까 하는 상상을 한번 해봅니다. 돈을 풀지 않는 게 반드시 옳다고 주장하는 건 아닙니다만 중앙은행이 문을 닫고 직무 유기를 했다면 올해 세계 경제 성장률은 마이너스 4~5%가 아니라 그 이상으로 엉망이 됐겠죠. 코로나19 충격으로 더 많은 기업이 무너지고 더 많은 실업자가 길거리에 나앉고 상황은 더 끔찍했을 겁니다. 물론 자산 가격도 이처럼 많이 뛰지는 못했겠죠.

하지만 대신에 얻는 것도 있었을 겁니다. 그 고통의 대가로 지금부터 금리를 내릴 수 있는 여력도 있을 테고 부실 산업과 좀비 기업이 정리되었을 것이고 구조조정에 제법 성과가 컸을 겁니다. 무질서한 디폴트는 있었겠지만 피 같은 세금은 적게 들어갔을 겁니다. 경제 곳곳의 비효율이 개선되고 잠재된 부실을 털고 경제 체력도 강해져 있을 겁니다. 경기 대비 불균형적인 자산 가격과 금융 불균형과 계층 간 불평등도 적었겠죠. 파괴적 재생은 고통을 수반하지만 사실 자본주의의 가장 큰 강점 중 하나죠.

만약 향후 금리 인상으로 자산 가격이 폭락한다면 이 역시 치러야 할 추가 비용입니다. 경기를 방어하는 데 들어간 금융 완화 비용이 있음을 얘기하고 싶은 거죠. 특히 양적완화는 장기 GDP 성장을 완만하게 만드는 것으로 알려져 있습니다. 즉, 양적완화가 없었다면 당연히 경기 침체의 골은 깊었겠지만 대신 장기간 훨씬 가파른 민간 자율의 성장 궤적이 가능하다는 겁니다. 친절한 중앙은행, 증시 최후의 후견인으로서의 중앙은행이 반드시 옳은 걸까요? 정답은 없고 사실 투자하는 데 우리가 따질 필요도 없지만요.

다만 자산시장이 이젠 중앙은행의 손끝에 달려 있고, 중앙은행도 자산 가격 부양을 최우선 목표로 삼을 정도고, 중앙은행은 재정을 원하고, 재정은 제로금리를 필요로 한다는 사실입니다. 앞으로도 각국은 더 많은 한계기업을 살리는 데 더 많은 세금을 쓸 것입니다. 금융 완화로 불평등이 커진 가계를 달랠 사회 안전망 구축과 더딘 구조조정에도 불구하고 늘어나는 실업자와 가계소득 지원에 더 많은 재정을 투입하고, 민간 자율의 미흡한 성장 역량에 힘을 보태느라 더 많은 땅에 삽질을 해야 할 것입니다. 그러기 위해서 더 많은 세금을 거두겠죠.

안타깝지만 정부가 더 많은 일을 할수록 국민 경제의 효율은 떨어집니다. 더 많은 재정이 필요하고 정부 부채는 증가하고 제로금리가 아니면 그 부채를 유지할 수 없게 되는 진퇴양난의 상황으로 가고 있습니다.

제롬 파월 미국 연방준비제도 의장. 지금 자산시장은 미국 중앙은행의 손끝에 달려 있는 상황이 됐다.

윤지호 뉴노멀로 대표되듯 금융위기 이후 10년째 저금리 여건에 노출되다 보니 제로금리가 마치 '노멀'인 것처럼 인식되고 있죠.

저는 머리에 뭔가를 보충하기 위해 경제학 교과서의 개정판이 나오거나 새로운 교과서가 나오면 일단 사요. 읽지도 않으면서요. 그러다가 뭔가 잘 생각이 풀리지 않을 때 뒤져 보곤 하죠. 2020년 초에도 서점에 갔다가 제목이 특이해서 산 책이 있어요. '화폐금융론'도 아니고 '거시경제학'도 아니고 『거시금융경제학』이란 제목이 눈에 확 들어와서 샀죠. 증권시장도 다루고 통화정책도 최신 경향의 이론적 배경을 다루니 좋은 책임에 분명합니다. 군이 이 이야기를 꺼낸 건 이 책의 9장 제목이 '비전통적 통화정책'이기 때문이에요.

양적완화 자체가 비정상적 정책이에요. 뒤에 나온 정책도 마찬가지고요. 중앙은행이 돈을 푸는데, 그 돈을 시중은행들이 재예치하죠. 돈을 풀고 다시 돈을 흡수한다는 것 자체가 모순 아닌가요? 그러다 보니 중앙은행이 기준금리를 활용하기 힘들어졌고. 시중은행의 **초과지준금리**IOER°가 더 중요해진 거죠. 마이너스 금리라는 게 초과지준에 플러스가 아닌 마이너스 금리를 적용하면 돈이 시중으로 나와 순환될 거란 논리가 반영된 거니까요. 돈을 빌리면 이자를 주

초과지준금리 미국에서 시중은행이 중앙은행에 예치한 지급준비금(시중은행이 고객으로부터 받은 예금의 일정 비율을 중앙은행에 의무적으로 적립하는 것) 초과분에 제공하는 이자다.

는 게 당연한 건데 그렇지 않으니 비정상입니다. 비정상은 시간이 지나면 정상으로 조금 더 다가설 거예요. 저성장과 저인플레와 저금리는 같습니다. 성장하고, 돈이 은행에서 나오면 상황은 바뀌죠. 실질금리는 장기적으로 실질 성장률에 수렴하게 되어 있어요.

과거 경험들을 봐도 그렇고 이렇게 초저금리가 장기간 이어지면 필연적으로 버블이 잉태되고 자원배분의 왜곡은 불가피합니다. 물론 이미 버블에 들어와 있다 하더라도, 그 버블이 언제 터질지는 아무도 모릅니다. 주식시장의 강세만 이야기하지만, 더 큰 버블은 채권시장에서 진행되어왔고 지금도 진행형이죠. 부실한 재정을 지닌 남유럽 국가의 채권 가격을 보면 놀라울 뿐이에요. 채권시장에 비해 주식시장의 상대 가치는 여전히 쌉니다.

뮤지컬 「시카고」의 배경은 1920년대 미국이죠. 엄청 화려했던 시대인데, 빈부 격차도 극에 달했죠. 화려한 파티가 스윙재즈와

함께한 시절이었어요. 스콧 피츠제럴드Scott Fitzgerald의 『위대한 개츠비』가 출간된 해도 그때죠. 여하튼 1927~1928년 동안의 주식시장 평균수익률이 300%였다니 엄청났죠. 이후 우리가 다 아는 대로 1929년 9월 3일 '빵' 하고 터졌고요. 오해하지 마시길. 2021년에 이런 위기가 온다는 게 아니라 경기가 좋아지면 좋아질수록 역설적으로 조심 또 조심해야 한다는 거예요. 빚으로 주식을 사고, 그걸 팔아서 번 돈으로 생활하기에는 돌아가는 판 자체가 그리 만만치 않습니다. 주식투자를 너무 쉽게 생각하는 분들이 늘어나서 걱정입니다.

중앙은행의 돈 풀기가 과도한 게 부담이에요. 가격 형성이 왜곡될 수밖에 없으니까요. 양적완화는 더 조심스럽죠. 실물 전달 경로가 제대로 작동하지 않으면 인플레이션이나 고용안정이 아니라 자산 버블로 이어질 수 있어요. 인플레 기대가 다소 올라와도 바로 연준이 기준금리를 올리지는 않겠지만, 돈을 더 풀지 않겠다는 신호만으로도 주가는 출렁일 수 있어요.

자꾸 2000년대를 이야기하는데 그때는 글로벌 경제가 활력이 넘칠 때였죠. 과잉소비, 원자재 가격 상승이 그 온도계였어요. 경제 활력 그 자체가 다릅니다. 2010년 이후 실물 경기나 생산 활동과 별 상관없는 자산시장, 무엇보다 부동산으로 자금 쏠림이 선명했죠. 다시 강조하지만, 중앙은행이 일부 위험자산까지 매입하고 있는 현재 정책을 차차 거둬들이면? 부실기업이나 한계기업들의 구조조정이 불가피하죠. 만약 디폴트가 발생한다면 비우량 기업 회사채 등의 자산시장은 또 다른 충격을 받을 거예요.

한국은 더 위험합니다. 이자 비용보다 현금 흐름이 적은 한계 기업이 정말 많아졌거든요. 좋은 기업에만 투자해야 합니다. 투자할 기업은 줄어들고 있고, 투자할 기업이 줄어들었는데 투자해서 안 되는 기업들에도 투자를 하다 보니 점점 더 위험에 노출되는 거예요. 반면 좋은 기업은 더 많은 프리미엄을 받을 수밖에 없겠죠.

김한진 향후 주가 변동 요인을 어떤 분들은 재정정책, 어떤 분들은 유동성, 또 어떤 분들은 기업 실적, 이렇게 얘기를 하는데 다 맞는 말씀이죠. 세계 전체 시가총액 100조 달러를 10% 변동시키려면 10조 달러(한화 1경)의 재료가 필요합니다. 이런 측면에서 저는 주가 조정의 트리거Trigger는 앞서 김 소장님도 얘기했듯이 외부보다는 내부 요인, 즉 주가 자체라고 봅니다.

증시가 너무 무거워지면 주가가 저렴할 때는 별 악재도 아닌 것들이 악재 행세를 합니다. 지난해에 비해 금리가 조금 오르고 있느니, 어제 연준 인사 한두 명이 금리 인상을 언급했느니, 부양책 합의가 지연되고 있느니, 실적이 예상치를 조금 밑도느니 등 도처에 악재 거리만 보이죠. 특히 지금은 PER 같은 주가 밸류에이션이 높아져 있어 실적 전망 미스는 곧 주가에 상처를 줍니다.

사실 금융위기 직후 2009년 초부터 지난 10여 년간 통화는 2배 늘었는데, 이 기간 중 기업 이익(S&P500 기업 주당순이익 기준)도 3배 늘어 주가(S&P500지수)는 5배 올랐습니다. 유동성이나 실적, 어느 한 가지 이유만으로 주가가 장기간 오른 건 아니라는 거죠. 따라서 조정이 온다면 그 역시 복합적인 요인 때문일 겁니다. 그리고 늘 그랬듯이 주가 조정의 방아쇠는 당시 가장 취약한 고리에서 당겨질 가능성이 높습니다.

지금 증시의 아킬레스건은 금리입니다. 유동성의 증시 기여도가 높아졌고 시장금리는 유동성의 시그널이니까요. 더욱이 지금 글로벌 증시에서 프리미엄이 가장 비싸진 종목군은 혁신 성장주 그룹입니다. 금리 상승은 높은 PER의 성장주 기대수익을 가장 먼저 위협합니다. 실적 미스도 주당순이익(EPS) 위축을 통해 주식의 기대수익률을 갉아먹습니다. 글로벌 증시에서 높은 PER 기업들의 시총 비중이 높다는 건 만약 이들 성장주의 주가 조정 폭이 클 경우 전체 증시의 변동 폭도 클 것임을 시사합니다. 여기에 글로벌 자산시장의 상관계수는 지금 사상 최고로 높아졌습니다. 미국의 채권시장과 주식시장의 글로벌 시총 비중이 높으니 전 세계 주가와 금리가 함께 움직일 수밖에 없습니다.

윤지호 길게 보면 주가지수가 4000, 5000까지 갈 수 있겠죠. 하지만 지금 논의의 시기는 2021년이니까 저는 변동성 장세가 불가피하다에 한 표입니다.

유동성의 힘은 논외로 하고, '주가는 이익의 함수다'라는 틀에서 주가가 부담스럽거든요. 짧은 경험이지만, 제가 증시를 바라보면서 내린 결론 중 하나가 '이익이 한 단계 올라서야 주가도 올라간다'였습니다.

한국의 기업 이익이 큰 폭으로 개선된 경우는 2004년~2007년, 2009년~2010년, 2017~2018년 세 번이죠. 2000년대 중반에는 중국의 경기 개선과 소재 및 산업재 위주의 실적 개선, 금융위기 직후는 원화 약세와 수출주의 실적 개선, 2017년은 반도체 업종의 빅사이클. 2021년 실적이 아무리 좋아져도 2018년 최고 실적보다 낮을 거예요. 주가는 더 올라서 있죠. 할인율에 차이가 있고, 개인투자자들의 유동성 보강도 더 우호적이에요.

한국 증시의 시총을 분해해보면 이해가 더 될 거예요. 시가총액 상위 업종은 3개의 카테고리로 나눌 수 있죠. 반도체와 자동차 등 한국의 대표적인 수출 기업, 소재와 산업재 같은 구경제 업종, 바이오와 커뮤니케이션 업종 같은 성장산업. 반도체와 자동차 같은 수출주의 경우에는 실적이 좋았고 주가도 좋았죠. 바이오와 커뮤니케이션 업종의 경우 코로나19라는 상황을 겪으면서 실적의 개선보다는 주가 상승 속도가 더 가팔랐고요. 소재와 산업재의 경우 코로나19로 가장 큰 피해를 받았는데, 코로나19 탈출 시 가장 수혜를 볼 것이라는 기대감이 반영되고 있습니다.

커뮤니케이션과 바이오 업종의 경우 코로나19 수혜기업이고, 소재와 산업재는 코로나19 탈출 수혜기업인데 증시는 두 업종이 번갈아 가며 상승했어요. 누구든 기분 좋은 2020년이었죠. 2021년 실적이야 당연히 개선됩니다. 하지만 시장 전체로 보면, 바이오와 커뮤니케이션이 실적 둔화를 겪는 과정에서 소재와 산업재가 이를 메꾸고도 남을 정도의 실적 개선을 보이기는 어려워요. 전체로 보면 기대 이상이기 쉽지 않다는 것입니다.

그런데 이런 제 결론과 달리, 주가가 오르니 긍정적인 해석이 늘어나고 있습니다. 너무나 당연합니다. 돈을 넣고 수익이 나니 '더 더 달리자' 외치는 거죠. 그러다 보니 해석도 되도록 긍정적일 수밖에 없어요. 코로나19로 커뮤니케이션 업종의 실적 개선이 이어지고, 코로나19 이후 소재와 산업재 실적 개선이 동시에 일어날 거란 시나리오. 그런데 제가 보기엔 이런 기대가 주가에 상당 폭 반영되어 있어요. 바닥에 공을 세게 집어 던지면 던진 사람의 키보다 높이 올라갈 수도 있겠지만, 더욱 높이 올라가기 위해서는 단단한 기반, 즉 펀더멘털이 굳건해야 해요.

저는 2021년에 코로나19 이후 글로벌 경제가 재정비되고 다시 일상으로 돌아가는 속도가 빨라지면, 그때 확인하고 접근해도 된다고 봅니다. 현재 주가는 앞으로 좋아질 실적을 넘어서, 그 이후까지를 반영하고 있어요. 결론적으로 전반적인 실적 개선은 기대할 수 있지만, 그 중간 과정에서의 잡음은 불가피하지 않을까 생각합니다.

6장

—

바이든 시대, 시장을 보는 관점

미중 관계,
어떻게 봐야 할까?

김동환 바이든 시대의 미중 관계를 트럼프 연간보다 하모니의 시각으로 볼 거냐 아니면 더 악화된 불협화로 볼 거냐도 매우 중요하다고 봅니다. 물론 이런 얘기를 하죠. 오바마 연간에도 기술 패권이라는 측면에서 중국을 크게 압박했고, **리쇼어링**Reshoring ° 정책도 오바마 연간에 시작을 했다고요. 그래서 미국의 중국 때리기는 민주, 공화를 떠나서 미국 정치권 공통의 묵시적인 합의라고 보는 시각이 많습니다. 패권 전쟁에서 이기려고 한다는 얘기죠.

그런데 저는 조금 다르게 봅니다. 실제로 미국의 정치적 헤게모니를 장악한 사람들의 합의에 의

리쇼어링 '제조업의 본국 회귀'를 뜻한다. 장기화되는 경기 침체와 급증하는 실업난을 해결하기 위해 인건비 등 비용 절감을 이유로 해외에 나간 자국 기업을 다시 국내에 불러들이는 것을 말한다. 자국 기업이 해외로 이전하는 '오프쇼어링off-shoring'의 반대 개념이다.

해서 긴 흐름의 외교와 안보 그리고 대외적인 경제정책들이 발현된다고 보지 않거든요. 정치인은 자기 스스로와 자신이 속한 정파의 유불리에 의해 어젠다를 세팅하되 그 기저에 이른바 애국주의를 깔아두는 게 대체로 유리한 상황을 만든다는 공통적인 인식을 합니다. 그건 시대와 정파를 초월해 마찬가지입니다. 다만 우리가 경계해야 할 것은 미국의 모든 대외정책이 정파를 초월해 미국 국익을 위한 한 방향의 소명의식으로 만들어지고 구현된다고 생각하는 것입니다. 그런 생각은 위험한 결과를 가져올 수도 있다는 거죠.

미국과 중국의 패권 전쟁이 없다는 얘기는 아니지만, 그렇다고 어느 시점부터 전쟁을 시작해서 이를 계속하다가 종전을 하는 식의 과정으로 생각하면 안 된다는 겁니다. 더구나 상대가 지금의 중국이라면 이 싸움은 매우 오래갈 것이고, 그 기간 안에서 각 정당과 정권의 담당자마다 전혀 다른 전쟁의 양상을 보일 가능성이 있겠지요. 간혹 전쟁 불가론이 나오기도 할 겁니다. 트럼프 연간이 미중 관계에 있어 경제 전쟁의 악화 기간이었다면, 바이든 연간은 미중 간의 외교·안보 전쟁이 확대될 가능성이 클 겁니다.

국가 간의 전쟁에 외교·안보가 따로 있고, 경제가 따로 있냐고 할 수 있을 겁니다. 물론 맞는 말입니다. 다만 정치인에 따라 그를 뽑아준 유권자들에게 성과물로 보여줄 전리품의 성격이 다를 수는 있을 겁니다. 트럼프가 보여주고 싶었던 전리품은 미국 제품의 경쟁력과 낙후된 공업 지대, 이른바 러스트벨트의 부활 그리고 농산물의 안정된 수출이었다면 바이든 정부가 보여주고 싶은 전리품은 국제사회에서의 미국 리더십의 복원이고 중국보다 강한 금융과 서비스 시장에서의 압도적인 우위일 겁니다.

그러한 전리품의 획득을 통해 미국의 국부가 늘고, 그 늘어난 국부를 세금으로 걷어 부의 균형 잡힌 분배를 실시하고, 그럼으로써 민심을 얻어 다음 선거에서도 이기려고 하겠지요. 물론 바이든 정부의 전쟁의 방법도 시기적으로 변화해나갈 겁니다. 당장 2021년에 중국과 전면전을 할까요? 전쟁에서 승리하는 장수가 절대 하지 않는 게 있습니다. 바로 동시에 두 개의 전쟁을 하지 않는 겁니다. 지금 미국은 코로나19와의 전쟁 중입니다. 경제를 살려내는 전쟁에 올인해야 한다는 거죠. 이런 전시 상황에서 중국과 같은 강한 적에게 또 다른 전쟁을 도발할 수 있을까요? 2021년은 적어도 확전의 시기가 아니라 정전으로 찾아온 위장된 평화의 시간이 될 가능성이 큽니다. 동맹을 강화하면서 스크럼을 짜지만, 본격적으로 중국을 군사적으로 압박한다든지 하는 돌발 사태를 당장 걱정할 필요가 없는 이유입니다.

중국도 그걸 잘 알 겁니다. 시간이 필요하기는 중국도 마찬가지입니다. 중국은 상대적으로 코로나19의 상흔이 덜 한 건 사실입니다만 트럼프 연간에 워낙 세게 공격을 당해서 중국의 첨단기술 산업은 비교적 큰 내상을 입었어요. **일대일로**一帶一路도 부진하고 공급 측면의 구조조정도 완수되어 있지 않습니다. 바이든 정부가 중국 공산당의 역린逆鱗, 즉 주권의 문제만 본격적으로 건드리

일대일로 중국과 동남아시아·중앙아시아·아프리카·유럽을 육로와 해로로 연결해 경제권을 형성하는 중국의 전략이다. 시진핑 국가주석이 2013년 9월 카자흐스탄 방문 때 처음 주창했다.

지 않는다면 중국 시장을 열 가능성이 있습니다.

위안화 환율을 비교적 강하게 가져가는 이유도 거기에 있고, 알리바바를 비롯한 빅테크 기업들에 대해 독점 이슈를 새삼스럽게 제기하는 것도 미국의 개방 요구에 대한 사전 포석일 수도 있습니다. 공산당과 국가가 최종적인 통제권을 가진다는 걸 미리 대외적으로 알리려는 의도가 포함되어 있는 거죠. 마윈의 앤트그룹이 사실상 해체된 과정은 매우 상징적인 사건이라고 할 수 있습니다. 우리는 이런 것도 할 수 있다는 걸 시장 개방 전에 공지하고 싶은 생각이 있지 않았을까요?

어쨌든 중국도 미국의 시장 개방을 무시할 수는 없을 겁니다. 공정한 무역을 스스로가 강조해왔기도 하고요. 그래서 오히려 저는 2020년 중국 주식시장을 눈여겨보고 있습니다. 증시 격언에 '수급이 모든 재료에 우선한다'는 말이 있지요. 2020년 한 해 우리 주식시장이 폭발적으로 오른 이유는 뭐니 뭐니 해도 개인투자자들의 급격한 증시 참여이듯이, 2021년의 중국 시장은 외국인 투자자들의 참여가 본격적으로 늘어날 것을 예상한 중국 기관 및 개인투자자들의 선취매가 수급을 호전시킬 가능성이 크다고 봅니다. 그러려면 당연히 중국 공산당 정부가 정책적으로 키워야 할 산업이 가장 큰 수혜를 보지 않겠습니까? 그것도 미국과 덜 경쟁적이어서 압박의 대상에서 벗어나 있는 산업군이 좋을 겁니다. 그래서 저는 중국의 신재생 에너지 산업, 예를 들어 태양광, 풍력, 전기차 업체들에게 좋은 투자 기회가 있다고 보고 있습니다.

교역 문제와 무역 마찰,
축소될까?

윤지호 바이든 시대에는 무역 분쟁이 줄고 전 세계 교역이 늘어날 거란 기대가 있을 수 있겠죠. 트럼프가 너무 비상식적이고 일방적이었으니 당연히 나아지는 면도 있을 거예요. 하지만 경제성장이 멈췄는데 자국우선주의는 불가피한 선택일 수밖에 없지 않을까요? 저는 미중 무역은 트럼프 시대나 바이든 시대나 크게 다르지 않을 것 같습니다. 미국과 중국은 서로 신뢰하지 않으니까요.

경제학에서 가정한 합리적이고 이기적인 선택이 오히려 손해가 되는 결과를 초래할 수도 있는데, 이게 바로 '죄수의 딜레마' 상황이에요. 서로 신뢰하고 협력하면 둘 다 이익인데, 그 반대를 선택한다는 거죠. 게임이론을 좀 더 얘기해볼게요. 참가자는 미국과 중국이고, 전략은 글로벌 공조에 대한 협조와 배신, 보상은 경제성장이에요. 네 가지 조합이 도출됩니다. 미국이 배신하고 중국이 협조하면 미국 경제는 성장, 1985년의 플라자합의와 유사한 상황이죠. 중국이 일본과 달리 백기투항할 것 같지는 않아요. 미국이 협조하고 중국이 배신하면 미국 경제는 부진의 늪에 빠지죠. 미국의 경상적자가 심화되는 시나리오예요. 최악의 시나리오는 미국과 중국이 모두 배신함에 따라 보호 무역이 강화되고 환율 전쟁이 확산되면서 G2(미국과 중국) 모두 경제가 감속하는 경우입니다. 최선은 미국과 중국 모두 협조하는 경우고요.

바이든 시대의 미중 관계는 어떻게 달라질까? 이는 2021년 글로벌 경제를 바라보고 판단하는 또 하나의 관전 포인트일 것이다.

협조의 전제는 상호 신뢰입니다. 그런데 상호 신뢰가 아니라 서로 갈라선 것 같지 않나요? 물론 국가 정책이 합리적이라고 전제한다면, 갈등보다 협력이 공동의 부를 키운다는 걸 알 수 있겠죠. 그런데 국가 간 선택이 늘 합리적이지는 않다는 걸 우리는 이미 알고 있잖아요? 게다가 코로나19가 가져온 변화는 협력보다 각자도생입니다.

개인만 거리를 두는 게 아니라 국가 간의 거리도 이전에 비해 좁혀지지 않고 있어요. 중국이 생산하고 미국이 소비하는 2000년대까지는 아니더라도, 생산과 공급의 밸류체인Value chain 자체가 연결되기보다는 효율성이 떨어지더라도 각국이 글로벌 의존성을 줄이는 방향으로 바뀌고 있죠. 여기에 탈중국은 추세예요. 한마디로 중국을 중심으로 돌아가는 글로벌 제조업의 공급망을 재편하겠다는 거예요. 물론 한국이 중국의 빈자리를 차지하면 되는데, 이게 또 간단치 않죠. 우리는 중국 시장 없이는 성장하기 힘든 구조니까요. 미국이 주도하는 **경제번영네트워크** EPN°에 들어가면 중국을 국제 무역에서 배제하려는 미국의 의도와 함께하는 것이기 때문이죠. 이래저래 머리가 아픈 상황입니다.

경제번영네트워크 트럼프 대통령 행정부가 추진한 반중反中 경제 블록. 미국과 협력하는 국가들만의 산업 공급망으로 한국과 일본, 호주, 인도, 뉴질랜드, 베트남 등에 참여를 요구하고 있다.

미국과 중국의 새로운 관계 설정이 글로벌 경제에 여전히 부담이 될 겁니다. 둘 다 미래를 두고 다투고 있기 때문이죠. 미국과 중국의 무역 갈등 최전선에 '지식재산권'과 '기술이전'이 자리해 있어요. 이제 각자 일자리 창출과 생산성 향상을 위해 제조업을 육성할 수밖에 없는 상황에 처해 있죠. 바이든은 트럼프와 달리 국제기구를 통해 압박할 뿐 이러한 흐름이 바뀌지는 않을 거예요. 결론적으로 바이든의 미국 역시, 글로벌 분업화에 의한 교역량 회복은 제한적일 수밖에 없다고 생각합니다.

김한진 미중 관계나 무역 마찰을 바이든이란 변수와 바이든을 뺀 변수, 두 가지로 나누어볼 필요가 있겠습니다. 백악관은 협상 방식과 중국 견제의 방법론과 관련된 변수라고 봅니다.

미중 관계는 역사적으로 큰 변화 시점에 와 있다고 봅니다. 넓게는 선진국과 신흥국의 통상 질서 프레임의 변화 시기라고 볼 수 있고요. 가장 큰 이유는 교역 구조의 변화 때문이죠. 양국의 비교우위에 적지 않은 변화가 있지 않습니까? 재화와 서비스의 교역 비중 변화, 전통산업과 혁신기술 산업의 비중 변화, 생산 품목의 부가가치 변화 등이 미중 간 교역에 규칙 변경을 요구하고 있습니다. 초과 생산되는 재화와 초과 수요로 부족해진 재화 또는 서비스가 양국에서 모두 빠르게 변하고 있기 때문이죠. 또한 5세대 통신과 같은 전략 핵심 물품의 자국 생산 필요성이 커지고 있고, 셰일오일 생산에 따른 에너지 교역도 예전엔 없던 새로운 문제입니다. 아울러 미중 통상 문제에는 내수 중심의 경제체제로 이행하고 있는 중국의 시장 개방 이슈가 중심에 자리 잡고 있습니다. 중국에게는 개방 개혁과 관련된 이슈이자 국부 유출과도 관련된 민감한 문제입니다.

이처럼 양국 경제의 프레임 변화는 단기간에 끝날 문제가 아닙니다. 이제 겨우 시작이라고 봐요. 양국의 교역 질서에는 반드시 새로운 룰이 필요한데, 여기엔 양쪽 모두 첨예한 국익 문제가 걸려 있죠. 단지 '자유무역이냐 보호무역이냐'라는 이분법의 문제가 아닙니다. 트럼프는 이 문제를 '중국이 미국의 국익을 빼앗아갔고, 기술 탈취로 미국이 막대한 피해를 입었기 때문에 관세 부과로 벌을 주고 국익을 되찾아오겠다'라는 식으로, 즉 무역 불균형 측면에서 접근했죠. 물론 완전히 틀린 얘기는 아니지만 양국의 교역 질서 재편에 트럼프식 일방적 접근은 한계가 있습니다. 또한 EU 등 우방국에도 같은 기준을 적용해 미국이 국제적으로 고립될 위험마저 있었습니다.

바이든은 일단 이 문제를 미국이 만든 무역질서의 복원을 통해 접근할 것입니다. 민주당의 대중국 정책은 '중국을 견제하되 신

냉전으로 가지는 않는다'입니다. 바이든 정부는 중국에 대한 미 국민의 정서를 의식해 실리 위주로 중국을 견제할 겁니다. 트럼프가 만든 관세정책의 유산도 그대로 활용해 중국을 몰아갈 것 같습니다. 게다가 민주당은 기술 분야에서 중국의 위법 행위나 미국 기업에 대한 투자 규제 등의 문제를 동맹국과 연합해 더 엄격하게 다루고 인권 문제를 통해 중국을 압박할 가능성이 높죠.

따라서 미중 대립은 보다 복잡한 양상을 띠고 접점을 찾기가 더 어려워질 수도 있습니다. 물론 2021년은 바이든 정부도 코로나 19를 극복하고 경제를 살리는 게 최우선 목표일 테니 중국을 최소한의 범위에서 압박해 들어갈 것 같습니다.

아무튼 바이든이 자유무역주의를 지향하므로 당장 세계 교역이 증가할 거다, 이렇게 보기는 어려운 거죠. 세계 교역 둔화는 각국의 성장 둔화와 글로벌 밸류체인의 약화에 따른 부분도 크기 때문에 피할 수 없는 추세라 생각됩니다. 교역의 파이가 제자리거나 줄어드는 상황에서 미중 무역 마찰은 중국에 더 큰 부담이 될 수 있죠. 중국은 아직은 미국과 전면전을 원하지 않습니다. 미국의 공격 수위에 맞춰 대응하는 게 기본 전략일 겁니다. 중국은 수출 비중이 더 줄고 기술이 더 고도화되도록 가능한 시간을 벌면서 대응할 것입니다.

윤지호 중국은 2001년에야 WTO에 가입했어요. 대통령은 클린턴일 때였고, 당시 바이든은 상원 외교위원장이었죠. 그때 바이든이 방중을 먼저 했다고 해요. 아마도 이런 생각을 하지 않았을까요? '중국 경제가 발전하면, 중국 정치 체제도 민주적 체제로 이행될 가능성이 높다'는 그런 기대! 하지만 현 상황은 어떠합니까? 중국 경제가 발전하니까 그 힘으로 그들의 정치 체제를 더 강화해요. 중화주의에 빠지는 건 아닌지 의심이 들 정도죠.

시간의 무게만큼 상원 외교위원장 시절의 바이든과 대통령 바이든의 상황 인식이 달라졌을 거예요. 제가 그냥 하는 말이 아니라 이미 지난 선거기간 동안 중국에 대한 공격적 발언을 바이든이 많이 했습니다. 그 대표적인 게 중국의 지적재산권 침해와 보조금 정책입니다. 중국은 중국 내에서 사업하는 기업들에 기술 이전을 강요했고, 지적재산권 공유를 요구했어요. 이에 대해 공화당, 민주당 상관 없이 미국의 반감은 매우 큽니다. 트럼프의 중국 때리기처럼 직접적이고 거칠지는 않겠지만, 바이든 역시 중국을 전방위로 압박할 거예요. 바이든은 표면적으로는 자유무역주의 통상정책의 기조를 강조하겠지만, 그 자유무역주의를 위해 WTO를 중심으로 한 다자주의 체제로 통상 이슈를 다룰 겁니다.

저는 바이든보다 미국의 집권당이 민주당이라는 게 더 중요하다고 봐요. 민주당은 국제기구를 잘 활용하죠. 특히 WTO는 더 그렇죠. 1995년 WTO 출범 이후 중국, 대만, 한국 등 동아시아의 수출 중심 제조업 국가들의 피제소 건이 전체의 43%(2019년 기준)나 돼요. 왜 그럴까요? 자국 이익을 위해 추격 국가들에 대해 견제하는 거예요. 일본이 제조 강국으로 군림할 때 피제소 건은 전체의 최대

20%에 달했어요. 결국 일본은 못 버티고 이후 반도체를 비롯한 주요 산업 내 지위를 잃게 되죠. 지금은 중국이 미국에 도전하는 형국입니다. 민주당 역시 대중국 견제를 위한 무역정책을 쓸 겁니다, 강하게요.

저에게는 이런 이미지가 뚜렷해요. '미국 민주당이 집권하면, 한국 경제를 압박한다.' 바이든 역시 짧은 허니문 기간이 끝나고 나면, 자신의 본심을 드러낼 겁니다. 사실 민주당이 공화당보다 당 색채로는 더 보호무역주의에 가깝습니다. 슈퍼 301조°의 부활도 민주당 클린턴 대통령 때의 일이고, 바이 아메리칸(미국 정부의 자국 물자 우선 구매정책)이나 리쇼어링 정책도 오바마 때 벌어진 일이고요.

김동환 평상시의 정권 교체라고 하면 저는 민주당의 무역 혹은 대중 관련된 외교·안보 강경 노선이 발현될 소지가 충분하다고 봅니다. 그러나 지금 바이든 정부는 트럼프가 만들어놓은 경제적 고립주의 노선에서 정상으로의 복귀가 더 시급한 상황이고, 여전히 코로나19가 미국 경제를 압박하고 있는 상황에서 기존 민주당의 강경책을 써야 할 명분이 없습니다. 달러 가치가 추락해 있는 상황에서 수입 물가를 더 올리는 관세 정책을 펼 이유가 있을까요?

거듭 말하지만 미국 시장에 들어오는 다른 나라 제품 가격을 높여서 장기적인 미국 제조업의 경쟁력을 강화하는 요원한 정책을

슈퍼 301조 미국 통상법 301조가 불공정 교역 상대방을 규제하는 데 한계를 보이자 1988년 보다 신속하고 강력하게 보복할 수 있도록 개정한 종합무역법상의 한 조항이다. 한시적으로 2년 동안 운용되다 폐기됐는데, 1994년 클린턴 행정부가 이를 부활시키고 불공정 무역관행국에 대한 보복 조치와 발동 절차를 규정했다.

펼 여유가 없다는 얘기입니다. 대외정책에 관해서도 중국을 압박하기 전에 더 시급히 해야 할 것은 트럼프 연간에 분열된 동맹의 회복일 겁니다. 전쟁을 하려면 피아의 구분이 가능해야 할 텐데 지난 4년간 동맹의 대오는 깨졌고, 그러는 사이 중국의 영향력은 더 커졌기 때문에 바이든 외교·안보 라인의 첫 번째 임무는 전선을 파악하고 분열된 동맹을 회복하는 일입니다. 우리 한국도 매우 중요한 회복의 대상입니다.

기억하죠? 트럼프는 우리에게 열 배가 넘는 방위비 분담금을 요구했습니다. 물론 실현되지는 않았고 전형적인 트럼프의 협상술이라고 할 수도 있을 겁니다. 다만 그런 일련의 소동을 겪으며 우리 국민들은 미군의 주둔을 조금 더 객관화해서 보게 되었습니다. 미군은 지난 70년 동안 한반도에 주둔해왔습니다. 이데올로기로 분열된 냉전 시대에는 한반도가 자유 진영의 최전선이었기에 그 주둔은 비단 대한민국의 안보를 위해서가 아니라 미국 중심의 시장경제 체제의 보루를 지킨다는 의미가 컸을 겁니다.

냉전 체제가 무너진 지 벌써 30년이 됐습니다. 이제 한반도에 주둔한 미군의 주적은 구소련에서 중국으로 대상의 변화도 있었습니다만, 냉전 시대와 같은 이데올로기로 인한 대결 구도가 경제적 패권 전쟁의 양상으로 성격이 변화한 것도 동시에 진행됐습니다. 자연스럽게 미국의 입장에서 대규모 병력 주둔의 필요성이 떨어졌습니다. 체제의 경쟁이 아닌 경제 전쟁의 프레임으로 바꾸어보면 미군의 주둔은 당위가 아니라 선택이 됩니다.

선택은 항상 합리성을 전제합니다. 합리는 경제성의 다른 말입니다. 당연히 주둔 비용이 부담스럽고 미군의 주둔을 더 필요로 하는 측에서 더 많은 비용을 부담하는 게 미국의 입장에서 합리적이라고 생각할 수 있습니다. 이런 현실 인식이 트럼프의 협상술과 맞아떨어지면서 열 배나 되는 방위비 분담금을 요구할 수 있었던 것이라고 봐야 합니다. 적어도 못 먹는 감 찔러나 보자는 식의 요구는 아니었다는 얘기지요.

바이든이 펼칠 동맹의 강화는 우리에게 기회와 위기를 동시에 줄 겁니다. 트럼프는 경제적 실리를 위해 동맹의 가치를 희생하는 고립주의를 추구했다면, 바이든은 동맹의 복원을 통해 영향력을 확대하고 그 영향력의 확대가 미국의 국익에 더 크게 기여할 것이라는 생각을 하고 있을 겁니다. 당연히 한국에도 동맹으로서 현실적인 부담을 줄여주는 대신 확실한 줄서기를 요구할 것이고요. 적어도 2021년간 우리 정부는 미국과 중국으로부터 기대 이상의 우호적인 러브콜을 받게 될 가능성이 있습니다. 우리 정부가 상대방 쪽으로 확실히 줄을 서는 걸 막고 자신들에게 우호적인 입장을 유지하게 노력할 것입니다.

다만 러브콜은 그야말로 한시적일 것입니다. 우리 정부의 반응이 실망스러울 경우 러브콜은 강한 압력으로 돌아올 겁니다. 어느 때보다 우리 정부의 외교정책이 중요한 이유입니다. 러브콜의 기간을 최대한 연장시키면서 그 효과도 장기적으로 나올 전략을 구사해야 합니다. 어려운 일이죠. 우리는 이미 중국의 사드 보복으로 엄청난 타격을 받았던 경험이 있고, 지금도 그 여파에서 완전히 벗어나지 못하고 있습니다.

이런 상황이 우리 대한민국에서만 벌어질까요? 전 세계의 동맹들이 비슷한 선택을 강요받게 될 것입니다. 2021년은 경제적 고립주의에서 정치적 동맹주의로의 복귀가 진행될 것입니다.

윤지호 미국은 지금 코로나19로 인한 경기 침체를 수습하는 게 먼저니까 다른 나라를 살펴볼 여유가 없겠죠. 경기 회복을 하려면 자국민의 실질 소득도 높여야 하고, 자국 내에 일자리를 만들어야 해요. 이럴 때 동원되었던 것이 보호무역주의였어요. 미국은 힘이 있거든요. 우연의 일치처럼 미국의 큰 위기(저축대부조합, 금융위기) 이후 집권한 대통령은 민주당에서 나왔어요. 민주당이 돈을 쓰고, 무역 보복을 하고, 재정을 건전화했습니다,

클린턴과 오바마 재임 시절을 떠올려보세요. 위기를 극복하는 초기에는 미국이나 한국의 주가가 함께 올라가는데, 어느 시점이 되면 미국은 좋고 한국은 주춤했죠. 바이든은 29세에 상원의원이 돼서 36년간 상원위원으로 지냈고, 오바마 행정부에서 8년간 부통령을 지낸 미국 민주당 가치에 가장 충실한 정치인입니다.

쌍둥이 적자를 줄이려면 대중 무역수지 적자를 줄여야 합니다. 대외 개방과 공정 무역, 중국 수요 자극의 정책을 요구할 게 분명하죠. 특히, 코로나19 위기를 극복하는 과정에서 미국 정부의 이전소득(공적 및 사적 보조금) 정책은 고스란히 중국 기업에 돌아갔어

요. 자국의 정부가 돈 풀어서 남의 나라 기업에 이득을 안겨줬다는 걸 아마 미국인들은 좌시하지 않을 거예요. 가뜩이나 코로나19의 진원지로 중국에 대한 반감이 커진 상황에서 당장 대중 유화책으로 선회하기 쉽지 않죠. 바이든이 되었다고 해서 이미 시작된 탈세계화가 멈추고 다시 세계화로 갈 가능성은 낮죠. 역사적 사실은 간단해요. 공화당은 자유무역적이고, 민주당이 더 보호무역주의에 가깝다는 거죠.

김동환 트럼프의 경제적 고립주의의 근간에 셰일 에너지가 있었습니다. 셰일 오일Shale oil은 2010년대에 들어와서 상업화되었죠. 강한 제조업의 기본은 저렴하고 질 좋은 노동력과 함께 안정적이고 저렴한 에너지 비용입니다. 셰일이 상업화되기 전 미국은 중동으로부터 막대한 원유를 수입해야 하는 나라였습니다. 그런데 이제 미국은 원유의 수출국이 되고 있습니다. 새로운 공급의 확대로 국제 유가는 최근 몇 년간 안정되었습니다.

미국의 입장에서 원유 수입의 필요성이 없어졌다는 건 경제적 고립주의로 나가는 근간이 됩니다. 대외 의존도를 낮추면서도 자국 제조업의 경쟁력을 강화시킬 수 있었습니다. 트럼프 연간에 동맹이 약화된 것도 원유의 수입 감소와 연관되어 있습니다. 미국의 가장 중요한 원유 수입국은 사우디를 비롯한 중동 국가들입니다. 미군의 주둔지를 한번 볼까요? 사우디, 이라크를 비롯한 중동에 밀집해 있고 싱가포르, 필리핀, 오키나와, 괌, 하와이로 연결되어 있습니다.

텍사스 주 서부 퍼미언 분지에 있는 셰일 오일 추출 시설. 이미 미국은 셰일 오일로 세계 최대 산유국 지위로 올라섰다.

원유의 생산과 수송에 매우 중요한 전략적 요충지들입니다.

만약 원유 수입이 더 이상 없다면 이 많은 미군의 주둔 기지가 필요할까요? 물론 패권 국가인 미군의 주둔을 안정적인 원유 수입으로만 정당화할 수는 없겠지요. 그러나 최대 원유 수입 국가 입장에서 인도양과 태평양을 건너올 원유의 안정적인 확보만큼 중요한 일도 없을 겁니다. 그런 의미에서 셰일의 본격적인 생산과 그로 인한 국제 유가의 하락 안정세는 미국의 동맹 관리에도 근본적인 변화를 가져왔다고 할 수 있을 겁니다. 만약 미국에 중동산 원유가 여전히 필수적이었다면 트럼프가 예루살렘을 이스라엘의 수도로 인정하는 조치를 할 수 있었을까요?

이런 상황에서 바이든이 집권했습니다. 그는 외교정책 분야에서 40년간 정치를 해온 대통령입니다. 동맹을 어떻게 관리해야 하는지를 잘 알고 있죠. 국내적으로도 그렇지만 대외적으로 바이든 행정부의 급선무는 트럼프 정책을 오바마 시절의 정책으로 복귀시키는 것입니다. 취사선택이 아니라 전면적인 부정이 이어질 겁니다. 바이든이 백악관의 오벌 오피스Oval office(대통령 집무실)에서 가장 먼저 서명하게 될 서류는 트럼프가 가장 먼저 서명했던 파리기후변화협약의 탈퇴를 돌이키는 복귀 서류가 될 것이라고 봐요. 매우 상징적인 장면이 연출될 겁니다. 파리기후변화협약은 지구의 미래에 대한 각국의 연대의 상징이죠. 미국 주도의 국제질서의 새 출발을 알리는 서명이 될 겁니다.

　물론 현재 진행 중인 글로벌 팬데믹이 어떤 양상을 보일 것이냐가 중요한 관건이 되겠습니다만, 상반기 중 주요국들의 백신 접종이 어느 정도 마무리된다는 전제하에 전 세계는 경기의 회복을 경험하게 될 것입니다. 이번 경기 회복은 트럼프 연간에 위축되었던 국제 통상의 증가 추세와 함께 이뤄질 가능성이 많아요. 우리 수출이 추세적으로 증가할 가능성이 큽니다. 기저효과를 뛰어넘는 성과가 나올 가능성이 있습니다.

　이미 2020년 11, 12월 수출 실적은 2019년의 실적을 상회했습니다. 적어도 2021년 상반기까지 우리 수출은 큰 폭으로 늘 겁니다. 이는 우리 상장 기업들의 실적 증가로 이어질 것이고, 이를 선반영해서 우리 주식시장이 지난해 2900포인트에 육박하는 초강세를 시현한 것으로 이해해야 합니다. 조정의 이유도 충분하지만, 조정 후 다시 큰 폭의 랠리를 이어가는 것이 부족하지 않은 이유를 미국의 대외 전략의 변화에서 찾을 수 있다고 봅니다.

중국은 금융과 인터넷 시장을 개방할까?

김동환 트럼프 연간의 미중 협상을 보면 중국 시장의 개방에 대한 의제가 그렇게 심각하게 다뤄지지 않았습니다. 오히려 중국 기업들의 미국 수출을 억제하는 논의, 즉 관세와 기술 탈취 문제가 주요한 의제였죠. 물론 중국의 미국산 농산물 수입 확대가 중요하게 다뤄졌습니다만, 사실 이는 중국이 사주는 것이지 시장의 개방과는 전혀 다른 논의입니다. 어차피 사야 할 콩과 옥수수를 미국산으로 더 많이 사달라는 요구였던 거니까요. 그런데 바이든 시대에는 중국의 완전한 시장 개방을 요구하게 될 겁니다. 전혀 다른 방향의 패권 전쟁이 시작되는 것으로 봐도 됩니다.

미국이 경쟁자를 도태시키는 경로는 군사 외교적으로 고립이나 금융 경색을 통한 위기의 조장입니다. 구소련의 해체 과정이나 80년대 일본의 버블 붕괴도 어쩌면 미국의 정기적인 2인자 도태 전략의 발현으로 이해할 수 있을 겁니다. 특히 금융은 매우 중요한 수단이고, 전 세계에서 금융시장에 관한 한 지금까지도 압도적인 경쟁력을 갖추고 있는 나라가 바로 미국입니다.

이런 미국의 금융이 힘을 쓰려면 상대국이 먼저 미국 자본에 개방되어 있어야 합니다. 그것도 흔들 수 있을 정도로 미국 금융 자본이 침투돼야 합니다. 2016년 위안화 위기 때 중국이 버틸 수 있었던 것은 낮은 수준의 개방 때문에 미국의 금융 자본이 중국의 몸통을 흔들지 못하고 홍콩을 통해 간접적으로 공격을 했기 때문입니다. 물론 미국 정부가 나서서 한 일이 아니기도 했으나 만약 당시의 중국이 우리와 같은 수준의 완전한 개방이 되었다면 전혀 다른 양상을 보였을 겁니다.

중국의 입장에서 금융과 자본시장의 개방은 독이 든 성배일 수 있으나 패권 국가로 자리매김을 하는 데 필수적인 과정이기도 합니다. 금융시장을 폐쇄한 채는 위안화 국제화도 요원하고, 현재 위안화의 위상으로 국제 결제 통화가 되는 것은 더욱 요원한 일이죠. 경제 규모에 부응하는 위안화의 위상을 구축하는 첫걸음은 시장을 개방하는 일입니다. 바이든의 요구에 응해주면서도 중국 금융시장의 국제화를 도모할 이유는 충분한 것입니다. 다만 어떤 경우에도 중국 공산당이 시장을 컨트롤 할 수 있다는 자신감을 대내외적으로 천명하면서 현재와 미래의 자본을 길들이려고 할 것입니다. 그 상징적인 조치가 마윈의 앤트그룹에 대한 제재일 수 있겠지요.

김한진 미국은 '우리가 원하는 건 좀 더 통 큰 시장 개방인데 좀 쉽게 갈 수 없겠니?'라고 말하고 있고, 중국은 '우리는 아직 준비

중국 금융당국은 알리바바에 대한 독점금지법 조사에 착수하고, 알리바바그룹의 계열사인 앤트 그룹의 상장을 무기한 연기하는 등 마윈을 정면 겨냥하고 있다.

가 안 돼 있거든. 좀 기다려'라고 응수하고, 그럼 또 미국은 '일단 우리한테 물건 팔려면 세금부터 더 내시고'라고 옥신각신하는 와중인 것 같아요. 하지만 결국 시간의 문제일 뿐 상업적인 접점을 찾아가지 않을까요? 미국과 중국, 둘 다 궁극적으로 원하는 게 냉전은 아닐 테고 문을 닫고 살자는 것도 아니니까요.

김동환 중국의 새로운 경제정책으로 부각된 것이 '쌍순환'입니다. 적어도 대외적으로 수출과 개방을 동시에 확대하면서 강력한 내수 진작책으로 소비 경제를 앞서 달성하고, 그 힘으로 기술 자립을 이뤄낸다는 것입니다. 수출과 개방을 계속한다는 건 바이든 시대의 미국의 요구에 응할 준비가 되어 있다는 뜻이기도 합니다.

2020년 말 국제수입박람회에서 시진핑이 금융시장과 인터넷기술 시장을 열겠다고 천명한 바 있지요.

미국과 중국의 무역 협상 테이블에 금융시장의 개방은 원래 있었던 것이고, 여기에 불가침의 영역으로 여겨졌던 인터넷 시장의 개방도 협상의 대상이 될 수 있을 겁니다. 2020년에 트럼프 정부가 중국의 틱톡을 추방하려고 했잖아요? 미국 젊은이들의 엄청난 반대에 부딪쳐서 결국 남게 되었습니다만, 중국의 틱톡은 미국 소비자들에게 이미 깊숙이 침투했는데 미국의 유튜브나 페이스북 하물며 구글과 아마존은 중국에서 영업할 수 없다는 걸 바이든 행정부에서 용인할까요? 중국은 체제 보호를 위해 이 인터넷 시장을 언제까지 닫아야 할까요? 한발 더 나아가 중국이 시장을 열면 이들 미국 업체들이 시장을 다 장악해버릴까요? 어쩌면 바이든의 첫 임기 4년 동안 미중 관계의 또 다른 핵심 이슈는 금융시장과 더불어 인터넷시장의 개방에 대한 줄다리기가 될 가능성이 있습니다.

미국의 입장에서 이들 기업의 중국 침투는 매우 중요한 결과를 가집니다. 사실 우리 실생활에서 얼마나 많은 '메이드 인 USA'가 있나요? 흔히 쓰는 애플의 아이폰도 사실은 중국산이죠. 나이키도 주로 인도네시아나 베트남에서 만드는 겁니다. 미국산 자동차가 인기가 있지도 않죠? 그나마 테슬라도 이제 중국에서 만들고 있습니다.

그런데 우리가 소비하는 통로는 누가 장악하고 있는지 볼까요? 구글과 페이스북 하물며 유튜브와 애플 스토어가 우리 소비의 통로가 되고 있지 않나요? 우리는 이 플랫폼 업체들을 통해 정보를 얻고 서로 소통하는 대신 그들에게 우리의 데이터를 제공하고 그 결과로 그들은 우리에게 맞는 상품과 서비스를 소비하게 합니다. 중국을 제외한 전 세계가 이들의 서비스를 받아들이고 있습니다. 미국의 기업들이 전 세계의 소비를 좌우하는 빅데이터를 집적하고 있는 겁니다. 전기차 업체 테슬라가 아무리 시장을 선점했다고 해도 지금의 시가총액이 가능하겠습니까? 이는 테슬라가 이미 엄청난 양의 데이터를 그들의 소프트웨어 개발에 쓰고 있고, 소비자들은 자신들이 모는 차의 기능상 업그레이드를 위해 데이터를 테슬라에게 제공하는 데 기꺼이 동의하고 있지 않습니까? 무서운 얘기입니다.

사실 미중 간의 주도권 싸움은 이제 관세 전쟁도 아니고 무력 전쟁도 아닌 데이터 전쟁입니다. 그러려면 양대 시장으로의 침투가 전제돼야 하는데 중국이 인터넷 시장을 열지 않는 한 바이든 정부의 미국도 중국의 기술 기업들에 문호를 열지 않을 것이기 때문입니다.

김한진 맞습니다. 결국 데이터와 인터넷, 금융과 플랫폼 비즈니스, 아직 개방도가 낮은 서비스업, 그리고 미국 기업에 대한 중국의 투자 규제 완화가 초점이 되겠네요. 미국 입장에서는 중국에 신흥국 특권 지위를 부여할 시기는 이미 지났다고 보는 거고, 중국은 그간 미국에 싼 물건을 대주고 그 대금으로 국채를 사주면서 미국인들이 빚내서 잘사는 걸 도와줬는데 앞으로는 미국이 중국에 뭔가 다른 역할을 해줘야 한다고 생각하고 있는지도 모르죠.

중국은 결국 새 판을 짜길 원하는 것 같습니다. 아무튼 양국 모두 새로운 질서를 세우는 데 있어 주도권을 쥐길 원하고 있습니다. 다만 당장은 미국이 절대 우위에 있죠. 힘의 논리상 중국이 끌려갈 수밖에 없는 상황입니다.

중국에 대한 미국의 압박 경로가 바뀐다

윤지호 옛날 소련은 철조망과 장벽을 두고 철저히 분리되어 있었죠. 냉전 시대에는 소련을 위협해도 미국이 타격받을 것도 없었어요. 그런데 중국은 다릅니다. 이미 경제가 긴밀하게 연결된 중국을 압박하면 미국도 그만큼 피해를 받을 수 있거든요. 게다가 미국의 이익을 관철하기 위해 일본처럼 힘으로 몰아붙이기도 힘들죠. 중국의 군사력과 내수 시장이 미국의 압박에 버틸 수 있을 정도의 체력은 됩니다.

좀 거창하게 이야기하면, 30년 전 소련의 해체로 미국의 1극 체제가 완성됐는데 도전자 중국이 너무 빠르게 부상한 거죠. 새로운 힘의 체제(어쩌면 중국과의 2극 체제)로 전환되는 사이클로 들어서 있습니다. '금융, 너 열어!' 한다고 중국이 바로 열지 않을 거란 이야기예요. 철저히 자국의 이익 관점에서, 자신들의 스케줄에 따라 시기를 조율할 수 있습니다.

저는 결국 계속 이야기하는 게 미국이 중국을 자신의 입맛대로 바꿀 수 없다는 거예요. 물론 김동환 소장님 말씀 들어보니 바이든은 그것을 알고서 다독거리면서 데려갈 수도 있을 거란 생각도 듭니다.

김동환 다독거린다는 표현보다는 중국을 공격하는 경로가 바뀐다는 표현이 더 정확할 것 같습니다. 어쩌면 트럼프가 중국을 압박한 방법이 비전통적인 것일 수도 있습니다. 전통적인 방법이 금융과 군사적 무력 사용 아닙니까? 오히려 전통적인 방법으로 회귀한다고 봐도 될 겁니다.

윤지호 그런데 만만치 않을 것 같습니다. 트럼프 대통령은 무역수지의 개선을 위해 싸웠지만 민주당은 인권과 미국의 경찰주의를 내세우면서 중국을 압박할 겁니다. 더 지속적이고, 집요하게요. 오히려 민주당의 정책이 중국의 지배 체제상 더 받아들이기 어려운 정책이 될 수 있어요. 민주당이 중국의 인권 문제를 건들고, 또 북한의 인권 문제도 건드리는 상황이 올 수 있는 거죠. 트럼프는 우리가 북한과 뭘 하든 별 관심이 없었어요. 그래서 김정은도 만나고 이런저런 대북정책이 가능했던 거죠. 기억할지 모르지만 김영삼과 클린턴 정부 시절, 미국이 북한을 폭격하려 했어요. 미국의 민주당은 원칙에 충실합니다. 어중간한 양다리가 아닌 친미냐 친중이냐의 선택을 강요할 수 있을 것 같습니다.

김동환 굉장히 만만치 않겠죠, 그래서 이렇게 보는 거죠. 냉전 시대 때 구소련과의 관계도 당시 미국 정부에 따라서 강경해지기도 하고 완화되기도 했습니다. 지금에 와서 역사를 인식할 때, '브레즈네프 시절부터 때리기 시작해서 고르바초프 때 결국 망하게 한 거야' 이렇게 생각하는 거죠. 그런데 미국의 특정 정부, 예를 들어 레이건 정부 때는 소련에 대한 압박이 엄청 강했고, 닉슨 정부 때는 상대적으로 완화됐고 그런 식이거든요.

현재 진행되고 있는 중국 때리기도 트럼프 정부부터 시작해서 10년, 20년이라는 기간 동안 단선적으로 이뤄지는 일로 볼 게 아니라 겨울에 눈이 녹듯이 해빙기도 거치고 다시 강한 압박으로 경색이 되기도 하면서 변화해나갈 것이라는 거죠. 미국의 모든 정부가 역사적 소명의식을 가지고 중국 때리기에 나서 일전을 벌이고, 그 결과로 단기간에 승부가 나는 그런 과정이 아니라는 얘깁니다.

어쩌면 지금 막 시작되고 있는 바이든 정부의 대중국 관계 설정은 '2인자 견제'라는 미국의 전통적 접근 방법보다 '트럼프가 행했던 방법론의 변경'이라는 점이 훨씬 더 부각될 수도 있을 겁니다. 여기에 당장의 미국 내 문제, 예를 들어 경제 회복과 국민통합의 정책적 우선순위에 따라 대중국 관계 설정도 훨씬 다른 양상을 띨 수도 있겠지요.

2016년에 트럼프가 대통령이 됐을 때 제가 2017년 우리 경기를 좋게 봤던 이유도 그런 맥락이었습니다. 다들 '트럼프가 내세운 보호무역주의가 우리를 힘들게 할 것'이라고 했죠. 기억나십니까? 트럼프의 당선이 확정되던 시점에 주가가 크게 빠졌잖아요. 의외의 결과에 대한 변동성 확대에 그의 보호무역주의가 두려웠던 겁니다. 그런데 당시 제 생각은 조금 달랐습니다. 트럼프가 펼칠 정책의 우선순위를 예측해보니 먼저 미국 경기를 살리는 노력을 통해 자체적인 역량을 강화하고, 본인의 지지를 튼튼히 한 후에 중국을 때릴 것이라는 생각이 들었습니다.

결국 취임 직후 대규모 감세를 통해 경기부양에 나섰죠? 실제로 중국에 대한 압박은 취임 이후 1년이 지난 다음에 가시화되었습니다. 임기 첫해에는 미국 경기의 부양과 미국 내 자기편 만들기에 전력을 다했던 것입니다. 트럼프가 재선까지 성공하려면 경기가 좋아지는 것에 더해 중국 때리기로 일반 미국 사람들의 애국주의를 자극해야 하는데, 그런 정치적 전략이란 측면에서 당시 저는 보호무역주의로 인해 우리 경제에 부는 삭풍보다 미국의 경기 회복이라는 훈풍이 태평양을 먼저 넘어올 것이라고 판단했던 거죠. 그래서 2016년 말에 다가올 2017년을 전망하면서 '어리둥절하게' 경제가 성장하고 '어리둥절하게' 증시가 오를 것이라고 했습니다.

지금은 어떤가요? 비슷할 겁니다. 최소한 2021년 바이든 정부의 화두는 대중국 관계의 경색을 통해 미국의 위상을 정립하는 것이 아니라 바이든과 민주당 입장에서 탄생하지 말았어야 할 트럼프 정부의 흔적 지우기가 될 가능성이 큽니다. 그래야 향후 추진하는 모든 정책이 일탈적인 것이 아닌, 정상적인 정책으로 인식될 테니까요. 오바마 케어의 부활과 파리기후변화협약의 복귀 그리고 다자간 무역 협상 테이블로의 복귀도 시도될 것입니다. 당연히 중국과의 관계 설정도 트럼프 연간의 방법이 부정될 것이고요.

그리고 바이든 정부가 중국을 압박하는 것은 역설적으로 중국을 더 개방된 나라로 만드는 것일 수 있습니다. 무역 장벽을 높이고 화웨이를 때리는 것은 중국으로 하여금 더 폐쇄적인 나라로 가게 만드는 전략인데, 그러면 중국을 2인자에 묶어둘 수가 있을까요? 오히려 중국을 완전히 개방시켜서 시장을 통해 중국을 통제 가능한 나라로 만드는 게 효율적이지 않겠습니까?

사실 이 방법이 닉슨 정부 이래로 미국이 전통적으로 중국을 대하는 태도였고 전략이었다는 얘기입니다. 어떤 의미에서 중국을 더욱 고양된 세계화에 나서게 해야만 미국의 금융과 인터넷 산업이 침투할 수 있게 되고, 그 결과로 제조업의 열위를 극복하며 중국을 발아래에 놓을 수 있다는 판단을 할 수 있지 않겠습니까?

김한진 맞습니다. 미국이 진정 원하는 건 중국을 미국이 통제할 수 있는 국가로 만드는 겁니다. 완전한 개방과 국제사회 시스템, 즉 미국이 만든 프레임 안으로 중국이 들어오도록 하려는 것이고요. 중국은 이를 순순히 따를 리 없죠. 중국은 보다 강한 힘을 구축하기 위해 시간을 벌려고 할 겁니다. 이 과정에서 어차피 소음과 갈등은 불가피해 보입니다. 앞으로 두 나라 무역 분쟁의 타협점과 유망 업종 또는 기업에 대한 아이디어를 얻으려면 국제 정치적인 식견에 도움을 받아야 하고 역사 감각도 필요할 것 같습니다.

김동환 2020년 7월에 구글, 애플, 아마존, 페이스북 같은 이른바 빅테크 기업 CEO들이 미 의회 반독점 청문회에 불려 나갔습니다. 물론 코로나19로 인해 화상으로 진행됐지만, 이들이 독점 이슈에 대해 일관되게 한 말을 기억해야 합니다. "우리는 거대 중국 시장에 한 발짝도 들어가지 못하고 있다"와 그러면서도 "미국 내 엄청난 고용을 하고 있다"라는 얘기였습니다.

어쩌면 미국 정부가 해야 할 일을 가르쳐준 거라고 봅니다. '우리가 이렇게 많은 사람들을 고용하고 막대한 법인세를 내는데 당신들은 우리를 독점으로 처벌하려고만 하지 우리가 들어가야 할 거대한 중국 시장을 여는 데 무슨 기여를 하고 있냐?'라는 얘기를 한 겁니다. 제가 보기에도 전혀 일리가 없는 말이 아닙니다. '미국 다음으로 가장 큰 경제이며 15억 인구를 가진 중국이 우리가 만든 표준을 원천적으로 봉쇄하고 있는데 왜 미국 정부는 그냥 보고만 있냐'는 말을 할 수 있는 거 아닙니까? 물론 바이든의 민주당 정부는 이 빅테크 기업들의 독점 이슈를 계속 제기할 수 있을 겁니다. 그러나 한편으로는 이들의 요청을 받아들여 중국의 시장 개방을 요구하면서 균형을 맞추려고 할 것입니다. 손은 안으로 굽는 거 아니겠습니까?

아마존, 애플, 구글, 페이스북도 미국인들에게 양질의 직업을 제공하고 있고, 그들 대부분은 지난 선거에서 바이든을 찍었을 겁니다. 이들을 흔들어 바이든이 다음 선거에서 유리한 게 뭘까요? 이 기업들의 독과점으로 피해를 보는 미국인을 보호해야 하는 것도 바이든의 민주당이 해야 할 일이지만 반대로 이들이 만든 고용을 지키고 더 많은 일자리를 만들어야 하는 것도 바이든 행정부가 해야 할 일입니다.

과연 어떤 일을 더 먼저 해야 할까요? 독점의 폐해가 지금 당장 미국 사람들을 괴롭히나요? 구글이 검색시장을 장악하고 있는데 여기에 유튜브로 동영상 시장까지 장악하고 있어서 보통의 미국 사람들이 고통받고 있다고 생각할까요? 오히려 그보다 이 기업들

아마존의 제프 베이조스, 구글의 순다르 피차이, 애플의 팀 쿡, 페이스북의 마크 저커버그. 이들은 2020년 7월 반독점 청문회에서 반독점 이슈에 대해 적극적인 반박을 펼쳤다.

이 신규 고용을 줄이면 더 고통받는다고 느끼지 않을까요? 이 기업들이 중국에서도 성공할지는 미지수입니다. 그러나 그건 그들의 몫입니다. 바이든 정부의 입장에서 이들에게 반독점의 채찍만 가하는 것은 결코 정치적으로 유리하지 않다는 것을 알 겁니다. 채찍을 치려면 당근도 함께 줘야 말이 제 길을 가는 법입니다. 중국 시장 개방이라는 당근이 투자의 눈으로 보면 먼저 보이지 않겠습니까?

미국과 중국의 동상이몽

윤지호 중국 하면 딱 떠오르는 이미지가 있어요. '변할 줄 알았는데 변하지 않고 있고 변할 의지도 없다.' 제가 1995년에 홍콩에 처음 갔어요. 그리고 이후 2~3년에 한번 정도는 꾸준히 갔죠. 영국과 중국이 뒤섞여 이국적인 홍콩이었는데 이제 그냥 중국의 대도시인지 홍콩인지 헷갈려요. 중국이 홍콩의 자유와 민주주의를 받아들이기보다 홍콩을 중국화하고 있죠. 홍콩의 인권 탄압에 대한 국제사회의 비난 여론에도 아랑곳하지 않고요. 마치 무대 위에서 '페이드아웃 Fade-out'되는 것처럼 홍콩은 사라지고 있어요.

역사책을 뒤지다 보면 중국이 뭘 생각하는지 이해가 됩니다. 지난 100년간 패권국은 미국이었고, 누구와 경쟁하더라도 언제나 미국이 이겼죠. 하지만 과거 근대화 이전에는 패권국이 중국이었어요. 유럽은 그냥 서양 오랑캐였을 뿐이고, 실제 경제력 차이도 컸죠. 1840년 아편전쟁 전까지 세계의 경제는 중국과 인도가 지배했죠. 그런데 산업혁명을 계기로 패권이 바뀝니다. 중국은 기술을 발명했지만 혁신가는 아니었거든요. 아편전쟁 끝나고 홍콩을 빼앗긴 다음 그들 말대로 치욕의 역사가 시작된 거죠. 이제 벗어나고 싶은 거예요. 홍콩 되찾고, 대만도 끌어안고서요. 벗어나려면 힘이 필요한데, 그 힘의 원천을 중국 정책 당국은 기술혁신에서 찾고 있는 것 같아요. 1760년경에 시작된 산업혁명을 선점하지 못해서 경제 패권을 상실했다는 걸 너무나 잘 알고 있기 때문이죠.

책 한 권이 또 생각나는데요, 케네스 포머런츠Kenneth Pomeranz의 『대분기』라고, 벽돌처럼 두꺼운 책이지만 흥미롭습니다. 대분기에서 서구가 치고 나갈 수 있었던 이유가 석탄을 노천 탄광에서 쉽게 구할 수 있었기 때문이라고 해요. 놀랍죠, 그런 아이디어 자체가! 석탄을 구하기 쉬우니 증기기관을 발명하고, 이 이용이 늘면서 산업혁명과 기술혁신이 빠르게 진행되었다는 논리죠. 기술혁명은 결국 속도에 관한 거예요. 말을 타다가 기차를 타면 얼마나 빠르다고 느끼겠어요? 유선전화 쓰다가 플랫폼을 사용하게 됐을 때도 마찬가지고요.

이번 기술혁신 사이클에서 중국은 다시 패권을 잡으려 하고 있고, 이 때문에 다양한 분야에서 미국과의 갈등을 가져올 수밖에 없어요. 중국은 미국의 심기를 자꾸 건드립니다. 2013년 발표한 일대일로, 아프리카 대륙을 향한 개발 원조, 그리고 2015년 발족시킨

AIIB 아시아인프라투자은행.
미국과 일본이 주도하는 세계
은행과 아시아개발은행ADB
등에 대항하기 위해 중국의
주도로 설립된 은행으로 아시
아·태평양지역 개발도상국의
인프라 구축을 목표로 한다.

AIIB°가 그런 예가 될 거고요. 물론 성과는 그냥 그렇습니다. 그래서 그런지 정책 의지가 다소 후퇴하는 조짐도 있어 보여요. 하지만 포기하지 않겠죠. 중국은 미국을 극복하고 싶거든요. 최소한 그런 의도로 중국 공산당은 대내외 정책을 제시하고 있어요. '붉은 자본주의'가 가능할지 아닐지 저도 모르겠지만, 두 나라는 협력보다 갈등으로 갈 수밖에 없죠.

서로 쌓은 벽이 너무 높아요. 중국의 미디어 보안법은 그 사례고요. 국가 주권, 안보, 공공이익 등을 이유로 SNS 이용을 통제하잖아요. 중국에서 페이스북이 안 돼요. 당국의 통제 밖에 있기 때문에 2009년 이후 이용을 금지했죠. 단 당국의 통제에 있는 자국 온라인 기업에 대해서만 사용을 허가하고 있습니다. 중국판 페이스북인 웨이보, 링링허우 세대(2000년 이후 출생자)가 주로 사용하는 중국판 인스타그램인 샤오홍슈가 있죠. 어떤 분은 '별것 아니다, 인스타그램처럼 샤오홍슈에서 왕홍을 통한 제품 홍보가 활발히 진행되고 있지 않나?' 그런 반론을 해요. 그런데 말입니다. 네트워크가 가치가 되는 경제에서 플랫폼 연결이 단절된 것만으로도 미중 대결은 끝나지 않을 막장 드라마입니다.

김동환 사실 인터넷보다 더 중요한 게 돈이라고 생각하는데, 중국이 금융시장을 이미 열고 있잖습니까? 안 열면 안 되니까 여는 거죠. 인터넷도 안 열면 안 될 겁니다. 어쩌면 언젠가 열어야 한

중국판 페이스북인 '웨이보', 중국판 인스타그램인 '샤오홍수', 그리고 중국판 유튜브인 '유쿠'. 중국이 인터넷 시장을 개방하면 이들은 페이스북, 인스타그램, 유튜브에게 시장을 내주게 될까?

다는 걸 알았기에 지금까지 닫아놓고 알리바바를 비롯해서 텐센트, 바이두 같은 기업들을 키웠는지도 모릅니다. 어느 정도의 자신감이 있지 않을까요? '아마존, 한번 들어와서 붙어볼래?'라고 할 정도로요. 중국 시장을 아마존에 개방한다고 알리바바나 징동닷컴이 시장을 크게 내어줄까요? 오히려 더 혁신하지 않을까요?

어떤 분이 중국에서도 「삼프로TV」를 만들겠다고 저를 찾아온 적이 있어요. 제가 "중국에서는 유튜브 안 되지 않느냐"고 했더니 "다 하고 있다"고 하더군요. 언젠가 열릴 것이지만 그때까지는 유쿠 같은 중국판 유튜브에서 하면 된다는 겁니다. 그런데 유튜브가 들어온다고 유쿠 같은 플랫폼이 다 망할까요? 틱톡은 어떻습니까? 지난해에 트럼프가 틱톡을 내쫓으려 했더니 미국 10대들이 난리가 났잖아요?

중국의 위정자들이 굉장히 스마트한 게 그래서 지금까지 압도적으로 지원해준 거거든요. 나름대로의 장벽을 쌓았다고 생각하는 임계점에 거의 왔다고 저는 보는 거예요. 그 효율이 미국의 플랫폼 기업들보다 내부적으로 충만해 있다, 한번 해보자 하는 상황이 되었을 때 '오케이 한번 열어볼게' 하는 거죠. 물론 전격적으로 열지 않겠죠. 단계적으로 할 겁니다. 어쨌든 바이든 연간에 우리가 상상할 수 있는 미중 관계의 어젠다는 서로 벽을 치는 게 아니라 서로 열어갈 거라고 봅니다.

김한진 두 분 말씀을 듣고 보니 중국 입장에서는 체제 유지와 대외 팽창이라는 두 마리 토끼를 쫓아야 하고, 미국은 중국을 길들이고 제어 가능한 수단으로 묶어놓으면서 자국의 비교우위 산업을 중국 대륙에 상륙시켜야 하고……. 쉽지 않은 구도란 생각이 드네요.

중국은 국민 통제와 정서에 영향을 주는 SNS나 플랫폼, 그리고 화웨이를 비롯해 지켜야 할 것도 많은 것 같습니다. 미국도 미중 갈등이 당장 자국 기업에 적지 않은 부담을 주고 있기 때문에 수수방관만 할 수는 없습니다. 당장 바이든 집권 초기에는 미국이 홍콩과 타이완, 위구르 인권 문제 같은 중국의 예민한 문제들을 하나씩 압박해 들어갈 것 같아요. 중국이 양보하기 쉬운 것부터 얻어내려는 성동격서(동쪽을 칠 듯 말하고 실제로는 서쪽을 치는 것) 전략이 아닐까요? 가벼운 문제는 아니어서 실제로 미중 갈등에 별반 진척이 없는 한 해가 될 수도 있습니다.

김동환 중국이 바이든의 미국에 내줄 게 하나 있어요, 예를 들어 일대일로 같은 걸 조금 늦추는 거죠. 어차피 코로나19 때문에 쉽지도 않고 중국 내부에서도 너무 급격한 세력의 확대로 미국을 자극했다는 자성론이 있지 않습니까? 사실 시진핑의 가장 큰 실책이 너무 성급하게 **중국몽°**, 일대일로, **중국제조 2025°**, **신형대국관계°**를 한꺼번에 외친 거거든요. 이렇게 미국을 일시에 자극해놓은 상태에서 트럼프가 등장했으니 아주 좋은 빌미를 준 거고, 미국 정가나 국민들 사이에 중국을 견제해야 한다는 여론이 광범위하게 퍼지게 된 거 아닙니까?

아마도 시진핑이 갑자기 예전 덩샤오핑 시절의 도강양회韬光养晦 모드로 돌아가지는 않겠지만 바이든 임기 초부터 세력으로 미국을 자극하는 일은 다소 자제하지 않을까 싶습니다. 그런 측면에서 2020년 11월에 **역내포괄적경제동반자협정**RCEP°에 서둘러 서명하고 EU와도 무역협정을 마무리한 것으로 보입니다. 아무래도 임기를 시작한 이후라면 바이든 정부도 무언가 대응을 해야만 하는 부담을 갖게 될 테니 말입니다.

그래서 전반적으로 미중 관계는 편하고 안온한 시기를 기대할 수는 없을지라도, 트럼프 연간보다는 절차를 따지고 나아가 어느 정도의 격을 갖추고 상대를 대하며 시간을 보내지 않을까요? 2021년이 그런 기간이 될것이라는 게 저의 생각입니다.

중국몽 과거 세계의 중심 역할을 했던 전통 중국의 영광을 21세기에 되살리겠다는 의미로, 경제와 군사 패권의 강화 등을 추진하는 중국의 전략을 말한다.

중국제조 2025 제조업의 양적 성장에서 질적 성장으로 거듭나기 위해 중국이 추진 중인 10대 핵심 산업 육성 프로젝트. 정보기술, 우주항공, 바이오의약 등이 포함된다.

신형대국관계 중국이 자국의 국력 상승에 따라 기존의 강대국들, 특히 미국을 대상으로 제시한 개념이다.

역내포괄적경제동반자협정 아시아·태평양 지역을 하나의 자유무역지대로 통합하는 '아세안+6' FTA로, 동남아시아 국가연합 10개국과 한·중·일 3개국, 호주·뉴질랜드 등 15개국이 참여한 협정이다.

본격 개막된
바이드노믹스

김동환 지난 선거에서 미시간과 펜실베이니아 그리고 위스콘신까지, 2016년 트럼프가 이겼던 이른바 러스트벨트의 '스윙스테이트Swing state(정치적 성향이 뚜렷하지 않은 부동층 주)'들, 그리고 전통적인 공화당 지지세였던 조지아와 애리조나도 민주당으로 넘어왔습니다. 트럼프가 플로리다에서도 쿠바계 히스패닉의 몰표를 못 받았다면 아마 그곳에서마저도 바이든이 이겼을 가능성이 있습니다. 자, 그럼 왜 이런 역전이 가능했을까요? 물론 코로나19에 대한 정책 실패가 가장 큰 표면적인 이유입니다.

그런데 그 내면을 보죠. 트럼프는 2016년에 이 러스트벨트에 미국 기업들을 돌아오게 하고, 중국과 일본을 비롯한 외국 기업들까지 끌어들여 일자리를 만들고, 그 지역 유권자들의 소득을 올려서 그들을 부자로 만들어주겠다고 약속했죠. 그걸 믿고 그들이 몰표를 줬던 거 아닙니까? 그런데 정말 이 지역에 새로운 일자리가 많이 생겼나요? 그들이 좋은 일자리를 잡아 중산층이 됐습니까? 아니라는 겁니다. 이 지역은 여전히 낙후되어 있고 미국의 제조업은 여전히 고전 중입니다. 그저 트럼프가 외친 '미국을 다시 위대하게(Make America Great Again)'라는 거창한 애국주의 슬로건만 남았을 뿐 그들의 삶은 바뀌지 않았다는 걸 그들도 느끼지 않았을까요?

그리고 본질적으로 1인당 국민소득 6만 달러가 넘는 미국이

1만 달러 수준인 중국을 상대로 제조업에서 승부를 보겠다는 게 설득력이 있나요? 사실 허구에 가까운 얘기 아닐까요? 전형적인 정치인의 대중 선동이라는 생각이 들지 않나요? 미국이 관세를 올리면 미국 회사들이 살아나서 고용이 창출되는 구조가 될까요? 오히려 미국의 소비자들만 세금만큼 더 비싸게 물건을 사서 써야 하는 거 아닐까요? 만약 이게 사실이라면 바이든 행정부는 트럼프와는 다른 접근을 해야 할 겁니다. 트럼프와의 차별화를 보여주면서 4년 후 다시 민주당을 지지하게 만들 시도를 해야 하지 않을까요?

내부적으로 새로운 산업 생태계를 만들어 새로운 일자리를 만들고, 미국의 강점인 금융 서비스를 다른 나라에 더 많이 수출하게 하고, 거기서 확대된 이익을 법인세로 만들어 분배에 쓰려고 할 겁니다. 그 첫 번째 시도가 사회간접자본(SOC)의 투자와 신재생에너지 지원의 확대입니다. 사실 전통적으로 민주당 정부는 SOC 투자에 적극적이죠. 상대적으로 큰 정부를 지향하는 데다가 현재 미국은 코로나19로 극심한 경기 침체를 겪고 있으니 민주당은 당연히 재정의 확대와 그걸 재원으로 SOC 투자 확대를 시도하면서 일자리를 늘리고 경기를 살리려고 할 겁니다.

일자리는 새로운 산업과 그로 인한 새로운 생태계가 만들어질 때 더 많이 창출됩니다. 예를 들어 화력 발전소 하나 더 추가할 때 생기는 일자리보다 전에 없던 풍력이나 태양광에 투자해 동일한 수준의 에너지를 얻고자 할 때 훨씬 더 많은 일자리가 생깁니다. 없던 생태계가 생기면서 여러 가지 투자가 일어나고 그건 곧 일자리와 직결될 테니까요.

그래서 신재생에너지로의 전환이 미래를 위한 투자임과 더불어 강한 경기부양의 효과, 특히 새로운 일자리를 만드는 데 기여하는 측면도 강합니다. 여기에 2020년에 워낙 큰 하락세를 겪었기 때문에 2021년 미국 경제는 자연스럽게 지표상 상승하게 되어 있습니다. 이러한 지표의 상승세는 가계와 기업들로 하여금 더 관용적으로 소비와 투자를 하도록 할 것이고, 2021년 상반기 중 코로나19 백신의 접종률이 상당한 수준까지 도달하면 그 추세는 훨씬 더 강해질 가능성이 있습니다.

당연히 금리가 오를 거고 오른 금리는 은행의 역할을 키웁니다. 벌써 미국 국채 10년 물이 1%를 넘어가고 있고, 동시에 미국 은행 주식이 올라가죠? 은행은 금리가 올라야 이익도 늘고 할 일도 더 많아지는 겁니다. 유럽의 예에서 보듯이 마이너스 금리가 되면 은행은 그저 금고 역할밖에 못 하는 거죠. 2019년부터 2020년 사이 대표적인 마이너스 금리의 국가인 독일의 은행주를 보세요. 처참하지 않습니까? 미국의 상업은행과 투자은행은 세계적인 네트워크를 가지고 있고 최고의 인력을 보유하고 있습니다. 이들에게 금리 상승이라는 환경은 큰돈을 벌 수 있는 토대가 되는 거죠.

여기에 바이든 정부가 미국 외 가장 큰 시장인 중국에 더 확실한 금융시장 개방을 요구하고, 중국도 개방을 할 수밖에 없다는 판단하에 이미 상당한 수준의 개방을 하고 있거나 추가할 것입니다. 당연히 반대급부로 중국은 무역장벽을 낮춰달라고 요구하고 그들의 기술 기업에 대한 제재도 풀 것을 압박할 것입니다.

'정상으로의 복귀'라고 할 만한 일들을 우리는 신기하게 보게 될 겁니다. 오해하지 않았으면 좋겠습니다만 민주당 정부가 들어서서 중국과 친하게 지내고 그 전의 갈등을 모두 해소하는 해빙의 기간이 될 것이란 얘기가 아닙니다. 거듭 이야기하듯이 미국이 중국을 다루는, 즉 중국을 견제하는 방법과 경로가 예전으로 돌아간다는 뜻입니다.

제가 지난해에 바이든이 대통령이 되면 글로벌 증시가 견조한 상승세를 보일 것이라고 했는데, 그 이유가 이러한 국제 질서의 변화가 훨씬 예측 가능한 방향으로 진행될 것이고, 그 방향성은 '분절'이 아니라 '연결'이며, 그런 환경은 글로벌 주식시장 중에서도 교환, 즉 수출의 비중이 높은 우리나라에 좋은 환경을 낳을 수밖에 없다고 본 거죠. 2020년 말부터 우리 시장의 반도체, 철강, 화학, 정유, 자동차 같은 주식들이 크게 오르는 이유입니다.

물론 단기적으로 보면 부담스러운 상승세로 볼 수도 있습니다. 그런데 과연 비관론이나 신중론이 왜 계속 빗나가는가도 한 번쯤 생각해볼 필요가 있습니다. 차차 더 얘기가 나올 테지만 우리 주식시장의 큰 방향성과 우리 대표 기업들의 비즈니스 포트폴리오의 변화 그리고 새롭게 부상한 개인투자자들의 태도와 실력의 변화 등을 차치해놓고 보더라도 글로벌 경제 환경과 미중 간의 관계 설정, 그 영향권에서 대한민국의 입장을 감안했을 때 시장은 상승의 이유가 훨씬 더 많은 상황이라고 생각합니다.

김한진 2020년 7월 바이든 캠프는 '더 낫게 재건하자(Build Back Better, BBB)'라는 슬로건 아래 제조업과 노동시장 재건을 경제정책의 최우선 목표로 정한 바 있습니다. 코로나19로 타격을 입은 일자리를 재건해 경제를 살리고 '고용 최우선, 중산층 확대'라는 민주당의 정강 목표를 달성하겠다는 거죠. 코로나19가 트럼프로 하여금 방역과 경제, 이 두 마리 토끼 사이에서 길을 잃도록 만든 것을 바이든 정부는 잘 압니다.

따라서 바이든은 신속한 백신 접종과 일자리 챙기기로 민심을 추스르고 국민 통합을 이루려고 할 겁니다. 경제 대통령 이미지의 트럼프, 고립주의와 반자유무역주의로 국익을 앞세웠던 트럼프, 미국이 만든 국제기구를 스스로 무력화시킨 트럼프, 관세 부과로 중국을 압박한 트럼프와는 차별화된 정책을 지향할 겁니다. 2021년은 일단 트럼프의 그런 색깔을 지우는 한 해가 되겠죠.

그런데 다시 한 번 짚고 넘어가고 싶은 것은 코로나19가 바이드노믹스에도 부담을 줄 거란 점입니다. 포스트 코로나 시대에는 재정 지출을 계속 크게 늘릴 명분이 약해집니다. 실업수당을 더 지원하고 연준이 디폴트를 계속 막아주기도 어렵죠. 코로나19가 물러가면 극단적 완화 모드는 지나가고, 중립이나 긴축이 고개를 들 겁니다. 재정정책은 증세와 세출 삭감으로, 통화정책은 금리 인상과 테이퍼링으로 변해가겠죠. 민간의 부채 상환 의무는 늘 거고요.

한편 기업 이익은 비용 상승으로 기대치를 밑돌 수 있습니

바이든은 2020년 7월 트럼프의 캐치프레이즈인 '제조업 부활'과 '미국 우선주의'를 겨냥한 경제 비전을 제시하며 '더 낫게 재건하자'라는 슬로건의 계획을 발표했다.

다. 식음료·문화·공연·관람·서비스 업종에서는 여전히 방역과 관련된 추가 비용이 들 것입니다. 제조업이나 사무 업종에서도 코로나19가 사라져도 감염 방지를 위한 새로운 매뉴얼에 따라 추가 비용이 들 겁니다. 2021년은 세계 경제가 정상 복귀하는 첫해가 되겠지만 새로 출범하는 바이든 경제가 감당해야 할 보이지 않는 부담도 있다는 것이죠. 말씀드리고 싶은 건 코로나19가 물러가면 응당 높아져야 할 자산시장의 기댓값이 오히려 낮아질 수 있다는 겁니다.

김동환 사실 민주당의 대선 승리만큼이나 큰 의미가 있는 것은 조지아 주 상원의원 결선 투표에서 2석 모두 민주당이 승리했다는 점입니다. 이른바 '블루 웨이브Blue Wave(상하원 모두 민주당이 다수당이 된 것)'가 달성됐습니다. 여대야소의 상황이 된 겁니다. 백악관과 미 의회의 상하 양원이 모두 민주당 세력 아래 놓이게 된 거죠. 재정을 확대하려는 바이든의 정책은 훨씬 더 탄력을 받을 겁니다.

2020년 연말에 600달러씩 지급된 지원금을 포함한 부양책도 추가될 것이고, 그 용도도 훨씬 경기부양적일 겁니다. 재정의 규모도 커지지만 재정을 집행하는 속도도 빨라질 겁니다. 아마 1월 20일 백악관에 입성하자마자 추가 경기부양 안을 내놓게 될 겁니다. 명분이 있습니다. 바이든 대통령은 당선 연설 때 자기는 당파나 지지자들의 대통령이 아니고 하나 된 미국의 대통령이 되겠다고 했어요. 나라를 하나 되게 만드는 게 뭘까요? 대외적으로는 트럼프가 구사한 애국주의가 어느 정도 그 역할을 합니다. 그러나 본질적인 것은 부의 공정한 분배가 가장 중요합니다. 그리고 공정한 분배는 성장을 기반으로 해야 합니다.

미국의 중산층과 그 이하 가계들은 또 다른 지원금 수표를 받아들게 될 것이고 소상공인과 자영업자들은 더 많은 지원을 경험하게 될 것입니다. 물론 재원이 걱정입니다. 그래서 증세를 걱정합니다만, 증세가 기업들의 실적에 영향을 미치기까지는 일정한 시간이 걸릴 겁니다. 이제 막 집권해서 경기를 살려내야 하는 새 정부가 대규모 증세로 경제에 부담을 줄까요? 트럼프가 보호무역주의를 내세우며 중국을 압박한다고 했지만, 집권 1년 차에 한 건 대규모 감세를 비롯한 미국 경기 살리기였듯이 바이든 행정부는 증세 시기를 조절하며 대규모 경기부양책을 쓸 겁니다. 선 경제 회복, 후 공정 분배일 겁니다.

김한진 그렇죠. 당장은 가계와 기업을 지원하는 데 재정이 우선 투입되겠죠. 보다 적극적인 경기부양에 재정이 사용돼 일자리가 늘고 성장을 지원하는 건 코로나19가 물러간 다음이 될 거고요. 그런데 이미 고갈된 재정과 앞으로의 적극적 재정 지출을 위해 2021년에는 증세가 거론되고 단행될 수밖에 없다고 봅니다.

윤지호 저는 바이든 정부가 과연 재정정책을 속도감 있게 진행할 수 있을까 싶습니다. 새로운 정부 초기에 잠시 가능하더라도 이후의 움직임을 확신하기는 어려워요. 예산의 증가를 위해서는 부채가 늘어나야 하고, 부채의 한도를 늘리지 않는다면 재정정책을 마음대로 쓸 수 없는 거예요. 가까운 예로 트럼프 대통령 취임 당시부터 강력하게 주장하던 2조 달러 인프라 투자 정책은 시장의 기대감은 높았지만 결국 시행되지 못했어요.

게다가 민주당의 정책은 균형 재정입니다. 현재 미국의 재정수지가 균형이 아니기 때문에 결국 이 이야기는 재정 지출보다 재정 수입이 높아져야 한다는 것이고, 세금으로 거둬들이는 돈이 지출로 나가는 돈보다 많아야 합니다. 재정정책은 정부가 하고, 연준이 그를 뒷받침 해줘야 하겠죠. 부인할 수 없는 사실이 있어요. 미국 주가가 이렇게 올라온 배경은 '법인세 인하와 양적완화'라는 두 수레바퀴였죠. 법인세는 결국 올릴 것이고, 양적완화 규모는 줄어들겠죠. 2021년 바퀴가 안전한지에 대해 시장 참여자들이 의구심을 표명할 수 있다고 봅니다.

새로운 생태계, 새로운 일자리

김동환 실업이라는 측면에서 놓고 보면, 아마존이 지난해에만 40만 명 이상을 고용했어요. 역사상 한 기업이 이렇게 짧은 기간에 30만 명을 고용한 적이 있었나요? 그것도 미국 전역에서 말입니다. 만약 제조업에서 이런 정도의 고용을 했다면 아마 그 공장이 위치한 지역은 중형급 도시 하나가 만들어지지 않았겠습니까?

전혀 다른 스토리가 이어지고 있는 겁니다. 다방면에 걸친 새로운 사업을 확장하니 대규모 고용이 일어난 건데, 이는 어쩌면 미국의 미래를 보여주는 겁니다. 아마존 같은 혁신 기업들이 안정적인 일자리를 만들고 바이든 정부가 새롭게 펼치는 SOC 투자와 신재생에너지 투자로 새로운 생태계를 여는 거죠. 예를 들어 환경, 풍력, 태양광, 전기차, 수소처럼 전에 없었거나 미미했던 산업이 새바람을 일으키며 만들 새로운 일자리가 미국의 새로운 성장을 만들어낼 겁니다.

원래 환경 관련 산업은 거의 유럽 혼자 했던 거잖아요. 특히 트럼프는 지구온난화를 비롯한 기후 관련 이슈는 환경론자들의 사기 행각이라고 폄하했거든요. 신흥국 중국이 환경을 챙길 여유는 당연히 없었고 말입니다. 그런데 최근 몇 달 사이 천지개벽할 만큼의 변화가 생긴 겁니다. 미국의 경우 트럼프가 배제한 걸 일시에 뒤엎을 만큼 대규모의 친환경 전략이 바이든 캠프에서 나왔고, 결국 당선된 거예요. 부통령 해리스는 바이든보다 훨씬 더 강경한 친환경 공약을 걸었던 정치인입니다. 캘리포니아 검찰총장 시절 이른바 디젤게이트의 자동차 메이커들을 기소해 처벌했던 경력을 갖고 있죠.

바이든 행정부는 4년간 무려 2조 달러를 신재생에너지에 투자하겠다고 했습니다. 여기에 영국과 독일, 프랑스를 비롯한 대부분의 국가가 **탄소중립**°을 선언하고 실제로 탄소국경세 도입을 검토하고 있습니다. 탄소 배출을 하며 생산된 제품에 일종의 관세를 매기겠다는 거죠. 또 15억 인구의 중국이 2060년 탄소중립을 선언하고

탄소중립 이산화탄소를 배출한 만큼 이산화탄소를 흡수하는 대책을 세워 이산화탄소의 실질적인 배출량을 '0'으로 만든다는 개념이다.

국가적 차원의 신재생에너지 정책을 선언하기에 이릅니다. 미국, 중국, 유럽이 일제히 신재생에너지 투자에 나서는 겁니다. 새로운 생태계가 크게 생겨나는 거죠. 당연히 선점하고 있거나 진출할 준비를 마친 기업들은 막대한 수익을 올리게 될 겁니다. 그들 산업을 키우려는 각국의 전략은 비단 좋은 환경만을 위한 걸까요? 아닙니다. 바로 이 길이 가장 큰 고민거리인 고용을 회복하고 경제를 회복

2020년 코로나19 사태로 온라인 쇼핑 수요가 폭증하면서 아마존은 신규 고용을 대폭 늘렸다. 특히, 7월 이후 아마존이 전 세계에서 추가 채용한 고용이 35만에 이른다.

시키는 데 가장 유력한 전략이기 때문입니다.

윤지호 아마존의 일자리 창출은 놀랍죠. 그러나 그만큼의 일자리도 사라졌을 거예요. 물론 과거 산업혁명이나 개인용 컴퓨터의 개발이 일자리 감소를 가져온 한편 새로운 일자리도 만들어냈죠. 아직 속단하기 힘듭니다. 4차 산업혁명이란 신조어가 등장하고 많은 신산업이 출현했지만 그만큼 일자리가 늘고 있지는 않죠.

일단 재택 근무와 비대면 업무가 우리 사회에 적용되었다는 것으로도 '효율성' 측면에서 다양한 평가가 나오고 있죠. 출퇴근 시간이 줄고, 회의도 줄고요. 하지만 '효율'이란 단어가 일자리에 적용될수록 보상에 있어 일자리 격차는 더 커질 거예요. 코로나19로 서비스업 일자리는 급격히 소멸하고 있죠. 신규 채용도 급감하고요. 아마도 코로나19를 극복하는 시점이 돼도 일터로 돌아가려면 자리가 없어진 사람, 더 나은 일터로 가기엔 준비가 덜 된 사람이 다수일 듯합니다. 결국은 생산성을 노동과 자본이 아닌 기술혁신이 만들어내는 경제가 지닌 한계 아닐까요? 좋은 일자리는 정말 줄고 있구나라는 생각을 다들 할 거예요.

노벨 경제학상 수상자인 로버트 솔로Robert Solow는 성장의 원천이 기계 및 자본투자가 아닌 기술변화라고 했습니다. 요즘 들어 더 동의하게 되네요. 1인당 생산성은 결국 대부분 기술변화로 설명할 수 있다는 건데, 이게 기술변화 덕분에 주어진 노동량으로 더 많이 생산할 수 있다는 노동절약적 성장을 의미하거든요. 그야말로 놀라운 기술혁신의 시대에 살고 있지만, 이러한 생산성 향상이 더 많은 일자리를 만들어내기 쉽지 않은 겁니다. 지금 진행되고 있는 생산성 증가는 생산기반의 유형재 산업 혁명이 아닌 지식기반의 무형재 산업혁명에 기반하기 때문에 더 그래요.

기술혁신의 기쁨 뒤에는 아픔이 있어요. 혁신 경제로 인한 일자리 창출보다 기존 산업의 일자리 감소가 더 클 겁니다. 더욱이 새로운 일자리가 만들어져도, 그 일자리들은 이전에 일자리를 잃은 사람들이 아닌 다른 경력을 지닌 사람들의 일자리가 될 수밖에 없죠, 현실은 잔인합니다.

김동환 저는 이렇게 보는 거죠. 예를 들어, 내연기관 자동차에서 전기차로 가면서 부품이 줄어드니까 일자리가 줄어드는 측면이 있다고 볼 수 있는데, 전기차나 수소차의 연관 생태계를 보면 전혀 다릅니다. 배터리만 하더라도 LG화학과 삼성SDI, SK이노베이션에서 만들지만, 그 안에는 많은 소재·부품 업체가 새로운 생태계를 만들고 있고 발전소와 충전소를 포함해 전에 없던 인프라가 생겨납니다. 다만 그 변화에 편승하지 못하는 전통 자동차 부품 업체는 그만큼 힘들어지는 거죠. 자동차 부품주 중에도 최근 테슬라 납품이라든가 전기차 부품으로 전환에 성공한 업체들 주가를 보세요. 전혀 새로운 평가를 받지 않습니까?

윤지호 내내 거창한 이야기를 하다가 자동차 이야기가 나오니 반갑네요. 2020년 연간으로 바이콜Buy Call을 가장 자신 있게 한 섹터가 자동차였거든요. 2021년도 여전히 좋게 보고 있고요. 김 소장님 말씀대로 새로운 산업 생태계가 형성되었고, 거기에 일자리도 창출되고, 기업 이익도 늘고 있죠. 그래서 2020년 내내 테슬라는 고민거리였죠. 기존 자동차 회사들 대비 테슬라가 이렇게 비싸진 이유는 뭘까? 결론은 다들 알고 있어요. 바로 미래 가치가 고밸류에이션을 정당화해준다는 거죠. 미래가치는 크게 전기차, 자율주행, 모빌리티 서비스 등 3가지에 근거합니다.

주가가 빨리 올라온 만큼 언제든 주가가 조정돼도 이상하지 않을 거예요. 물론 주가가 더 올라갈 수 있어요. 전기차-자율주행-차량 공유 3가지가 합쳐지면서 큰 시장이 형성될 가능성이 크니까요. 현대·기아차 등 완성차 업체들도 열심히 혁신하고 있고, 그 외

삼성과 LG 등 IT 기업들도 새로운 생태계 진입을 시도할 거예요. 돈이 되니까요. 자동차 업체가 어떤 방향으로 가야 할까요? 전기차 판매에서 나오는 손익으로 자율주행 기술과 차량공유 플랫폼 확보에 투자할 거예요. 반대로 자동차 공유 업체나 플랫폼 업체들 역시 궁극적으로는 자율주행 기술 확보를 통해 로보택시 사업으로 발전해야만 하죠. 결국 자율주행 기술 확보를 가장 먼저 확보하는 곳이 어디냐가 승패를 결정짓겠죠. 현재까지는 테슬라가 이러한 것들을 모두 만족시키는 유일한 업체이고, 그러다 보니 주가가 날아간 거죠.

한국의 투자자들은 한국의 업체들, 더 좁혀 '현대·기아차가 테슬라와 같이 증시에서 재평가될 수 있을까?'란 궁금증이 커지고 있죠. 분명 많은 부분에서 변화는 나타나고 있어요. 전기차 제조비용은 하락하고, Lv.3급 자율주행 시스템 등에 대한 투자도 적극적입니다. 제가 보기엔 현대오트론, 현대엠앤소프트 인수 등 그룹 내 개편이 의미가 있어요. 스프트웨어투자죠. 다만 궁극적으로 모빌리티 플랫폼까지 확장돼야 하는데 아직은 미흡해요. 현대·기아차는 정의선 회장 중심으로 조직 개편이 적극적으로 이뤄지고 있는데, 2000년도 미국 진출 성공 때 보여줬던 현대차그룹 특유의 빠른 속도전이 이번에도 나타날 수 있을지 분명 기대는 해볼 필요가 있어요. 이들 생태계가 부침이 있겠지만, 한국 증시의 버팀목이 되겠죠. 장기적으로 투자해야 할 영역임에는 분명합니다.

금리와 연준의
스탠스

윤지호 경제가 확실히 살아나야 연준이 금리를 올리겠죠. 인플레이션 기대가 뚜렷해지지 않는 한 실업률이 자연실업률을 하회하더라도 선제적 금리 인상은 자제할 거예요. 단기 금리는 상대적으로 안정적일 테지만 장기는 다르죠.

　　미국 고용시장 개선세가 주춤해요. 기존 일자리로 못 돌아가는 사람들과 영구 해고자는 늘고 있기 때문에 일자리를 주거나 돈을 직접 나눠주는 재정정책이 불가피합니다. 돈을 써야 하니 국채를 발행하겠죠. 장기 금리는 국채 발행에 따른 수급 부담과 코로나19 백신 및 경제 회복 기대감과 높아지는 기대 인플레이션 등으로 빠르게 상승할 가능성을 배제할 수 없어요.

　　물론 연준은 장기 금리의 상단을 제한하는 정책을 펼칠 거예요. 현재 시행 중인 자산매입을 유지하고, 상황이 악화되면 YCT_{Yield Caps and Targets}(수익률 곡선 통제) 도입을 발표해서 시장에 시그널을 주고 장기 금리 상승을 제한하려 할 거예요. 다시 말해 연준은 지금과 같은 비정상적인 상황, 그러니까 다양한 비전통적인 통화정책으로 시장을 안정시킨 상황에서 통화정책의 불확실성을 만들고 싶어 하지 않겠죠. 2020년 12월 FOMC°에서 자산 매입 관련 포워드 가이던스 Forward Guidance(선제적 지침)를 조정한 적이 있어요. 이것

FOMC 연방공개시장위원회 Federal Open Market Committee. 미 연준의 산하에서 공개시장조작에 관한 정책을 담당하는 위원회로 매월 보고서를 발표한다. 통화량의 추이에 따라 공개시장조작 정책을 정하고, 연준의 금융정책을 제시한다.

도 연준이 시장에 보다 명확한 신호를 준 거예요. 시장 참여자들은 이를 안전판으로 생각하겠죠.

하지만 시장은 우리 맘대로 움직이지 않아요. 과거 경험 때문인데, 역설적으로 코로나19 백신 개발이 가져올 변화가 얼마나 금리에 반영될지 아무도 모르죠. 글로벌 수요 충격 다음에 수요를 회복하는 과정에서는 인플레이션 기대가 올라올 수밖에 없어요. 수요 회복보다 좀 더 높은 수준의 물가상승이 나타나는 경우가 생각보다 많았죠. 코로나19 국면은 일종의 자연재해입니다. 경기의 구조적 문제 없이 글로벌 금융위기 이상의 충격을 받았죠. 수요 회복 과정에서 시장 예상을 뛰어넘는 물가상승이 나타날 가능성이 있습니다.

수요가 약해도 인플레 기대가 커질 수 있어요. 2021년 실질금리(명목금리-기대 인플레이션)는 상반기까지는 낮겠지만, 하반기는 올라올 거예요. 기대 인플레이션을 견인하는 자산은 유가거든요. 2020년 상반기를 떠올려보세요. 코로나19발 수요 쇼크에 더해 OPEC(석유수출국기구)의 증산 이슈가 겹치면서 유가(WTI 기준)는 사상 최저치, 아니 마이너스까지 갔죠. 유가가 배럴당 45~50달러로 지속되더라도 2021년 상반기 유가 상승률은 130%yoy 이상 마이너스에서 플러스로 전환됩니다. 기대 인플레이션 역시 이와 유사한 방향이라는 점에서 실질금리는 내려올 거고요. 하지만 하반기는 달라요. 유가 상승률은 플러스지만 기저를 감안하면 하락 전환돼요. 실질금리는 상방 압력에 노출되는 거예요.

김동환 글쎄요, 금리가 주식시장에 심각한 부담을 줄 정도로 오를까요? 과연 연준을 비롯한 주요국 중앙은행들이 통제하지 못할 정도로 금리가 오를 수 있을까요? 금리가 오르는 게 향후 경기의 호전이라는 기대가 반영된 거라면 과연 주식시장에 나쁘게만 작용할까요? 물론 금리는 오를 겁니다. 다만 주식시장의 관점에서 금리의 급변동과 연준을 비롯한 중앙은행들의 완화적 스탠스의 변경 가능성이 보이지 않는다면 금리가 주식시장을 타격할지는 지켜봐야 할 겁니다.

결국 중요한 건 지금의 유동성 장세를 만든 것도 연준이고, 그 시장을 끝내는 것도 연준일 텐데 과거 몇 차례에 걸친 긴축으로의 선회 시도에서 봤듯이 주식시장의 발작을 감수하면서까지 유동성 조절에 나서는 자신감을 보이려면 적어도 경기가 안정감을 찾고 주식시장의 버블이 심각한 상황까지 가야 가능할 겁니다. 현재는 경기에 대한 자신감은 물론이고 미국 주식시장에 대한 버블론도 그다지 공감을 얻고 있지 못한 것 같습니다. 많이 오른 것이 곧 버블은 아니라는 얘기입니다.

윤지호 이런 거죠. 관성의 법칙으로 주가가 더 올라도 '미 국채 10년이 1.5%를 넘어 2%를 향해서 간다면?' 이런 걱정들. 물론 연준에서 YCC를 해서라도 금리 상승을 일단 제어하겠지만 말이에요.

김동환 그렇습니다. 최악의 상황은 연준이 허겁지겁 긴축정책으로 선회할 만큼 통제가 가능치 않은 상황입니다. 그러한 징후가 생길 가능성은 열어두겠습니다만, 급변동 상황을 처리하는 연준의 실력에 대한 신뢰를 버릴 이유는 없다고 생각합니다. 연준 전임 의장인 벤 버냉키와 재닛 옐런, 그리고 현임 제롬 파월에 이르기까지 위기에 대응하는 소방수로서의 노하우도 축적되어 있고, 어떤 경우에도 버블 붕괴는 막아야 한다는 일종의 신앙 같은 걸 갖고 있어요.

2020년 하반기에 다소 실망스런 연준의 스탠스는 사실 정권교체기에 어쩔 수 없는 측면이 있었고, 바이든 행정부가 펼칠 과감한 재정정책을 통화정책으로 받쳐야 할 걸 준비하는 과정이었다고 봐도 될 겁니다. 여기에 재닛 옐런이 바이든 행정부의 재무장관으로 들어오면 큰 의미에서 팀워크가 구현될 수도 있습니다. 이른바 **폴리시믹스°**가 시장에서 호평을 받게 될 가능성이 있다는 얘깁니다.

> **폴리시믹스** 경제의 성장과 안정을 동시에 실현하기 위해 재정정책, 금융정책, 외환정책 등 각종 경제정책 수단을 종합적으로 운영하는 것을 의미한다.

김한진 연준의 스탠스는 당연히 제로금리 유지와 양적완화에 머물겠죠. 연준과 재무부는 더 가까워질 것 같습니다. 15대 연준 의장(2014.2~2018.2)을 지낸 재닛 옐런의 재무장관 내정은 무제한 발권력 동원과 중앙은행을 압박하는 정부라는 MMT의 프레임을 상징합니다.

문제는 시장금리죠. 물론 정책금리의 동결로 크게 튀기는 어렵겠지만 물가 압력이 높아지면 시장금리가 들썩일 수 있습니다. 세계 근원물가는 이미 코로나19 이전 수준을 웃돌고 있습니다. 실질성장률이 잠재성장률 아래에 있지만, 그 갭이 계속 줄어들 것을 반영해 커브(장단기 금리 차)는 가파르게 되죠. 믿었던 친절한 중앙은행을 변심하도록 만드는 것은 물가입니다. 물가 목표 선인 2%가 오기 전에 테이퍼링 시행 가능성이 있습니다. 2021년 하반기에요.

사람들은 '중앙은행은 절대로 금리를 올리지 않을 뿐 아니라 어떤 수를 써서라도 이자율을 제로에 붙들어 매어놓을 거야'라는 근거 없는 믿음을 갖고 있습니다. 코로나19로 인한 극단적 금융완화는 통화정책의 균형선 복귀를 내재하고 있습니다. 추세적인 긴축 시작이 아니라 최소한의 중립 복귀이자 더 장기간 금융완화를 유지하기 위한 전략적 후퇴로 봐야죠. 즉, 일정 범위 내에서는 금리 조정이 가능하다고 봅니다. 연준이 목표로 하는 건 실물 경기와 자산시장의 지속적 부양이지 자산시장의 거품 만들기와 붕괴가 아닙니다.

김동환 경제는 예측하는 것이 아니라 대응하는 것이라는 얘기를 요즘 참 많이 합니다. 사실 경제를 다루는 입장에서 보면 참 자존심 상하는 말이기도 입니다. 틀리니까 예측하려고 하지 말고 주어진 환경에 빨리 적응하라는 거잖아요? 왜 이런 얘기를 최근 들어 많이 하고 또 듣게 된 걸까요? 사실 2008년 금융위기 이후에 비전통적인 통화정책, 이른바 양적완화로 대응했기 때문입니다. 비전

바이든 행정부의 초대 재무장관에 지명된 '비둘기파(통화완화 선호)' 성향의 재닛 옐런 전 연준 의장. 미 재무부 역사상 첫 여성 수장이다.

통적이란 말은 한 번도 해본 적이 없거나 검증되지 않은 방법이라는 뜻이죠. 검증되지 않은 방법을 썼으니 그 반응도 예측 가능하지 않을 뿐 아니라 그 반응에 대한 평가도 좀 더 길게 모니터링해야 했을 겁니다. 당연히 그 실험의 주관자는 보수적이 되지요. 그 실험이 아직 끝나지 않았다고 주장할 가능성도 있고요.

저는 벤 버냉키, 재닛 옐런 그리고 제롬 파월까지 세 명의 연준의장은 사실 한 사람이나 다름없다고 봅니다. 큰 충격에서 미국을 구해내기 위한 조심스러운 운전자로 부여된 임무에 충실한 사람들이죠. 여기에 직전 4년간 트럼프라는 예측 불가능한 정치적 이단아가 미국의 대통령 자리에 있었습니다. 예측 가능한 영역은 그만큼 줄어들었습니다. 2008년 이후 12년이 흘렀습니다. 대통령 임기가 3번이 지났습니다. 그리고 대통령이 예측 가능한 인물로 바뀌었습니다. 이제 경제학자나 애널리스트들은 자신감을 갖고 예측해도 되는 새로운 환경을 맞게 될 겁니다.

예측이 가능하다는 얘기는 장기 계획을 세울 수 있다는 뜻이기도 합니다. 장기 계획은 투자를 수반합니다. 장기적 투자는 리스크를 감수하는 것입니다. 그래서 저는 바이든 연간에 안전자산보다는 위험자산에 대한 투자를 지속할 충분한 이유가 있다고 생각합니다.

세금과 기업의
코스트

윤지호 전 세계 거의 모든 증시가, 그리고 미국도 이익이 올라오는 속도보다는 밸류에이션 확장으로 주가 상승을 유지해왔습니다. 금리도 낮고, 세금도 높지 않으니 할인율이 높지 않았죠. 그 결과가 밸류에이션 확장입니다. 미국의 성장주는 특히 더해요. 실적 반등 폭은 둔화되고, 여기서 할인율이 변화하면 주가는 그 영향을 받을 수밖에 없죠. 할인율에 영향을 주는 변수는 금리도 있지만, 세금도 중요합니다.

바이든은 법인세를 올리겠다고 수차례 공약으로 제시했어요. 증세로 가장 피해를 많이 볼 것이라 예상되는 섹터가 미국의 IT와 커뮤니케이션일 거예요. 이 둘의 시총은 S&P500의 40%에 달하니 변동성 장세가 불가피하죠. 이런 말을 하면 반론이 바로 나옵니다. '코로나19로 난리가 났는데, 무슨 증세 논의를 하냐?'고요. 세금 이슈는 경기가 충분히 좋아지고 난 뒤 고민해도 늦지 않다는 거죠.

하지만 재차 강조하지만, 바이든 행정부는 민주당이라는 것을 잊지 말아야 합니다. 당장은 재정정책 기대감이 시장에 반영되고 있죠. 그런데 생각보다 빠른 시기에 증세 논의가 시작될 수 있을 겁니다. 백신 출시로 여름쯤 집단 면역이 가까워지고, 미국의 경기 회복이 가시화되는 2021년 하반기 이전에 본격적으로 논의될 겁니다. 최근 통과된 9000억 원 경기부양 딜만 봐도 긴급대출을 하려면 의회 승인이 필요해졌어요. 그만큼 코로나19로 인한 리스크가 정책적 보완으로 나오는 시기는 지나가고 있습니다.

클린턴 취임 시기 -5% 수준, 오바마 취임 시기 -10%를 넘던 재정수지(GDP 대비)가 -20%까지 넘나들고 있습니다. 바이든의 민주당은 '증세'를 기본 골자로 대통령에 당선된 거예요. 증세는 공약입니다. 바이든의 정책은 '돈을 많이 써서 경기를 살리자'예요. 그런데 재원 마련을 위해 국채를 발행해야 하죠. 미국의 국채는 국내가 아닌 국외 수요가 많기 때문에 국채 발행이 금리 상승으로 연결되지 않을 거라고 해요. 그런데 미국 국채 소유 1위였던 중국은 미국 국채를 줄여 2위가 되었죠. 예전 같지 않아요. 미국 국채의 70%는 미국 내에 있어요. 30% 정도만 해외에 있죠.

미국 민주당은 재정 건전화를 기치로 삼아 왔어요. 당장은 코로나19 극복의 일환으로 재정 지출을 급격히 줄이지는 못할 거예요. 하지만 재정 건전화로 나갈 겁니다. '세금 더 걷기'를 할 수밖에 없어요. 2018년 법인세 인하가 미국 증시 상승을 이끌었죠. 여하튼 세금 모멘텀은 꺾인 셈입니다. 이미 '미스터 택스Mr. Tax' 바이든은 소득세를 비롯해서 법인세는 21%에서 28%로, **GILTI tax°**는 10.5%에서 21%로 상향할 가능성을 수차례 언급했죠. 2021년 세금과 이자, 이 두 변수는 할인율에 대한 논란을 가중시킬 겁니다.

GILTI tax GILTIGlobal Intangible Low Tax Income는 외국계열사가 특허, 상표 및 저작권 등 무형자산으로 벌어들인 소득을 말하며, GILTI tax는 이에 부여하는 세금이다.

김동환 트럼프가 중국에 대해서 관세를 1년 반 이상 올리지 않았듯이 바이든 역시도 미국 기업들의 법인세를 지금 올릴 명분도 없고 이유도 없다고 봅니다.

금융위기 이전과 이후를 나눠서 봐야 됩니다. 금융위기 이전에는 통화량이 늘면 금리가 올라가고, 그러면 인플레이션 돼서 중앙은행이 긴축정책을 한다고 배웠고 그렇게 생각하죠. 그런데 한번 보세요. 2009년 이후에 양적완화가 정리돼서, 물론 중간에 테이퍼링도 하고 금리도 올리고 했지만, 그건 금융시장이 무질서하게 빠지는 것을 용납하지 않는다는 걸 전제로 합니다.

금융위기는 적어도 미국의 통화정책 결정권을 가진 사람들에게는 매우 큰 이벤트였습니다. 뭔가 어지러워지기만 하면 바로 완화적인 스탠스를 쓰는 이유가 뭘까요? 사실 금융회사들에 대한 관리를 부실하게 한 원죄가 있고, 그 원죄를 가리기 위해 양적완화라는 비전통적인 방법을 고안해낸 그들이 금융시장의 붕락을 보는 입장은 매우 심각한 겁니다. 그걸 아는 금융시장은 매번 더 많은 걸 내놓으라고 하고 있는 거고, 연준이 거기에 그나마 부응한 정책이 평균 인플레이션 타깃팅이죠. 금리 걱정하지 말고 정부는 재정 쓰고 기업은 투자하고 가계는 소비하라고 하는 거죠. 이 모든 것이 사실 지난 금융위기에서부터 잉태된 겁니다. 우리는 다 지나간 옛날 얘기처럼 합니다만 2008년의 위기는 100년 만에 찾아온 매우 심각한 위기였거든요.

윤지호 레닌이 이런 말을 했어요. '자본주의 체제를 무너뜨리려면 인플레이션을 만들면 된다.' 이유는 심플해요. 부자는 더 잘살게 되고, 가난한 사람은 더 가난해지니까. 부자는 인플레이션 때문에 자산 가치가 올라가서 더 부자가 되고, 가난한 사람들은 부채 때문에 더 가난해진다고 봤던 거죠. 인류가 현명하다면 아마도 과거를 교훈 삼아 인플레이션을 통제하려 할 거예요. 금리를 건들 수 있다는 거죠. 그 시기가 물론 2021년은 아니더라도 마음의 준비는 하고 있어야겠죠.

또 하나, 큰 흐름에서 볼 때 바이든 행정부도 결국 미국의 대통령이란 사실이에요. 무역적자도 줄이고, 재정적자도 줄여야겠죠. 이미 천문학적으로 늘어난 재정적자를 마냥 지켜볼 수 없을 겁니다. 저는 집권 초기부터 증세정책을 저울질할 거라고 봐요. 그리고 무역적자는 더 시급해요. 일자리와 연결되어 있거든요. 제가 보기에 바이든의 '바이 아메리카(Buy America)'나 트럼프의 '아메리칸 퍼스트(America First)'나 별 차이가 없어요. 트럼프가 직접 무역 상대국을 압박한 것과 달리 바이든은 무역기구를 통해 다자간 압력을 할 거란 차이 정도 아닐까요?

김동환 '바이 아메리카(Buy America)'는 사실 제가 보기엔 선거 전에 나온 정치 슬로건에 그칠 가능성이 큽니다. 미국 부품, 장비, 소재가 경쟁력이 없는데 신흥국의 세트 업체가 미국에 물건을 팔려고 그걸 살까요? 차라리 관세를 내는 편이 낫겠지요. '미국을 다시 위대하게(Make America Great Again)'와 뭐가 다를까요? 과연 이러한 정책이 미국 경제에 궁극적으로 도움을 줄까요?

펜더믹이 완화되면 사람들은 소비를 할 겁니다. 한꺼번에 소비가 몰릴 가능성도 있고, 가격이 오를 가능성이 있을 겁니다. 2021년이 디플레이션이 아닌 인플레이션을 걱정하는 시기라면 과연 미국 정부가 자국산 제품의 구입을 강제하면서까지 소비자들에게 부담을 전가할까요? 그러기는 어려울 것입니다. 여기에 2021년은 경제 회복을 위해 올인해야 하는 해이지 않습니까? 일종의 허니문 기간이 될 가능성이 큽니다.

윤지호 허니문 기간은 일리 있는 말이라고 생각합니다. 하지만 재정적자를 감축하기 위해서는 유일한 방안이 세금 인상뿐입니다. 역설적으로 코로나19가 여전히 경제를 압박하는 상황에서 지출 삭감을 전제로 하는 적자 감축 정책을 어떤 정치 집단도 선택하기 힘들죠. 재원은 확보돼야 하거든요.

　이런 상황에서 소비에 대한 과세는 힘들 것이고, 선택할 수 있는 방법은 법인세와 소득세 인상이 남을 뿐입니다. 당장 하지 않더라도 최소한 논의는 빨리 시작될 수밖에 없다는 거예요. 지난 트럼프 집권기 미국인들의 세금 인하에 대한 열망이 가시화되면서 주가 상승에 큰 힘이 된 것은 분명합니다. 최소한 그 열망은 사그라들겠죠.

바이든 정부의 정책과 증시

　도널드 트럼프는 미국 역사상 가장 별난 대통령으로 기록될 것 같다. 트럼프는 비즈니스 방식으로 대외 문제를 풀었고 기존의 백악관 관행을 깨뜨렸으며 트윗Tweet으로 여론과 소통했다. 통상정책과 '중국 때리기'에도 손익계산서를 중시했다. 다만 4년 전 많은 미국인이 트럼프를 제45대 대통령으로 선택한 데는 그럴 만한 이유가 분명히 있었다. 그것은 아마도 중국 경제의 추격, 기존 무역질서의 피로감, 그리고 미국 내 여러 불균형의 문제를 풀어줄 그의 사업가적 능력을 믿었기 때문일 것이다.

　트럼프의 재선 실패는 어쩌면 대통령 한 사람의 힘만으로는 이런 문제를 풀 수 없음을 함축하고 있는지도 모른다. 하지만 4년 전 트럼프를 대통령으로 낙점할 당시 미국이 처했던 대내외 환경은 바이든 시대에도 똑같이 이어지고 있다는 점이 중요하다. 아니 오히려 글로벌 첨단 기술 경쟁과 부가가치 사슬의 변화 등 자유무역을 저해하는 요인은 지구촌에 더 많아졌고, 중국은 더 까다로운 존재가 되어 있다. 또한 과거 이머징과 선진국이라는 양자 구도의 통상 질서는 이미 팽창한 신흥국과 복잡해진 세계를 품기엔 역부족이다. 게다가 2008년 금융위기 이후 고삐 풀린 미국 내 산업 양극화나 계층 간 갈등 문제 또한 바이든이라는 새로운 정치 리더십이 앞으로 풀어야 할 숙제다.

바이든은 큰 틀에서 오바마 정책을 계승, 부활시킬 것이다. 이는 자신이 부통령 시절에 추진했던 정책 프레임이기도 하다. 사실 트럼프의 고립주의는 거대한 고소득 소비국이자 부채 국가이자 기축통화국인 미국에 반드시 장기로 유리하다는 증거가 없다. 2020년 8월 전당대회에서 미국 민주당이 확정한 공약을 보면 바이든 시대의 정책 방향을 엿볼 수 있다.

대내적으로는 고용 증대와 중산층 확대를 강조하고 있고 대외적으로는 민주주의 국가 연합, 특히 미국의 리더십 부활이 중시되었다. 이번 대통령 선거로 국민의 갈등도 커졌고, 대외적으로는 트럼프 집권기에 세계화 질서와 동맹국 간 전통적 우위가 약해졌다는 점에서 집권 초기 바이든의 국정 초점은 안으로는 국민 통합을, 밖으로는 세계에서 존경받는 미국이라는 '과거 리더십 찾기'에 맞춰질 가능성이 높다. 이런 관점에서 향후 바이든 정부가 펼칠 정책 골자를 살펴보면 다음과 같다.

첫째, 대내 정책은 재정 확대와 증세가 핵심이다. 바이든 정부는 앞으로 4년간 재정 지출의 약 22%를 교통 운송 등 인프라투자에 사용할 예정인데 낙후된 도로나 철도, 교량 등 SOC 구축, 인공지능과 5세대 통신 투자 등이 민주당의 산업정책 초점이다.

이어 예산 배정이 큰 항목으로는 제조업 지원(17.7%)과 연금보험(17.4%)이다. 제조업 지원은 첨단산업보다는 고용을 많이 일으키는 자동차 등 전통산업에 초점을 둘 것이다. 연금보험 적용 대상자 확대는 오바마케어의 부활로 저소득층 보장 확대를 통해 전 국민 의료보험을 달성하는 데 있다. 다음으로 신재생에너지 분야에 전체 예산의 12%의 지출이 예정돼 있는데 저탄소 경제 및 전기차 지원(15년 안에 온실가스 제로 추진), 청정에너지 인프라 구축이 주된 내용이다.

이들 재원 마련을 위해 앞선 정부가 35%에서 21%로 내린 법인세를 28%로 끌어올릴 계획이고, 개인소득세 최고율 인상과 자산거래 증세도 검토되고 있다. 이민정책도 트럼프가 추진해온 무슬림 입국 금지나 이민자 가족격리 등 비인권적인 정책들을 폐지할 전망이다. 총기류 생산 판매와 소유 규제도 취임 후 곧바로 추진될 것이다. 한편 금융권 규제 강화도 이미 천명한 정책이다. 바이든은 트럼프 정부가 2018년 바꾼 '도드 프랭크법Dodd-Frank Act(2008년 금융위기 문제점들을 의식해 제정한 금융개혁법)'을 다시 원래대로 되돌려 금융 규제 수위를 높일 계획이다.

둘째, 바이든 정부의 대외정책 초점은 미국 중심의 안보 질서 재건에 맞춰져 있다. 세 차례나 상원 외교위원장을 지낸 바이든은 대외정책 전문가일 뿐만 아니라 원칙이 뚜렷하다. 트럼프가 동맹국에 일방적 압박을 가한 것과는 다른 외교정책이 예상된다. 바이든이 트럼프와 차별화된 외교 노선을 취하는 가장 큰 이유는 민주주의와 인권을 중시하는 국가 간 연합이라는 철학이 깔려 있기 때문이다. 이에 따라 대외 경제정책도 다자간 협약을 중시할 것이다. 바이든은 환태평양경제동반자협정(TPP)과 아시아로의 중심축 이동 등 오바마 시절의 프레임으로 돌아가 중국과의 협상을 이어갈 것이다.

양자 관계에서 다자 관계로 협상 틀이 바뀐다는 것은 중국을 더 강하게, 일관성 있게 압박할 수 있다는 뜻이므로 대중국 화해 무드를 뜻하는 건 아니다. 중국으로서는 트럼프 시대보다 더 난처할 수 있다. 오바마 시대에 중국의 기술 추월 내지 기술 반칙에 대한 민주당의 책임론과 중국에 대한 미국 내 여론을 고려한다면 대중국 압박은 후퇴하기가 쉽지 않다. 실속 없는 트럼프식 압박이 아니라 실제 성과를 중시하는 장기전이 시작되고 있는지도 모른다. 물론 장기전은 중국에 결코 불리하지만은 않다. 다만 민주당의 대중 기본 전략은 제도와 법, 동맹 관계를 통해 추진될 것이므로 중국으로서도 외교 대응에 더 많은 힘을 뺏길 수밖에 없을 것이다. 그 과정에서 중국이 부분적인 시장 개방 선물을 제시할 가능성이 있다.

셋째, 바이든 시대에 한미 관계는 어떨까? 트럼프가 겉으로는 한미 동맹을 강조하면서 실제로는 방위비 분담금 인상, 미사일 방어 등 실속 챙기기에 바빴던 것에 비해 바이든 정부는 한반도 문제와 한미 관계를 동아시아 질서 측면에서 다룰 것이다. 주변국의 복잡한 이해관계 조정은 바이든 정부의 북한 다루기에서 가장 큰 난제인데, 백악관은 일단 북한이 트럼프와 맺은 어떤 합의도 인정하지 않을 것이다.

우려되는 점은 인권과 민주주의 원칙만 강조할 경우 북한은 개방은커녕 더 고립되고 북미 관계는 더 꼬일 수 있다는 점이다. 바이든이 오바마 때와는 달리 변화를 이끌어내야 하는 이유는 북한이 핵을 보유하고 있기 때문이다. 북한을 더 몰아붙일 수는 있어도 마냥 방치할 수가 없는 이유다. 따라서 한편으로는 제재와 봉쇄, 인권 문제 압박을, 다른 한편으로는 주변국 간 긴밀한 협의가 병행될 것이다. 트럼프의 러브레터 왕래와 같은 밀월 거래와는 다른 새로운 대북 당근과 채찍이 예상된다.

끝으로 바이든 정부의 정책을 다시 정리하면서 증시 영향을 한번 살펴보자. 결국 미국 새 행정부 경제정책의 핵심은 증세와 재정 지출 확대, 환경투자, 월스트리트 규제, 그리고 다자간 무역 원칙으로 정리될 수 있겠다. 물론 후보 시절 바이든과 대통령 바이든은 다를 수 있지만, 정책의 큰 틀로 보자면 증시는 일견 트럼프 시대보다 바이든 시대가 불리해 보인다. 그래서 역사적으로 투자자들은 민주당을 꺼려 한다.

하지만 증시에서 민주당 대통령 시절에 주가가 약했다는 증거는 없다. 누가 대통령이 되든, 어느 정당이 의회를 장악하든 주가 수익률의 차이는 크지 않았다. 1925년~2009년 기간 중 대통령이 공화당에서 민주당으로 바뀐 경우, 선거 연도에는 주가(S&P500)가 평균 2.8% 하락했지만 취임 연도에는 21.8% 올랐다. 또한 양대 정당 모두 약세장의 시작과 끝을 경험했다. 즉, 1929년부터 최근까지 총 13번의 미국 주식 약세장 기간에 공화당과 민주당 대통령이 고르게 분포돼 있다. 특정 정당과 약세장의 유의미한 관계가 없다는 것이다. 1926년 이후 미국 대통령 재임 연도와 주식 수익을 보면 공화당 대통령일 때 주가는 연 9.3%, 민주당 대통령일 때는 오히려 연 14.5% 올랐다(『주식시장은 어떻게 반복되는가』, 켄 피셔, p263~264).

다만 정책이 증시에서 주목을 받는 것은 어느 시대나 공통된 현상이었다. 어느 나라나 집권당의 철학과 정책이 주가에 투영되는 건 당연하다. 바이든 시대의 수혜 업종은 이미 시장에 알려져 있다. 화석연료보다는 그린에너지, 내연기관보다는 전기차, 금융업보다는 제조업, 대기업보다는 중소기업, 노후 사회간접자본 성능 개선(토목건설), 원격진료, 진단, 바이오시밀러, 치매 보건 관련 기업 등이다.

하지만 정책 수혜 업종과 주도주가 반드시 일치하는 건 아니다. 밸류에이션과 기업 경쟁력의 차이 때문이다. 더욱이 시장은 정책 테마를 어느 정도 주가에 선반영하고 있지 않은가. 막상 정책 추진 속도가 기대에 못 미치거나 정치적 저항에 부딪히면 주가는

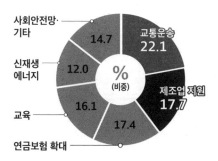

사회안전망·
기타
14.7

교통운송
22.1

신재생
에너지
12.0

%
(비중)

제조업 지원
17.7

교육
16.1

17.4

연금보험 확대

자료: Moody's

거꾸로 갈 수도 있다. 특히 증시 전체가 조정을 보이면 정책 관련
주도 힘을 못 받긴 마찬가지다. 돌이켜보면 정책 관련주는 좀 현란
하나 변동성이 컸다. 또 기대했던 모든 정책 관련주가 수익을 안겨
다 주기보다는 소수 핵심 기업과 다소 의외의 연관 기업이 혜택을
입은 경우가 많았다는 점도 상기할 필요가 있다.

7장

2021년,
검증의
시간이 왔다

익숙함에 대한
점검이 필요할 때

김한진 "지금은 상승 초입인가 막바지인가? 특정 사이클이 한동안 지속된 경우, 현재는 역사상 어느 정도 과열인가 아니면 어느 정도 냉각인가? 이들을 모두 고려했을 때 우리의 포지션 중심은 지금 방어에 둬야 하는가, 공격(Risk on)에 둬야 하는가?'『하워드 막스 투자와 마켓 사이클의 법칙』에서 하워드 막스가 했던 말입니다.

저는 사람들이 지금의 분위기에 취해 너무 안일함에 빠져 있는 것은 아닌지, 아니면 반대로 지나치게 기술적인 측면, 즉 주가가 장기간 너무 많이 올랐다는 이유 하나만으로 염려하고 겁내고 있는 건 아닌지 냉정히 따져봐야 할 때라고 봅니다. 그런데 이를 직관에만 의존할 수는 없는 일이니 결국 숫자가 들어간 지표에 의존할 수밖에 없겠죠.

전 세계 증시의 경제 규모(GDP) 대비 시가총액 비율은 최근 100%를 넘었습니다. 불과 10년 전인 2012년에 이 비율은 30%에 불과했습니다. 미국 증시 전체로는 이 비율이 지금 200%에 달합니다. 2011년 11.6배에 불과했던 미국 증시(S&P500) PER는 2020년 말 25배로 2배 이상 높아졌고, IT 업종 PER는 같은 기간 3배 올랐습니다. S&P500 IT 업종 주가의 시장 대비 상대 강도는 2000년 그 유명한 닷컴버블 절정기를 100으로 할 때, 2020년 말 120으로 새로운 역사를 기록 중입니다. 물론 S&P500 기업의 주당순이익은 금융위기 직후인 2009년 대비 코로나19 도래 전 2019년까지 약 3배 늘었습니다. 결국 지난 10년간 놀라운 이익 증가가 높은 주가 상승을 이끌었고 PER 상승을 도운 것입니다.

아무튼 지금 세계 증시는 객관적인 지표상 예전보다 비싸져 있습니다. 하지만 현재 주가를 거품이라고 진단하려면 높아진 시가총액/GDP 비율이나 PER만으로는 부족합니다. 만약 앞으로도 지난 수년처럼 이익이 증가한다면 단지 주가가 많이 올랐다는 이유만으로 곧 대폭락이 올 거라고 주장할 수는 없죠.

한걸음 더 나아가 주가가 반드시 밸류에이션대로 가야 한다는 법도 없습니다. 주가의 역사적 고점은 모두 합리적인 가치 수준을 훨씬 뛰어넘었으니까요. 밸류에이션은 단지 객관적 기준일 뿐입니다. 주가는 실제 이 고지식한 기준선을 뚫고 한참 더 올라가거나 뚫고 내려가는 경우가 더 많습니다. 다만 기준선을 알면 지금 공격에 비중을 둬야 할지, 아니면 방어에 비중을 둬야 할지를 알고 시장에 대응할 수 있습니다. 그리고 기준선에서 너무 멀리 벗어나 주가가 오른 경우에는 앞으로 다가올 후유증이 얼마나 클지를 감지할 수 있습니다.

보통은 '무엇을 기준으로 볼 것인가'부터 그 적정성 논쟁이 치열하죠. 최근에는 지금 주가가 비싸지만 거품은 아니고, 금리에 비해서는 여전히 싸다는 주장이 우세한 것 같습니다. 맞는 얘기일 수도 있지만 통상 주가가 과열되면 그 과열을 합리화하는 기교가 함께 발달합니다. '합리적 거품'을 주장하는 사람들이 늘수록 합리적으로 설명할 수 있는 게 적다는 것을 뜻한다고 봅니다.

김동환 2020년에 미국 지수를 올린 건 이른바 빅테크 기업들이었죠. 매우 자연스러운 현상이었습니다. 이들 기업들이 지속적으로 혁신해왔고, 그 혁신의 결과로 막대한 투자와 이익이 창출되었어요. 이들이 M&A와 R&D를 통해 새로운 비즈니스 모델을 구축하며 독점의 구조를 만들고 있던 차에 코로나19를 맞았고, 이들의 비즈니스의 특성상 언택트의 수혜가 집중되면서 주가가 더욱 크게 오르는 선순환 구조로 주도력을 이어왔습니다.

그런데 2020년 말에 상황의 변화가 왔습니다. 주식 자체의 무게가 무거워진 것, 즉 밸류에이션의 부담이 가중되었다는 걸 차지해놓고 보더라도 이들 빅테크 기업에 영향을 주는 두 가지 부정적인 변화가 있었습니다. 첫째는 백신의 접종입니다. 화이자, 모더나, 아스트로제네카의 백신이 거의 동시다발적으로 접종을 시작했고 2021년 상반기 정도면 미국과 유럽의 일부 국가들은 집단 면역을 기대할 수 있게 되었습니다.

물론 2021년 초에 미국과 유럽은 확진자도 사망자도 더 느는 최악의 상황이 벌어지고 있고 영국에서는 변이 바이러스가 공포를 더하고 있지만, 인류가 코로나19와 싸워서 이길 수 있다는 자신감을 갖게 되었습니다. 100년 전 창궐한 스페인 독감 때는 그저 조심하면서 사라질 걸 기도했던 인류였지만, 이제는 90% 이상의 예방 효과가 있는 백신을 6개월이라는 짧은 시간에, 그것도 동시다발적으로 개발해냈습니다. 자신감이 공포를 이기고 있는 겁니다.

적어도 주식시장에서는 불확실성을 제거하고 예측 가능한 미래를 그리고 있습니다. 정상적인 경제 활동을 기대하고 있는 겁니다. 당연히 눌려 있던 코로나19의 피해주들이 반등하고, 많이 오른 수혜주는 조정을 받게 될 겁니다. 새해 벽두부터 우리 시장에서 경기 관련 제조업체들의 랠리가 계속되는 것도 경제 활동의 재개와 더불어 회복될 글로벌 경기에 대한 기대가 반영된 것으로 봐야 합니다. 시장의 성격이 바뀌고 있다는 얘기입니다. 성장성을 갖춘 현재의 주도주들이 빠질 것이라는 것이 아니라 시장은 또 다른 상승의 이유를 찾았고 그 상승의 주축은 빅테크 기업들이 아닌 경기 관련주들이 될 것이라는 얘깁니다.

두 번째 환경의 변화는 바이든 정부의 출범입니다. 바이든 정부는 1월 초에 달성된 블루 웨이브를 기반으로 더욱 과감한 재정정책을 통해 경기를 살리려고 할 겁니다. 더불어 백악관과 의회를 장악한 힘은 빅테크 기업들의 독점 이슈를 더 강하게 밀어붙일 수 있게 되었습니다. 물론 바이든과 민주당 정부가 최악의 경제 상황에서 빅테크 기업들을 옥죄어 경영상의 부담을 주기는 쉽지 않을 겁니다. 다만 주식시장의 주도력이란 측면에서는 변화할 겁니다. 특히 구글, 페이스북 같은 기업들은 더 압박을 받게 될 것입니다.

주도주의 교체기에 시장은 마찰적으로 빠질 수 있을 겁니다. 다행인 것은 이 주도주의 교체기가 경기의 회복과 기업 실적의 상승세와 맞물리고 경제 활동의 재개와 그 기대감으로 인한 거라면 하락의 강도와 기간은 제한적일 수 있다는 기대를 갖고 있습니다. 더 빠지기 힘들 만큼 빠진 기업들도 시장에 많이 존재하고 있으니까 말입니다.

윤지호 2020년은 코로나19로 통했잖아요? 지금 돌이켜보면 주식투자자에게 그리 어려운 시장이 아니었죠. 주가는 미래 기댓값을 선반영한다라는 단순한 논리만 도입하면 됐거든요. 코로나19를 그저 잠시 멈춘 상태로 보면 전쟁 이후처럼 복구할 필요도 없고, 일종의 자연재해였다고 생각할 수 있었죠. 그래선 그런지 2020년 한 해는 투자 경험이 좀 있어서 이것저것 생각하는 사람들보다 새로 주식을 시작한 '주린이'들이 더 선전했습니다.

그런데 2021년도 그럴지는 의문입니다. 주식시장에 너무 많이 기대하고 또 열망하고 있어요. 솔직히 인간은 감정적 편견에서 자유롭기 힘들어요. 그리고 스스로 조금 더 똑똑하다고 생각하죠. 주가가 올라오면 누구나 긍정적일 수밖에 없어요. 저 역시 그런 비판에서 자유롭지 않죠. 그래서 이럴수록 숫자, 다시 말해 기대와 실제를 비교해야 합니다. 기댓값이 어느 방향으로 가는지도 가늠해보고, 실제의 값과 얼마나 온도 차가 나는지도 체크해봐야 하죠. 방향에 베팅해야 할 때가 있지만, 어느 정도 방향이 진행되고 난 뒤에는 수준을 봐야 합니다. 방향은 '추세'와, 수준은 '변동성'과 관련이 높죠. 2021년은 변동성이 지배하는 시장일 가능성이 높아요.

2020년과 2021년의 차이는 백신이 개발되었다는 게 핵심입니다. 백신으로 인한 집단 면역에 가까워지기 이전에 주가는 앞서 반영해갈 거예요. 어쩌면 2020년 12월에서 2021년 1분기 정도가 이러한 백신 개발 기대의 정점이 아닐까 싶어요. 오히려 일상으로의 전진이 가져올 기댓값 변화의 중심은 실적과 금리입니다. 기업 실적의 기댓값은 앞서 이야기했듯이 주가가 이미 충분히 반영했고, 또 연초 기댓값이 비교적 높기 때문에 1분기 이후에는 자신 없는 거예요.

또 하나는 금리, 더 좁혀 말하면 장기금리의 기댓값일 거예요. 당장의 100만 원보다 1년 뒤의 100만 원이 가치 있고, 더 필요한 이들이 많다면 금리는 올라갑니다. 그 돈으로 기업가가 설비에 투자하거나 소비자가 뭔가를 사는 데 쓰면 돈이 돌고 인플레이션이 생기겠죠. 실물 경제에 돈이 도는 상황이죠. 하지만 우리 모두가 처한 현실이 어떻죠? 돈은 부동산과 주식으로 가서 자산 가격만 인플레이션되어 왔어요. 앞서 이것도 얘기했지만, 돈의 흐름이 상품시장을 자극해 비용이 동력이 되는 인플레이션의 가능성도 있죠.

지금까지는 돈이 풀려도 돈이 안 돌아서 실물 경제에는 인플레이션이 출현하지 않았지만, 자산 가격과 상품시장은 인플레이션 기대가 높아져 있죠. 구조적 저금리의 힘입니다. 금리 결정에 확실한 공식은 없어요. 하지만 저성장으로 인한 저금리가 지속될 것이고, 마이너스 국채까지 반영해온 채권시장의 버블이 끝나지 않을 거란 확신은 신기루일 뿐입니다. 위기는 항시 예기치 않은 외부 충격에 의해 채권 및 주가가 급변할 때 출현하죠. 우리는 지나간 다음에야 이걸 알 수 있어요.

여하튼 2021년 경기 회복으로 인한 인플레이션 기대가 올라오든, 자산 가격 인플레이션이든, 상품 가격 상승으로 인한 비용 인상 인플레이션이든, 어떤 경우든 금리를 자극할 거라고 봐요. 지난 '세계화' 국면에서 금융이 실물 경제의 정체에 대응하는 방식이 금융화였고, 그 결과가 불평등이었어요. 이를 완화시키기 위한 지혜와 협력이 필요합니다.

당장의 위협은 아니지만, 늦어도 2021년 3분기 이후에는 인플레이션 기대와 금리 상승 여부가 시장의 화두가 될 거라 봅니다. 이전과 다릅니다. 이번에는 현금을 메인 스트리트에 직접 줬어요. 게다가 바이든 정부는 더 많은 현금 살포를 계획하고 있죠. 투자자라면 그 변화를 활용하면 돼요. 저는 키워드를 '차별화'로 봅니다.

부채로 버텨온 자영업자들은 더 힘들어지겠지만, 플랫폼 사업자는 더 돈을 벌겠죠. 금리 상승은 이미 부채가 극대화된 상태에서 치명타입니다. 달러가 없어 금리를 올려야지만 버틸 수 있는 나라는 위기가 오고, 반면 자국의 경제 체력이 굳건한 국가들은 그래도 버틸 수 있을 거예요. 좀비기업들은 한계 상황에 내몰리겠지만, 글로벌 경쟁력을 갖추고 혁신 경제의 밸류체인에 속한 기업들의 재평가는 지속될 거라 봅니다. 변화로 옥석 가르기, 주식투자자에게는 여기에 기회가 있을 겁니다.

김한진 방향성보다 레벨이 중요하다면 지수보다는 섹터, 섹터보다는 종목, 앞으로는 좀 더 핀셋 투자로 접근해야겠네요.

주가, 어디까지 갈까?

김한진 2020년 증시는 코로나19로 울고 웃었죠. 주가 급락 이후 반사적 반등에 유동성이 가세했고, 그 위에 경기 회복 기대가 덧입혀진 종합 선물세트였다고 평가됩니다. 바이러스는 어차피 사라질 것이고, 저금리와 부양책은 그 어느 때보다 강했으니 주가는 오를 만했습니다. 실제 코로나19로 금리는 초스피드로 낮아졌습니다. 12개월 후 실적을 적용한 MSCI 세계 증시 PER가 2020년 한

해에 50% 높아진 걸 보면 시장의 시선은 이미 코로나19가 창궐한 2020년이 아닌 그 이후에 맞춰져 있습니다.

결국 앞으로 주가 조정이 있다면 윤 센터장님 말씀대로 기댓값의 조정에서 나올 거라 봅니다. 유동성의 변화, 부양책의 강도 변화, 경기나 기업 실적 기대치와 현실의 차이가 주가를 결정하겠죠. 지금까지는 기댓값이 별 저항 없이 주가에 반영되었다면, 이제는 서프라이즈(기댓값과의 차이)를 먹어야 주가가 올라갈 수 있는 환경으로 바뀔 거라 봅니다. 밸류에이션(PER)이 비싸져 있으니까요. 주도주인 대형 기술주의 실적 서프라이즈와 경기 전반의 서프라이즈가 나와야 기존의 비주도주까지 동반해 시장이 순항할 것 같습니다.

저는 글로벌 증시가 '합리적' 수준을 벗어나 있다고 봅니다. 물론 주가는 얼마든지 더 오랜 기간, 더 비합리적인 레벨에 머물 수 있습니다. 앞서도 얘기했듯이 '합리적'이란 단어는 주식시장에서는 '비합리적'이고 부적절한 용어라고 봅니다. 다만 시장에 대한 합리적 접근은 주가라는 버스가 목적지를 얼마나 지나쳐 왔는지를 아는 데 도움을 줍니다.

특히 저는 안전자산에 비해 주식이라는 위험자산이 비싸진 점에 주목하고 싶어요. 사람들이 지금 철석같이 믿는 건 '금리가 이렇게 낮은데 어떻게 주식이 안 되겠어?'라는 거잖아요? 그런데 중요한 건 그 낮은 금리 대비 주식의 상대 매력입니다. 지금 금리는 낮지만 주식수익률(PER의 역수)도 함께 낮아졌고, 그 갭이 앞으로 금리

안전자산과 위험자산의 상대 수익률

주: 주식은 S&P500, 안전자산은 미국 국채 10년물.
금리대비 주식 초과수익률은 12개월 예상 PER의 역수에서 국채금리 차감

상승이나 주가 상승 또는 실적 미스로 인해 더 줄어들 수 있음에 주목할 필요가 있습니다.

지금 안전자산인 장기금리와 주가의 상대 강도는 2008년 금융위기 전 수준에 거의 근접했습니다. 그래도 2000년 닷컴버블에 비해서는 양호하죠. 물론 주가가 그렇게 비이성적 수준까지 갈 수도 있다고 생각합니다. 2000년은 명실공히 주가가 거품으로 기록된 해죠. 기술주 중심의 나스닥지수가 2년 동안 고점에서 4분의 1토막 났으니까요. 지금도 시장이 거품으로 가서는 절대 안 된다는 법은 없습니다. 물론 메가테크 주가가 지금 거품이라고 주장할 만한 근거는 없습니다. 성장기업들의 수익 모델과 경쟁력은 살아 있고, 장기적으로 과연 어디가 그 성장의 끝인지는 아무도 모르니까

요. 지금은 한 마디로, 주가가 거품은 아닐지라도 과열은 분명하다고 봅니다.

윤지호 IT 헤게모니는 살아 있죠. 한국 경제에 행운이고, 한국 증시에는 상대적 강세의 원천이라고 할 수 있죠. 한국 증시는 반도체에 따라 오르락내리락합니다. 사실 미국과 중국이 서로 협력하지 않고 계속 다투는 상황이 우리에게 나쁘지 않아요. 이번 기술사이클에서 서로 헤게모니를 잡으려고 경쟁하면 한국은 상대적으로 유리하죠. 중국의 기업들이 반도체 기술을 얻어낼 방법을 미국이 막아주니까요.

더 큰 행운은 앞으로 상당 기간 반도체 수요는 늘 수밖에 없다는 겁니다. 두 가지 이유 때문이죠. 첫째, 사람들이 이용하는 데이터의 양이 증가합니다. 그럴 수밖에 없는 게 우리가 매일 시간이 지날수록 더 많은 콘텐츠를 소비하기 때문이에요. 예전에는 문자로 소통했다면, 이제는 사진과 동영상을 더 많이 보내고, 유튜브나 넷플릭스와 같은 영상 콘텐츠를 더 즐기죠. 이런 모든 콘텐츠는 데이터 트래픽으로 이어지고, 이런 데이터 트래픽은 반도체 수요 요인이에요. 둘째, 기기 사이의 연결이 더 많아지기 때문입니다. 예전에는 단순히 핸드폰으로 통화하고 연락만 했는데 이제는 핸드폰 기기 사이의 연결이 더 많아지고 가전 같은 기타 다른 기기와의 연결도 늘어나요.

미국과 중국, 아니 그 어떤 나라든 혁신을 통한 성장을 추구합니다. IT하드웨어의 지원 없이는 불가능해요. 예를 들어 클라우드 데이터 센터만 해도 그래요. 미국과 중국의 기술 패권 경쟁은 데이터 센터 증설 경쟁으로 이어질 수밖에 없죠. 기술 사이클은 별 게 아닙니다. 엄청난 데이터 양(빅데이터)이 중심이고, 이를 효율적으로 관리하고 새로운 결론을 도출하는 기능(AI)이 미래죠. 클라우드 데이터 센터 투자가 대세인 배경입니다. 또 하나, IT와 자동차의 결합, 그중에서 특히 '자율주행'도 반도체의 수요 증가에 큰 힘이 될 거예요.

이런 상황이다 보니 중국은 무슨 수를 써서라도 반도체 산업을 육성하려고 합니다. 하지만 중국의 반도체 추격은 실패했어요. 일부에서 디스플레이 산업을 예로 들기도 하지만 상황이 다르죠. 디스플레이와 달리 반도체는 기술 난이도가 훨씬 높고, 단순히 자본력으로 따라오기엔 어려운 산업이거든요. 게다가 미국과 중국이 기술 사이클 안에서 패권 경쟁을 하고 있잖아요? 그래서 중국의 화웨이와 파운드리 기업인 SMIC가 제재를 받고, 메모리 업체인 YMTC 등은 디폴트 리스크가 커지고 있어요.

이런 상황은 한국에 긍정적입니다. 반도체 산업은 글로벌 업체들이 거미줄처럼 얽히고설켜 있는 곳이에요. 들어가기 쉽지 않아요. 중국이 미국의 장비나 소재 등의 도움을 받지 못한다면, 사실상 반도체 자립이 불가능하죠. '반도체 자립'이라는 단어 자체가 사실은 웃긴 표현이죠. 처음부터 끝까지 모든 과정을 한 국가의 기술만으로 만들 수 없는 게 반도체니까요.

반도체 산업은 글로벌 기업들이 거미줄처럼 얽히고설켜 있는 곳이다. 향후 반도체 수요 증가에 따른 삼성전자, SK하이닉스 등의 실적에 주목해보자.

2021년 반도체 및 IT하드웨어 주식을 집요하게 추적해야 합니다. 수요가 늘면 설계보다 제조에 강점이 있는 우리나라 업체들의 이익이 개선될 수밖에 없으니까요. 삼성전자와 SK하이닉스 중심으로 이미 D램 시장은 과점화되었고, 파운드리에서는 삼성전자가 대만의 TSMC와 함께 시장을 양분하고 있죠. 이런 모든 걸 감안하면 삼성전자가 나쁠 이유가 없거든요. 메모리와 비메모리 모두 아우르는 '글로벌 반도체의 생산 기지'가 삼성전자인 거죠. 반도체의 성장이 어떻게 이루어지든, 삼성전자의 손을 거치지 않고서는 만들 수 없게 되었다는 게 놀라울 뿐입니다.

김동환 동의합니다. 삼성전자는 반도체뿐 아니라 가전 쪽의 이익률도 굉장히 좋아지고 있잖아요. 판매 대비 이익률이 증가한다는 것은 강한 브랜드력을 갖고 있어서 세일즈 채널의 의존성이 약해지는 거거든요. 예를 들면 미국의 최대 가전 리테일러인 베스트바이Best Buy의 온라인 매출이 급격히 늘어나는 건 삼성전자와 같은 브랜드 파워가 있는 제조업에 매우 유리한 환경이 만들어지는 겁니다.

삼성전자뿐 아니라 매출 구조가 오프라인에서 온라인으로 단순화되면서 이익률이 개선되는 기업들을 주목할 필요가 있습니다. 예를 들면 나이키가 그렇죠? 오프라인 리테일의 위탁 판매 비중은 줄었지만 그들 스스로 구축한 온라인 채널인 'NIKE.COM'의 매출이 늘어나면서 이익률은 크게 올랐습니다. 코로나19가 지구촌에서 사라진다고 해도 아마 이런 유통 혁신의 수혜를 받는 기업들은 훨씬 차별적인 이익 구조를 갖게 될 것으로 보입니다. 이런 기업들은 비용을 줄이면서도 2021년의 매출이 늘면서 영업의 범위가 확대되는 상황이 나올 가능성이 있을 겁니다. 실적의 서프라이즈가 몇 분기에 걸쳐 나올 수 있죠.

저는 우리 대표 기업들의 이익도 이러한 변화에 적응하거나 부분적으로는 선도할 수도 있다고 봅니다. 글로벌 경기의 회복과 더불어 선진국의 재고 감소는 가격의 상승을 동반한 수요의 증가로 나올 가능성이 큽니다. 제조업과 수출 비중이 큰 나라의 경제가 더 빨리 회복될 것입니다. 코로나19가 다소 줄어든다고 갑자기 유럽과 미국에 여행을 가게 될까요? 그 나라들은 갑자기 해외에 문호를 활짝 열 수 있을까요? 물론 항공, 여행, 크루즈, 면세 같은 대표적인 피해 업종의 주가는 오를 수 있을 겁니다만 기대감이 아닌 의미 있는 실적의 회복은 적어도 2021년 말에나 가능할 것으로 전망합니다. 반도체, 자동차를 중심으로 수요가 늘고 있고 조선, 화학, 철강, 석유도 가격 상승을 동반한 수요가 늘고 있습니다. 주가는 이제 바닥을 탈출했습니다만 아직은 상방이 열려 있는 것 같고요.

한국 주식시장이 연초부터 차별적인 상승세, 특히 대형주 위주의 급한 상승세가 연출되는 것은 개인투자자들의 시장 진입이라는 수급상의 개선도 기여한 바 있습니다만 2020년 11, 12월에 확인한 우리 수출의 증가가 추세가 될 것이라는 자신감의 발로로 보입니다. 중국이 강한 내수 진작을 하고 코로나19의 위험이 줄어들면서 국제 교역이 살아나면 가장 크게 수혜를 입을 나라는 바로 대한민국이기 때문입니다.

윤지호 2021년 교역량이 늘면 시크리컬(경기 민감주)도 한몫하겠죠. 그래서인지 부쩍 시크리컬이 다시 지위를 회복하면, 한국 증시가 어디까지 더 올라갈 수 있을지 궁금해합니다. 시클리컬이라 불리는 구경제의 2020년 이익 비중은 약 3분의 1 수준이죠. 해당 업종의 2021년 이익 성장률 컨센서스는 67.3%에 달해요. 골이 깊었으니 기저효과로 좋아지는 건 당연합니다. 만약 컨센서스를 달성한다면, 2021년 코스피 전체 영업이익 성장률이 47%입니다. 결국 컨센서스대로만 나와주면 2021년 코스피 전체 이익 성장에 시크리컬이 힘을 보태줄 거예요.

하지만 주가 측면에서는 두 가지 질문이 가능해요. '현재의 이익 성장률 컨센서스가 달성 가능할까?'와 '현 주가가 이익 성장을 얼마나 반영했을까?'라는 질문이죠. 제가 보기에는 컨센서스를 달성하기도 쉽지 않을 것이고, 주가 또한 이익 성장 기대치를 충분히 반영하고 있다고 봐요.

김동환 경기의 회복과 우리 산업 구조의 변화, 그리고 그 가운데서 소외되었던 일부 업종의 부활이 버무려져 있는 2021년의 주식시장을 예전 시각으로 보면서 지수 상승률에만 집착하면 안 된다는 얘기를 저는 하고 싶습니다.

예를 들어 HMM 같은 회사가 대표적입니다. 개명하기 전 현대상선, 이 회사는 2017년경에 거의 망한 회사였잖아요. 사실 당시엔 현대상선보다 한진해운이 시장점유율 측면에서 더 큰 회사였어요. 그런데 한진해운은 이젠 사라졌습니다. 그럼 현대상선은 훨씬 건전해서 살아남았을까요? 단순히 얘기하면, 둘 중에 그래도 대주주가 조금 더 전향적이어서 살아남았다고 봅니다.

그 과정에서 해운산업은 엄청난 구조조정을 경험했습니다. 배와 선원이 줄었습니다. 현재 HMM 주가를 한번 보세요. 바닥 대비 5배 이상 올랐습니다. 엄청난 수익률입니다. 그런데 이 회사의 10년 주가 차트를 한번 보세요. 감자를 감안해서 보면 주가 고점에서 아직 20분의 1도 안 됩니다. 이런 류의 회사들이 우리 경기 관련주들 중에 더러 보입니다. 여전히 독점적인 지위를 유지하고 있는데 주가는 구조조정기를 거치면서 바닥을 이제 막 벗어나고 있는 회사들이죠.

이런 주식이 더 오른다 혹은 이제 빠진다는 걸 떠나서 우리 주식시장 내부의 균형만 어느 정도 회복돼도 2021년 주가가 주도주의 교체기에 부러질 가능성은 크지 않을 것이라는 생각입니다. 다만 이런 기업들의 주가 상승은 실적이 수반되지 않으면 일어나지 않겠죠. 그냥 빈집 털이 정도만 나오는 거죠.

그런데 저는 2021년은 이런 기업들의 실적이 예상치를 상회할 것이라고 봅니다. 특히 적자에서 흑자로 전환하는 기업들의 주가상승률이 클 것이라고 봐요. 다만 재무적 안정성이 확보된 회사 내에서만 골라야 하겠죠. 코로나19가 어느 정도 통제될 때, 유동성 확대가 멈췄을 때 재무적인 리스크가 확대되는 회사들은 주식시장에서 블랙리스트에 오를 수 있으니까요.

김한진 동의합니다. 앞으로 수년간 각국 경제의 화두는 '구조조정과 새로운 성장판 짜기'에 있을 것 같습니다. 구조조정은 부가가치를 개조해야만 살아남는 업종에서 일어나겠죠. 산업 사이클이 쇠퇴 국면에 있다고 해서 그 안에 모든 기업이 다 망하는 건 아닙니다. 오히려 구조조정과 변신에 성공한 기업은 시장점유율을 늘릴 게 분명합니다.

한편 새로운 성장판 짜기는 멈출 수 없는 4차 산업혁명 물결 때문이겠죠. 이러한 두 부류의 변화는 곧 투자 기회를 제공할 것입니다. 그리고 빅데이터나 인공지능이 기존의 여러 산업에 접목되는 사례가 늘 것 같아요. 기술주와 비기술주, 제조업과 서비스, 신경제와 구경제 같은 이분법적 업종 분류에서 벗어날 필요가 있다고 봅니다. 기술의 적용과 융합이 일어나는 곳에 좋은 수익원이 있지 않을까 싶습니다. 앞으로 세상은 기존 사업 모델에 '신기술'을 접목해 혁신 기술주가 돼야만 대접받는 시대가 될 것 같습니다.

시장은 우리의 상상력을 항상 뛰어넘는 것 같아요. 때로는 성장 산업에서, 때로는 앞이 잘 안 보이는 경기순환 업종에서, 때로는 가치주에서, 때로는 아무도 거들떠보지 않는 부실 기업군에서 투자 기회를 이끌어내죠.

밸류에이션이 비싸지면 증시는 스스로 주가 조정을 통해 투자 기회를 만들기도 합니다. 또 어떤 때는 할인율(금리)을 낮춰 주가 상승을 이끌기도 하죠. 경제성장률이 둔화되면 생산성 개선이나 글로벌 경쟁력 강화 같은 질적인 성장을 통해서 한계를 극복합니다. 수출이나 설비투자가 벽에 부딪히면 소득주도 성장으로 출구를 찾기도 합니다. 환율이 강세를 보이면 원자재 수입을 많이 하는 내수 기업을 앞세워 먹거리를 찾기도 합니다.

지난 수십 년간 국내외 증시 주도주의 흐름을 보면 제조업과 서비스업, 유형재와 무형재, 수출과 내수, 대기업과 중소기업, 성장주와 가치주의 순환이 면면히 교차돼 왔습니다. 마치 달이 차면 기울고 계절이 바뀌듯 말이죠.

한국 시장의
질적 변화

김동환 한국 주식시장이 2020년 오랜만에 글로벌 시장을 아웃퍼폼Outperform 했습니다. 저는 이 추세가 계속될 만한 상당한 이유가 있다고 생각합니다.

무엇보다 한국의 대표 기업들의 구성이 크게 바뀌고 있다는 걸 주목할 필요가 있습니다. 10년 주기로 우리 시가총액 10위 기업들을 한번 비교해보면 최근 몇 년 사이에 상당한 변화가 있었습니다. 현재 시가총액 10위의 구성을 보면 삼성전자, SK하이닉스가 1, 2위입니다. 반도체 메모리 전 세계 선두 업체 두 곳이죠. 그다음이 LG화학, 삼성SDI입니다. 즉 전기차의 핵심 부품인 2차 전지를 만드는 회사 두 곳입니다.

전에 없던 일이죠. LG화학은 석유화학 업체에서 이제 당당히 세계 1위의 전기차 배터리 회사가 되어 있습니다. LG화학의 오랜 투자자들 입장에서는 산업의 분류가 다른, 즉 비즈니스 모델이 다른 회사에 투자하고 있는 겁니다. 물론 다양화라고 하는 게 맞고, 2020년 하반기에 한동안 소란스러웠던 분할 이슈가 남아 있습니다만 분명한 건 밸류에이션상 저평가를 받던 전통 석유화학 업체에서 이제 성장성을 겸비한 전기차 배터리 회사로 탈바꿈되었다는 겁니다.

삼성SDI도 비슷한 맥락입니다. 휴대폰이나 노트북 배터리만 만들다가 이제 막 시장이 열리고 있는 전기차 배터리 산업의 선두권을 달리고 있는 거니까요. 크게 봐서 SK이노베이션은 더욱 극적인 변화를 추구합니다. 내연기관 지동차에 들어가는 기름을 만드는 정유 업체가 이제 그 내연기관차를 교체하는 전기차에 들어가는 배터리를 만들고 있으니까요. 당연히 밸류에이션의 변경이 필요합니다.

그다음 바이오 회사 두 곳이 있죠. 삼성바이오로직스와 셀트리온입니다. 삼성바이오로직스는 CMO 분야의 선두 업체입니다. 물론 아직 글로벌 빅파마(대형 제약사)들에 비하면 모자라지만 돌이켜 생각해보면 우리 시장에서 괄목할 만한 제약바이오 글로벌 기업들이 나왔다는 건 나름 획기적인 변화입니다. 그저 카피 약 만들어 팔던 게 우리 제약 업계였고, 신약 개발은 대부분 근거도 약한 사기라는 인식이 팽배했지 않습니까? 이들 대형 업체 이외에도 코스닥에는 많은 바이오 벤처기업들이 기술 특례로 상장을 해 있고, 아마 그중에 몇몇은 2020년에 씨젠이 보여줬듯이 해당 산업에서 탁월한 성과를 보이는 기업들이 많이 나올 것입니다. 이 역시 한국 주식시장의 밸류에이션을 상향해야 할 충분한 전제가 됩니다.

그다음이 네이버와 카카오, 즉 인터넷 기술 기업들입니다. 미국이나 중국 업체들에 비해서 협소한 한국 시장의 로컬 플레이어Local player라는 약점을 갖고 있는 것도 사실이지만, 네이버는 라인Line을 통해 일본을 비롯한 아시아 시장에 진출하고 있고 웹툰으로 북미 시장을 공략하고 있습니다. 카카오는 은행, 페이, 증권, 게임 등

괄목할 만한 비즈니스 모델을 창출하고 있고 매출과 이익이 급증세를 보이고 있습니다. 의미 있는 변화이고, 역시 밸류에이션을 올려 줄 만한 충분한 이유가 됩니다.

다음이 자동차입니다. 물론 전통 제조업입니다만, 100년 넘는 자동차 산업의 역사에서 가장 근본적인 변화가 일어난 원년이 2020년이라고 봐야 할 겁니다. 전기차와 인공지능차로의 발전이 명확한 상황에서 이 변화를 적극적으로 수용한 업체는 더 이상 전통 제조업이 아닌 성장산업으로의 프리미엄을 줄 필요가 있으니까요. 현대차가 완벽히 미래의 변화를 선도한다고 할 수는 없겠으나 글로벌 시장의 더 큰 경쟁자들, 예를 들어 폭스바겐, GM, 도요타보다는 훨씬 변화에 유리한 구조를 갖추고 있습니다. 때마침 후계 구도가 확정됐고, 새로운 변화를 주도하고 있다는 측면에서 이 역시 밸류에이션의 변경을 시도할 수 있을 겁니다.

또한 애플과 미래 자동차를 합작한다는 소식도 있었고(이후에 현대차가 아니라 기아차가 협력사 될 거라는 얘기도 나왔지만), 세계 최고 기술력을 자랑하는 로봇 기업 보스톤 다이나믹스Boston Dynamics를 인수한 것도 개인적으로 현대차의 변화를 2014년 10조 원 이상 들여서 삼성동의 한전 부지를 샀을 때와 전혀 다른 의사결정이 이루어지고 있는 거죠. 이런 추세가 계속되고 그 시도가 성공한다면 현대차와 핵심 계열사에 대한 밸류에이션은 당연히 올라가야 할 것입니다.

반도체 역시 마찬가지입니다. 삼성전자, SK하이닉스 모두 메모리 사업에 집중되어 있었습니다만 삼성이 비메모리 사업에 집중

투자하면서 TSMC와 경쟁하게 되었습니다. 현재 10%대 후반의 파운드리 시장 점유율은 수년 안에 20% 대로 올라설 것이고, 그 후엔 더 큰 성장세를 보게 될 것입니다. 새로운 기술을 빠르게 쫓아가는 삼성 특유의 패스트 팔로워Fast follower 전략이 비메모리 반도체에서 구현될 것이라고 봐요. 비메모리에 비해 훨씬 경기에 좌우되는 메모리 산업이 주는 저평가에서 벗어날 수 있는 기회를 잡게 될 것이고요.

SK하이닉스는 상대적으로 부진했던 낸드플래시Nand flash(전원이 꺼져도 저장한 정보가 사라지지 않는 메모리 반도체) 사업을 인텔의 중국 공장을 사들이면서 극복하려고 하고 있고, 당연히 비메모리 쪽 투자도 늘리게 될 것입니다. 2021년 초에 삼성전자와 SK하이닉스, 두 회사의 주가가 크게 오르는 이유는 반도체 가격의 상승 기대가 기본입니다만 두 회사의 비즈니스 포트폴리오의 변화 시도에 대한 밸류에이션의 변경도 큰 역할을 하고 있다고 봐야 합니다.

이러한 대표 기업들의 변화가 소재, 부품, 장비 업체들의 생태계까지 바꿔놓고 있습니다. 물론 새로운 환경에 적응하지 못하는 기업들이 많이 나오고 있고 2021년 하반기에 이들 기업의 처리 문제, 즉 구조조정이 우리 경제에 부담이 될 수도 있겠습니다만 많은 기업들이 새로운 기회를 잡게 될 것입니다.

기업들의 이러한 비즈니스 모델의 변화 이외에도 우리 주식시장의 밸류에이션의 변화 이유는 많습니다. 우리 기업들의 지배구조가 느리지만 개선되고 있다는 측면이나 주주에 대한 정책도 어쨌든 조금씩이나마 더 시장 친화적으로 변화되고 있고, 무엇보다도 우리 국민들의 주식시장에 대한 태도와 실력이 확실히 개선되고 있어서 투자의 저변이 넓어지고 있다는 걸 빼놓을 수가 없습니다.

혹자는 동학개미운동이 갖는 태생적인 문제를 지적하며 '빚투'와 '영끌'을 걱정하고 있고 저도 마찬가지로 걱정하고 있기는 하지만, 사실 그보다는 우리 주식투자자들이 얼마나 빨리 스마트해지고 있는지에 더 주목해야 한다고 봅니다. 그저 정보에 의해 매매를 하던 예전의 주식투자에서 바뀌고 있어요. '공부하고 분석해서 제대로 투자하면 성공할 수 있다'는 근거 있는 자신감을 갖춘 실력 있는 새로운 투자자들이 대거 시장에 들어왔습니다. 두 분도 이런 변화에 많은 기여를 해주셨고, 「삼프로TV」도 이러한 변화에 미약하지만 기여한 것을 보람으로 생각하고 있습니다.

2020년은 유례를 찾기 힘들 정도로 주식시장에 친화적이었던 정부 정책의 힘도 있었습니다. 2023년부터 시행될 양도소득세도 기존 정부안보다 훨씬 시장 친화적으로 변경이 됐고, 공매도 금지 유예, 대주주 조건 변경 유보 등 주식시장의 저변을 넓히는 데 우호적인 정책들이 2021년 벽두부터 3000포인트를 강하게 돌파한 초강세장의 중요한 원인이었다는 걸 부정할 수가 없습니다. 개인투자자들이 시장에 적극적으로 참여하고 힘을 키울 수 있었던 일종의 토대가 마련되었다는 것이죠.

윤지호 이제 어느 누구도 개인의 힘을 간과할 수 없겠죠. 지금 부동산 자산이 GDP의 2.5배예요. 주식은 이제 GDP의 1.3배 왔으니까 상대적으로 주가가 싸다고 볼 수 있죠. 2020년 정부의 규제 의지가 주식보다 부동산에 더 있다는 점도 다들 인식하고 있을 겁니다. 말씀하신 것처럼 2023년부터 주식 양도소득세를 도입하기로 발표했는데 반발이 나오자 공제 한도를 기존의 연간 2000만 원에서 5000만 원으로 확대했죠. 2021년 4월부터는 대주주 양도세 기준을 확대할 것이라고 2017년에 세법 개정안에서 정했지만, 이 역시 반발이 나오자 기존의 안을 유지하기로 결정했고요.

공매도 이슈는 정부가 더 확실한 신호를 준 거죠. 2020년 3월에 6개월 동안 공매도 전면 금지로 시작했죠. 많은 개인투자자가 연장을 원했고, 결국 연장되면서 2021년 3월까지 공매도 금지는 유예됩니다. 주요 선진국들은 이미 한시적인 공매도 금지 조치를 종료한 상태예요. 공모주 청약에서도 청약 금액이 많은 투자자가 공모주를 많이 받아가는 구조에서 균등 방식이 도입되었죠. 공평한 기회라는 틀이 적용되면, 정부가 공매도 금지 종료 결정을 내리기 힘들 거예요. 아마도 절충하지 않을까요? 상대적으로 대주주 물량 확보가 쉬운 대형주에 한해 공매도 금지를 먼저 종료할 가능성이 있는데, 이는 인덱스 단위에서는 충격을 줄 수 있지만 중소형주의 영향은 상대적으로 적습니다. 만약 이렇게 된다면, 이 역시 개인 투자자의 손을 들어주는 거겠죠.

정부는 속내를 감추지 않고, 대놓고 정책 의지를 표명해왔어요. 부동산으로 과편중된 자금의 증시 유입을 통해 장기투자를 유

도해서 기업 자본을 확보하는 등 건전한 자본시장을 조성하겠다
는 의지입니다. 증시에 우호적 환경임에는 의심할 여지가 없습니
다. 특히 종부세가 강화되기 때문에 2021년 6월 전까지 일부 다주
택자는 주택을 처분하리라고 봐요. 그러면 어느 정도는 부동산에
서 주식시장으로 자금이 실질적으로 이동하는 정책 효과가 가시화
될 거라 보고 있어요. 인간은 돈의 흐름을 동물적으로 쫓아갑니다.
2020년 이미 많은 개인투자자의 자금이 증시에 들어온 것을 보면
그런 생각이 더 들어요.

김동환 개인의 주식시장 참여를 한때의 투기 광풍 같은 걸
로 폄하하면 안 된다고 봐요. 물론 급격히 늘어난 주식투자 인구가
어떻게 다 스마트하겠습니까? 다만 전처럼 '묻지 마 투자'로 일관
하는 투자자들은 확실히 많이 줄었습니다. 여기에 지속된 저금리
와 부동산 시장으로의 유동성 공급이 거의 원천 봉쇄당한 상황에서
개인들의 선택지는 주식시장, 그것도 우량주에 대한 투자를 늘리는
것밖에는 없죠.

최근의 개인 순매수 상위 종목을 보면 삼성전자, 현대차, LG
화학, 네이버 같은 초대형 우량주들입니다. 전처럼 테마주나 재료
가 있는 중소형주는 철저히 소외되고 있습니다. 이익을 내고 있고
배당을 꾸준히 하고 있으며 재무적 리스크가 거의 없는 기업들 중
에 성장성을 구가하고 있는 대형주들이 투자의 주 대상인 겁니다.
시간을 버는 투자를 하고 있는 거지요.

수급상 새로운 돈들이 들어올 때는 상승 폭을 조금 더 넓혀 잡을 필요가 있습니다. 금융시장의 새로운 수급은 전혀 새로운 투자 패턴을 만듭니다. 지금 일어나고 있는 대형 우량주에 대한 투자는 부동산과 예적금에 편중되어 있는 가계 자산의 일부가 주식시장으로 들어온 겁니다. 그 규모가 약 100조 정도인 건데, 사실 이제 막 일종의 '머니 무브Money move'가 시작된 것이라고 봅니다.

돈의 흐름은 관성을 갖습니다. 수익을 확인하면 더 큰돈을 움직이게 되어 있습니다. 3000포인트 주식시장은 이론적으로 주식을 보유한 대부분이 승자입니다. '빚투'와 '영끌' 등 젊은 세대들의 과도한 투자도 걱정이지만 저는 오히려 중노년층의 머니 무브를 더 걱정합니다. 주식투자를 오래 전에 해봤거나 지금도 하고는 있지만 잘못된 방법으로 하고 있는 중노년 층에게 지금의 주식시장은 과열이고 버블일 수 있습니다.

2020년 5월경 1차 반등기에 2차 폭락을 기다리며 주식 비중을 줄인 분들이 대부분 주식투자를 오래 했던 분들이었습니다. 제 주변에도 그런 분들이 많습니다. 그런 분들의 투자는 여전히 개별 종목에 집중되어 있습니다. 시장의 수급상 상투는 이런 50~60대가 예적금을 헐고 부동산을 처분해서 시장에 들어오거나 평생 개별 종목 위주의 투자만 하던 오랜 개인투자자들이 대형주를 신용으로 사러 들어오는 상황이 벌어질 때라고 생각합니다. 그런데 아직은 그런 움직임을 찾기 힘듭니다.

김한진 두 분 말씀에 동감 가는 부분이 많습니다. 우리 증시 구조는 짜임새 있게 변해가고 있는 것 같습니다. 질적 변화가 뚜렷하죠. 말씀하셨듯이 시가총액 상위 기업의 서열 변화만 봐도 알 수 있습니다. 금리는 낮고 배당은 늘고 있죠. 다만 '코리아 **리레이팅** Rerating °'을 위해서는 아직 풀어야 할 숙제도 많다고 봅니다. 물론 모든 조건을 다 갖춰 어느 날 갑자기 주가가 점프하는 건 아니라는 것도 잘 압니다.

리레이팅 똑같은 이익을 내더라도 주가는 더 높은 수준에서 형성되는 것을 말한다. 주가수익비율(PER)이 한 단계 상향조정되는 것이다.

스위스 국제경영개발원(IMD)에 따르면 한국 기업의 경영 효율성은 63개국 중 23위입니다. 최근 순위가 올라오는 건 긍정적이나 회계 투명성이나 주주 권리, 기업 관련법 등은 아직 하위권입니다. 또한 우리나라 노동생산성(투입된 노동량 대비 생산량의 비율)은 주요 선진국의 절반 수준입니다. 낮은 노동생산성은 가계 소득과 소비 역량을 제한합니다. 고용유발 정도가 낮아지는 상황에서 가계의 분배 몫이 줄면 결국 내수가 취약해질 수밖에 없습니다. 그래서 노동생산성이 높고 내수 규모가 큰 국가의 PER가 높은가 봅니다. 수출도 단가 변동성이 큰 기업 간 거래 비중이 높으면 PER를 높게 받기 어렵죠.

한국 증시의 재평가와 밀접한 또 다른 요인으로 기업이익률과 주주 환원이 있습니다. 자기자본이익률 Return Of Equity, ROE °의 개선 정도와 주가 상승률은 장기간 높은 상관관계를 보였고요, ROE가 높은 증시일수록 보다 높은 PBR(주가순자산비율)을 부

자기자본이익률 기업의 수익성을 나타내는 지표의 하나로, 주주가 갖고 있는 지분에 대한 이익의 창출 정도를 나타낸다. 자기자본이 1000원이고 당기순이익이 100원이라면 ROE는 10%가 된다.

기업 효율성 부문 경쟁력 국제 비교

(63개국 중 순위)

	미국	독일	영국	프랑스	일본	중국	대만	인도	한국
경영효율성 합계	14	25	20	43	55	18	12	32	23
생산성/효율성	5	18	20	24	55	23	13	39	38
노동시장	31	20	27	53	45	6	25	12	28
금융	3	17	9	14	18	28	16	30	34
기업경영 관행	17	32	25	47	62	20	6	49	36
기업 관련법	18	23	10	29	35	41	27	47	46

자료: IMD(2019. 11)

자기자본이익율(ROE)과 PBR 관계

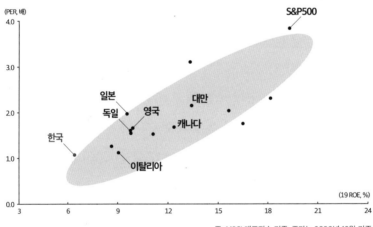

주: MSCI 대표지수 기준, 주가는 2020년 12월 기준

여받고 있습니다. 배당수익률과 배당 성향도 PER와 높은 관계가 있죠. 2019년 MSCI 기준 코스피 기업의 배당 성향은 26%입니다. 2020년은 30%로 개선될 전망이지만 전 세계 평균 41%와 비교하

면 아직 낮습니다. 이 밖에 설비투자의 효율성이나 소득교역 조건(수출 금액으로 수입을 늘릴 수 있는 능력) 같은 산업의 부가가치 수준도 주가 프리미엄과 관계가 높습니다.

경제를 이끄는 주도 산업이 크게 바뀔 때 우리 주가가 계단식으로 올랐던 점을 상기한다면 앞으로 새로운 고부가 산업이 얼마나 성공적으로 정착해 한국 경제를 이끄느냐가 코라아 프리미엄의 관건이라 봅니다.

윤지호 한국 주식은 싸죠. 그리고 재평가되어야 합니다. 그런데 우리 고유의 원인이 제거되어야 하죠. 한국 증시는 국가 단위의 밸류에이션 비교가 간단치 않아요. 상대 비교는 가능하지만, 절대 비교는 문제가 있거든요. 대기업 집단, 재벌그룹의 다양한 자회사와 모회사가 동시에 상장되어 있고, 지분법으로 반영되는 이익은 더블 카운팅 이슈가 존재하기 때문이죠. 예들 들어 삼성전자의 실적도 그렇죠. 삼성그룹의 자회사 실적이 지분법으로 반영되는데, 코스피200 순이익을 계산하면 다른 삼성 계열사의 실적이 다시 한번 더해지죠. 결국 한국 경제 구조상 실적은 과대 계상되는 거예요. 당연히 다른 국가들에 비해 밸류에이션은 낮을 수밖에 없어요. 한국의 밸류에이션은 다른 국가들과의 비교도 중요하지만 과거와의 비교에 더 의미를 둘 수밖에 없어요.

2020년 이익 개선의 질적인 부분도 감안해야 해요. 수출이 늘고, 전체적으로 글로벌이든 우리 산업 간이든 온기가 늘어날 거란 이야기는 무엇보다 먼저 기업 단에서 매출 성장이 확인돼야 해요. 특정 산업이 아닌 전반적이거나 전체적인 매출 증가 말입니다. 아직 그러한 징후는 없어요. 오히려 2020년 하반기 실적 개선은 비용 감소에 힘입은 바가 커요. 광고비도 쓰지 않고, 고용도 줄이고 등등. 발표된 실적만 봐도, 영업이익률 개선을 살펴보면 코로나19로 인한 판매비와 관리비의 감소도 영향이 있지만, 대부분은 매출원가가 감소하고 **매출총이익률**°이 개선된 점이 가장 큰 원인이에요. 매출원가에는 거시 변수의 영향을 받는 원가가 많죠. 재고자산과 원자재, 그리고 운송비 등.

매출총이익률 매출로부터 얼마만큼의 이익을 얻느냐를 나타내는 재무비율. 매출총이익/매출액=매출총이익률.

최근 추정치는 상향 조정되는 흐름을 이어가고 있어 다행입니다. 하지만 추정치를 분해해보면, 여전히 매출액 개선 없는 영업이익 개선이 전망되고 있어요. 영업이익률 개선은 매출원가 감소에 따른 매출총이익률 개선의 영향이 크죠. 물론 이런 상황에서 기업이 잘 대처하고 새로운 시장을 개척하면 되는데, 그건 개별 이슈일 뿐입니다.

　물론 이후 글로벌 경기가 확장기로 나아가면 매출과 이익이 같이 가는 시기가 오겠죠. 하지만 상황이 그리 간단치는 않습니다. 나아가 우리 기업들에 새로운 비용 부담이 생긴다면? 그런 가정도 해볼 시기거든요. 예를 들어, 바이든 시대의 기대요인이 '환경' 변수입니다. 물론 경기부양책 측면에서는 긍정적이지만, 기업 입장에는 부담스러울 수밖에 없어요. 2021년 탄소세 도입만 해도 그렇죠. 이산화탄소를 배출하는 각종 화석 에너지 사용량에 따라 세금이 부과되면 가장 타격이 큰 산업은 철강, 석유화학, 정유 등의 기업들입니다. 2021년 교역량이 늘면서 글로벌 경기가 돌아서면 좋아질 거란 기대가 반영돼온 섹터들에 돌발 변수가 생길 수 있는 거예요.

김동환 그게 증시에 안 좋은 건가요? 제가 볼 때는 그 비용으로 인해서 기업 실적이 나빠지는 것보다 그런 새로운 제도가 만들어내는 새로운 생태계가 프리미엄을 받는 게 더 많습니다.

윤지호 저 역시 친환경 생태계는 또 다른 기회라고 생각합니다. 정부 정책의 방향과 의지도 확고하고요. '그린'은 선진국과 교역을 하기 위해서는 이제 피할 수 없는 선택이 되고 있죠. 한국의 그린뉴딜 정책도 그래서 나온 거고요. 원유 베이스 제품 가동률을 낮추고 글로벌 시장에서 친환경 제품으로 경쟁력을 키우기 위한 제도적 장치 지원을 하는 거죠. 안 할 수가 없어요. 몇 년 뒤에는 친환경 제품 아니면 선진국에 수출하기도 힘들 수 있거든요. 그래서 그런지 예산도 엄청납니다. 그린뉴딜로 총 42.7조 원인데, 그중 그린벨트, 공원 조성 등 녹색 인프라를 제외한 산업군으로 보면 신재생으로 24.3조, 녹색산업으로 6.3조 원이 되거든요.

기업들도 여기에 맞춰서 사업을 확장하거나 재편하고 협력을 하겠죠. 거기에서 투자 기회를 잡아야 할 거예요. 전기차는 전체 완성차 시장에서 2021년이 되면 약 5% 정도를, 2025년에는 15%의 비중을 차지할 거라고 하고, 수소를 에너지원으로 사용하는 산업의 경우 아직 그 비중은 미미하지만 2050년에는 전체 에너지 수요의 18%를 차지할 거라고 합니다. 수소차 비중은 2025년 글로벌 완성차 시장의 3% 정도고요.

결국 아직 산업 내 침투율을 감안한다면, 그러한 환경 관련 기업들의 성장은 이어질 겁니다. 하지만 여기서 논의되고 있는 것은 2021년입니다. 전체 이익 내에서 이러한 성장 기업들이 차지하는 비중이 높지 않아요. 매출 성장보다 비용 부담이 더 우려스러운 시기라는 겁니다.

김동환 예를 들어 이런 거죠. 얼마 전 한국전력과 삼성물산이 석탄 산업을 접는다고 발표했습니다. 사실 중요한 기업 활동의 한 부분을 접는다는 것이기 때문에 이는 분명히 매출과 이익 단에 훼손을 주는 나쁜 뉴스입니다. 그런데 이런 뉴스가 나오면 주가가 오릅니다. 왜일까요? 생태계가 바뀌고 있기 때문입니다.

이미 유럽과 미국이 탄소국경세를 부과하려고 하고 있고 애플, BMW 같은 업체들이 RE100°을 도입하지 않았습니까? 친환경 에너지원을 쓰는 것은 이제 선택이 아니라 생존의 문제입니다. 여기에 우리 국민연금도 이제 ESG_{Environmental, Social and Governance} 투자°에 전체 운영 자산의 절반 이상을 할애한다고 하지 않습니까? 비즈니스뿐 아니라 투자 단계에서도

RE100 재생에너지Renewable Energy 100%의 약자로, 기업이 사용하는 전력량의 100%를 2050년까지 풍력·태양광 등 재생에너지 전력으로 충당하겠다는 목표의 국제 캠페인이다.

ESG 투자 기업의 재무적 성과만을 판단하던 전통적 방식과 달리, 장기적 관점에서 기업 가치와 지속가능성에 영향을 주는 ESG(환경·사회·지배구조) 등의 비재무적 요소를 충분히 반영해 평가한다. 기업의 ESG 성과를 활용한 투자 방식은 투자자들의 장기적 수익을 추구하는 한편, 기업 행동이 사회에 이익이 되도록 영향을 줄 수 있다.

이제 환경에 대한 고려는 필수적인 것이 되었습니다.

주식투자,
어떤 관점을 가져야 할까?

김동환 아마 두 분은 아시겠지만 제가 매년 말이면 이듬해 우리 경제와 자산시장을 표상하는 사자성어를 방송에서 발표하고 그랬잖아요? 2019년 말에는 2020년의 화두로 '파란만장波瀾萬丈'이라는 사장성어를 썼죠. 코로나19로 그야말로 파란만장한 한 해를 보냈습니다만, 어쩌면 코로나19가 안 왔더라도 글로벌 주식시장은 파란만장했을 거란 생각이 듭니다.

코로나19를 예측한 것은 아니지만 자산시장이나 경제의 변동성이 굉장히 큰 기간, 비행기로 치면 일종의 터뷸런스Turbulence(난기류) 같은 기간에 들어간다는 측면에서 2019년 말에는 파란만장을 얘기했습니다. 파란만장은 파고, 즉 파도의 높낮이가 만장에 이른다는 뜻이죠. 올라갈 때도, 내려갈 때도 현기증이 날 정도로 크게 오르내릴 거라는 의미입니다. 미국 대선과 일부 자산의 편중 현상을 보면서 그런 생각을 했는데, 2020년 말에는 올해 2021년을 예측하며 '성동격서聲東擊西'라고 얘기했습니다. 성동격서가 '동쪽을 소란스럽게 만든 다음에 서쪽을 공격해 승리하라'는 것이잖습니까? 비유적으로 제가 보기에 2021년은 우리의 주목을 집중시키는 시끄

러운 지역, 자산, 주식에서는 큰 수익을 내기 어려울 것 같아서 재 있게 성동격서라고 표현했습니다.

예를 들어 지금 우리의 이목을 집중시키는 나라는 단연 미국 이죠? 저는 2021년은 미국에 투자하기보다 중국과 아시아에 투자 하기를 권합니다. 앞에서도 말씀드렸습니다만 미국 주식시장은 트럼프 연간에 다른 나라들로부터 너무 많이 끌어다 썼습니다. 트럼프가 당선되기 위해서 주식시장을 거의 지지율 여론조사처럼 사용했어요. 다 잊어버렸겠지만 트럼프는 대통령인지 증권회사 사장인지 헷갈릴 정도로 주식시장 하락에 민감하게 반응하면서 '주식이 올라야 한다'는 말을 많이 했습니다. 적어도 주식투자자들에게 트럼프는 정말 고마운 대통령이었습니다. 하물며 연준의 독립성까지 훼손시켜가며 금리 인하를 강요하고 했잖습니까?

이런 트럼프의 노력은 사실 말로만 한 게 아니고 대외 관계에서 미국 기업들에 단기적으로 매우 유리한 환경을 만들어가며 구체적으로 진행이 됐습니다. 법과 절차는 가볍게 무시되었습니다. 하물며 진보적인 기술 기업의 경영자들마저도 대외 관계, 특히 중국과의 비즈니스가 잘 안 풀리면 백악관으로 갔습니다. 애플의 팀쿡 CEO가 대표적이었고, 트럼프도 이런 모양새를 그의 능력으로 포장하기 위해 적극적으로 활용했습니다. 주식시장과 트럼프가 서로의 필요에 의해 이른바 '불편한 동거'를 했던 기간이었다고 할 수 있습니다. 선거 전까지는 그랬습니다.

그러나 돈이 얼마나 냉정한지 선거자금 모금을 보면 알 수 있습니다. 주식시장을 위해 그렇게 노력했던 트럼프에게 월스트리트는 매우 인색했습니다. 오히려 금융 규제에 적극적인, 법인세 올린다고 하고 빅테크 기업들의 독점을 규제한다는 공약을 앞세운 바이든에게는 정치 자금을 몰아줬습니다. 월스트리트와 빅테크들이 트럼프를 용도 폐기했다고 할까요? 트럼프 연간에 상승세를 독점했던 미국의 주식시장은 적어도 바이든 첫해에 다른 나라들, 특히 중국과 한국 같은 나라들에 그 독점적 상승세를 나눠줘야 할 것입니다.

최근에 경기 관련주들의 상승세가 눈에 띄는데, 그래도 다수의 주된 관심사는 여전히 성장주에 가 있습니다. 테슬라와 애플 그리고 구글과 아마존이 관심을 더욱 끌 겁니다. 그런데 과연 수익률이란 측면에서 이 성장주들이 답일까요? 미국 시장에서 에너지나 여행, 항공 혹은 이른바 콘택트 비즈니스를 갖고 있는 기업들의 주가 상승률이 이들 성장주보다 훨씬 못 미칠까요? 적어도 연간 저점 대비 고점의 수익률로만 보면 성장주가 아닌 경기 관련주, 코로나19 피해주들이 더 높을 것으로 봅니다. 다만 언제 사고 언제 팔지에 따라 전혀 다른 결과를 내기도 할 것이고, 기업에 따라 전혀 다른 양상을 보일 수도 있으니 트레이딩이란 측면에서 조심은 해야하겠습니다.

우리 주식시장도 마찬가지입니다. 섹터도 그렇고 스타일도 그렇고 너무 소란스러운 동네에 가지 말고, 내실 있지만 후미진 동네에 자주 마실을 다녀야 할 겁니다.

김한진 성장주는 소문난 잔치에 먹을 게 없다는 뜻으로 쓸리기도 합니다. 최근 현상에 대한 과도한 신뢰, 최신 확증 편향이라고 하던가요? 생각의 발상을 바꿔볼 필요가 있다고 봐요.

김동환 저는 또 다른 측면에서 익숙한 것에 대한 반문을 해보고 싶습니다. 요즘 들어 언론에서 가장 많이 하는 얘기가 '직장인들도, 학생들도, 하물며 주부들도 맘 카페에서 죄다 주식 얘기다. 그래서 버블이고 얼마 안 가서 버블이 터질 것이다'라는 것입니다. 특히 주식을 오래 한 분들이 그런 논점을 많이 갖고 있습니다. 저도 사실 주식을 오래 해서 이런 입장이 더 익숙하긴 합니다.

그런데 과연 주식투자가 전에 없이 유행이고 관심의 대상이된 것만 갖고 버블을 걱정하는 게 맞을까라는 생각이 들어요. 조금더 긴 안목으로 보면 이런 변화는 사실 조금 늦은 감이 있죠. 우리사회가 어쩌면 편견을 갖고 이런 변화를 거부하고 있는 것은 아닌지 한 번쯤 생각해볼 때가 아닐까 해요.

1990년대 제가 처음 주식투자를 시작할 때를 떠올리면, 당시대출 이자가 15% 이상 했습니다. 예금을 들어도 그 정도 가까이 받았다는 얘깁니다. 당시 주식투자를 한다는 건 최소 15% 이상 수익을 내야 본전이라는 거였는데, 아무리 그때가 지금보다 성장이 큰시기라고 하지만 어떻게 한 해에 15% 이상씩 성장을 계속하겠어요? 어떻게 우리 상장 기업들이 이익을 15%씩 증가시켜나가겠냐는 거죠. 매우 어려운 환경에서 주식투자를 한 겁니다.

그런 환경에서 일시적 경기 호전이나 수급 개선으로 일반인들이 주식투자에 과열을 보인다면 15%라는 비용을 무시하고 주식에 열광한다는 얘기이기 때문에 자산 배분의 입장에서 볼 때 버블을 판단하기 매우 용이한 겁니다. 그런데 지금은 어떻습니까? 은행이 주는 안전한 금리는 1% 남짓입니다. 여기에 성장률은 마이너스입니다. 고용이 불안하단 얘깁니다. 자영업의 성공 확률이 그만큼 낮다는 얘기도 됩니다. 투자 대상으로서 주식시장도 마찬가지입니다. 자본이 튼실하고 코로나19가 만든 환경에 잘 적응한 기업들은 대부분 대기업들이거나 혁신 기술기업들입니다. 투자의 대상이 매우 한정적인 겁니다. 예전의 투자보다 훨씬 간명한 논리 구조가 완성됩니다.

즉, 투자 하지 않으면 안 된다는 거죠. 투자 대상은 당연히 위험 자산인데, 그중에서 기업을 골라내는 기준은 오히려 예전에 비해 명확하고 더 보수적입니다. 개인투자자들이 용기를 낼 수밖에 없기도 하고, 용기를 내기도 용이한 상황이 된 겁니다. 그러면 주식시장과 개인투자자들을 보는 시각을 좀 바꿔야 하지 않을까요? 단지 투자자가 단기간에 늘었다고 버블이라고 할 게 아니라 이들이 투자를 더 건강하게 할 수 있도록 제도를 정비하고 우리 기업들과 금융회사들이 이러한 변화에 빨리 적응할 수 있도록 유도하는 노력을 해야 하는 게 아닐까요? 최근의 변화를 보는 시각을 너무 냉소적으로 보지 말고 좀 더 따뜻한 시각으로 봐야 할 필요가 있다는 얘기를 하고 싶었습니다.

김한진 맞습니다. 저금리는 분명 게임의 룰을 바꿔놓았습니다. 다만 반복해서 강조하지만, 그렇다고 저금리만 지속되면 주식으로 계속 돈을 벌 수 있는 건 아니죠. 저금리는 앞으로도 주가상승을 돕는 순풍Tailwind과 같은 역할을 하겠지만, 저금리 자체가 주가 상승의 주 엔진은 아니라는 데 동의하실 겁니다. 저금리 환경에서도 크고 작은 주가 사이클은 존재하기 마련입니다. 최근 과잉 유동성과 저금리로 인해 실물과 금융, 가치와 가격의 불균형이 커졌는데요, 이 둘의 간극을 좁히는 자율 조정은 언제라도 일어날 수 있습니다.

미국 10년 만기 국채금리가 1981년 15%에서 40년의 세월 동안 0%대로 낮아졌는데, 이 기간 중 약 40배의 주가 상승이 모두 저금리에서 비롯됐다고 볼 수는 없습니다. 같은 기간 미국 기업의 순이익은 약 14배 증가했고, 명목 GDP도 8배 늘었으니까요. 이 기간 중 2000년과 2009년 크게 두 번의 약세장과 두세 차례의 제법 긴 횡보 장세가 있었지만, 분명 장기간 주가 상승에 베팅했다면 돈을 벌었습니다. 그런데 사람들은 대개 투자 기간은 아주 짧게 가져가면서 저금리라는 환경 요인은 유독 주가 상승 요인으로 고정시켜 놓습니다.

앞서도 얘기했는데요, 금리는 낮지만 주식 수익률도 함께 낮아졌습니다. 세상에 위험하지 않은 위험자산은 없습니다. 집값이든, 콩값이든, 오렌지 가격이든 돼지고기 가격이든요.

윤지호 주식시장에 개인 참여가 뜨거운 이유는 뭘까요? '돈' 때문입니다. 가지고 있는 자산 가치가 훼손될까 두려운 거죠. 고객예탁금이 기하급수적으로 증가한 시점이 예금금리 2%가 깨진 2019년 1분기였어요. '돈 불리기'가 녹록치 않은 환경에 내몰리며 주식시장으로 돈이 들어온 거죠. 물론 부동산 폭등으로 투자를 할 수 없는 소외된 20~30세대의 자산 불리기 욕망도 강한 동력임에 분명하고요.

2019년 통계청의 가계금융복지조사 결과에 많은 정보가 담겨 있습니다. 우리나라 자산 유형별 평균 보유액은 실물자산 75.5 대 금융자산 24.5로 여타 국가들과 비중 차가 크지 않아 보이지만, 그 실상은 달라요. 전월세 보증금이 전체자산에서 6.2%나 차지하거든요. 실질적으로는 전체 자산에서 금융자산은 18.2%에 불과한 거예요.

한국이 금융자산에서 예적금 비율이 압도적인 것은 누구나 아는 사실이죠. 그냥 돈 벌면 은행예금에 의존해왔던 것이 한국 가계의 평균적인 투자 방법이었어요. 예금금리가 1%를 하회하고 부동산 규제마저 강화되니까 자의 반 타의 반 주식시장으로 들어오는 개인들이 많아지고 있는 거죠. 개인투자자의 주식투자 유입은 지속될 가능성이 높을 것 같아요.

김동환 또 한 가지, 한국 주식시장의 굉장히 큰 변화는 투자자들이 공부를 하기 시작했다는 거예요. 최근 시장을 보면, 개인

투자자들이 매일 사는 거 같지만 어떤 날은 크게 팔기도 합니다. 70조에 가까운 예탁금이 상징하는 건 기다릴 수 있는 투자자가 그만큼 늘었다는 겁니다.

「삼프로TV」 구독자가 최근에 더 가파르게 늘고 있습니다. 두 분도 자주 출연해서 아실 테지만 일반 초보 투자자들이 이해하기 쉽지 않은 내용들이 꽤 많거든요. 어쩌면 굉장히 불친절한 방송일 수 있는데, 어떻게 이렇게 많은 이들이 볼까 생각해봅니다. 사실 리서치센터장들이나 업종 애널리스트들이 하는 우리 방송을 보면, 예를 들어 국민연금 CIOChief Information Officer 앞에서 브리핑하는 것보다 훨씬 더 자세하게 하죠. 그런 정도의 방송을 집에서, 직장에서, 차 안에서 반복해서 듣고 볼 수 있다는 건 가히 혁명적인 변화 아닌가요? 예전 같으면 정말 일부의 펀드매니저와 증권회사 직원 혹은 큰손들 사이에만 공유되던 정보와 지식이 이렇게 광범위하게 유통되고 있다는 것이고, 그런 정보와 지식을 갖춘다면 개인투자자들도 얼마든지 기관이나 외국인들과 경쟁해 이길 수 있다는 자신감이 생겼다는 얘기죠,

'주식투자는 운칠기삼이 아니고 학습하면 얼마든지 장기 수익률을 개선시킬 수 있는 있다'는 자신감을 가진 새로운 투자자들이 대거 생겼고, 이들이 기존의 투자자들을 자극하고 있는 겁니다. 제가 일선에 있다 보니 정말 체감을 하거든요. 저희가 처음 방송을 시작했던 3년 전과 지금은 정말 많이 다릅니다. 개인투자자들의 집단 지성이 제가 지금까지 경험한 바, 조금 바뀌고 있는 게 아니라 엄청

나게 바뀌고 있어요. 물론 지금도 엉망으로 매매하는 사람이 있죠. 인간의 본성이 그렇기도 하니까요.

그런데 주식투자 인구가 늘면 훨씬 더 무질서해야 되거든요. 그래서 과열이 생기고 고점을 만들고 시장은 무너지는 건데, 지수 3000을 넘긴 상황에서 두 분은 시장이 막 어지럽다고 느끼시나요? 오히려 전문가들을 당황시킬 정도로 정연한 매매를 하는 개인투자자들이 많이 늘지 않았나요? 밸류에이션을 먼저 얘기하고 비즈니스 모델과 그 회사 최고경영진의 주주 정책을 따지기 시작했습니다. 어쩌면 우리가 하는 분석의 틀도 함께 바꿔야 할지 모르겠습니다.

김한진 개인의 자산관리에 큰 변화가 시작되었다는 점에 동의합니다. 다만 앞으로 그 개인투자자의 여정에는 꽃길만 있는 게 아니라 여러 우여곡절이 기다리고 있음을 직시해야 한다는 얘기를 하고 싶어요. 선진국의 경우 이미 우리보다 앞서 개인의 주식 직간접 투자가 늘어왔는데요, 그렇다고 어떤 굴곡도 없이 주가가 빨랫줄처럼 오른 건 아니란 거죠. 간혹 집단 지성은 조정 없는 주가 상승을 미신처럼 믿는 성향이 있는 것 같습니다.

윤지호 두 분과 이야기를 나누면서, 제 생각을 정리한 유익한 시간이었습니다. 길게 보면 한국 증시의 도약도 가능하다는 결론을 내렸습니다. 하지만 2021년은 전진을 위한 준비기입니다. 하락 추세도 상승 추세도 아닌 변동성 장세가 불가피할 것 같습니다. 좋아지면 유동성 피크아웃 우려가 반영될 것이고, 기대만큼 좋아지지 않으면 그 고민이 반영되겠죠. 하지만 한국 증시로 구조적 자금 유입은 계속될 거라고 생각해요. 주가를 쫓아가면서 매수할 게 아니라 출렁일 때 주주가 되는 전략이 유효합니다.

주식투자는 폭발적인 수익을 거두는 게임이 아니라 실수를 피하는 게임에 가까워요. 레버리지를 쓰게 되면 위험을 다스리기 힘듭니다. 적절한 현금 비중으로 위험을 통제하거나 달러예금과 금과 같은 안전자산으로 헤지를 거는 것도 방법이에요. 미래 소득은 할인을 통해 미래의 뭉칫돈으로 계산됩니다. 그렇다고 시간이 곧 수익을 보장하지 않습니다. 아무 기업이나 장기투자를 한다고 시간이 다 나의 편이 되는 것이 아닙니다. 투자 수익은 밸류체인의 성장 여부에 달려 있습니다. 무조건 좋은 기업, 매출과 이익이 늘어나는 기업에만 투자해야 하는 이유입니다. 저는 IT와 자동차가 여전히 좋아 보이네요.

김한진 주식시장은 조울증 환자와도 같습니다. 때로는 인자하다가 갑자기 무자비한 망나니로 돌변합니다. 특히 한국 증시는 더 그렇습니다. 항상 세계 증시에 비해 다소 늦게 시동이 걸려 무섭게 오른 뒤 더 많이 떨어지는 특성을 보였죠. 물론 그게 겁이 나서 계좌에 주식을 항상 다 비우고 조신하게 있자는 얘기는 아닙니다. 저는 주가의 정확한 고점과 저점은 사실 시장이 결정할 몫이라고 생각합니다. 다만 윤 센터장님 말씀처럼 마켓이 우리에게 무엇을 말해주려고 하는지 항상 귀 기울여 들어야 한다고 봅니다. 'Listen to the Market!' 지금 시장은 우리에게 뭐라고 속삭이고 있을까요? 제 귀에는 '때를 놓치지 마라'도 들리지만, '언제든 기회는 또 온다, 조바심 내지 마라'도 함께 들리네요.

주식의 시대, 투자의 자세

초판 1쇄 발행 2021년 2월 5일
초판 2쇄 발행 2021년 2월 5일

지은이 김동환, 김한진, 윤지호
펴낸이 김선준, 김동환

책임편집 한보라
마케팅 권두리, 김지윤
디자인 김혜림

펴낸곳 페이지2북스 **출판등록** 2019년 4월 25일 제 2019-000129호.
주소 서울시 영등포구 국제금융로2길 37 에스트레뉴 1304호
전화 070) 7730-5880 **팩스** 02) 332-5856
이메일 page2books@naver.com
종이 (주)월드페이퍼 **출력·인쇄·후가공·제본** (주)현문

ISBN 979-11-90977-09-8 (03320)